U0946975

合规管理系列丛书

企业合规管理
验收、评价、审计、体系认证
实务指南

Corporate Compliance
Acceptance, Evaluation, Audit and System Certification

郭青红　马海鹏／著

人民法院出版社

图书在版编目（CIP）数据

企业合规管理验收、评价、审计、体系认证实务指南/郭青红，马海鹏著. -- 北京 : 人民法院出版社，2022.10
ISBN 978-7-5109-3609-8

Ⅰ. ①企… Ⅱ. ①郭… ②马… Ⅲ. ①企业法—中国—指南 Ⅳ. ①D922.291.91-62

中国版本图书馆CIP数据核字(2022)第171307号

企业合规管理验收、评价、审计、体系认证实务指南
郭青红　马海鹏　著

责任编辑　尹立霞　李　瑞
出版发行　人民法院出版社
地　　址　北京市东城区东交民巷27号（100745）
电　　话　（010）67550637（责任编辑）　67550558（发行部查询）
　　　　　65223677（读者服务部）
客服QQ　2092078039
网　　址　http://www.courtbook.com.cn
E-mail　courtpress@sohu.com
印　　刷　三河市国英印务有限公司
经　　销　新华书店

开　　本　787毫米×1092毫米　1/16
字　　数　420千字
印　　张　22.75
版　　次　2022年10月第1版　2022年10月第1次印刷
书　　号　ISBN 978-7-5109-3609-8
定　　价　79.00元

序 言

2018年，中国企业合规元年。

2022年，中国央企合规管理强化年。

从2018年11月2日国务院国资委发布实施《中央企业合规管理指引（试行）》、2018年12月26日发改委等七部委发布实施《企业境外经营合规管理指引》，到2022年1月15日国务院国资委发布《关于开展中央企业“合规管理强化年”工作的通知》，各中央企业纷纷成立合规委员会，在集团本部（通常是管理性总部）建立健全合规管理体系，推动合规要求向各级子企业延伸，并且已然到了组织开展合规管理评价与合规考核阶段。2022年9月16日，国务院国资委在其官方网站发布《中央企业合规管理办法》。该办法将于2022年10月1日正式实施。中央企业合规管理进入一个新的阶段。

2021年4月13日，国际标准化组织（ISO）发布可供管理体系认证的A类标准ISO 37301：2021《合规管理体系 要求及使用指南》。我国国家标准化委员会立即启动了将其等同转化为我国国家标准（计划号：20213498-T-424）的工作，并已于2021年12月25日完成征求意见（由于等同转化的我国国家标准尚未发布实施，在本书中仍引用国家标准化组织ISO 37301：2021《合规管理体系 要求及使用指南》）。2022年1月7日，英国标准协会（BSI）向美的集团股份有限公司发出了我国国内首张 ISO 37301：2021 合规管理体系国际标准认证证书（编号 MSFC 761815），认证范围为美的集团智能家居、工业技术、楼宇科技在中国国内业务运营的反垄断与数据保护合规管理。ISO 37301 合规管理体系认证已在我国悄然启动。

2021 年 3 月，最高人民检察院发布《关于开展企业合规改革试点工作方案》，正式启动第二期企业合规改革试点工作，将企业合规改革试点扩大到全国十个省市。2021 年 6 月 3 日，最高人民检察院等九部委局联合发布《关于建立涉案企业合规第三方监督评估机制的指导意见（试行）》，明确建立企业合规第三方监督评估机制。2022 年 4 月 2 日，最高人民检察院会同全国工商联专门召开会议，正式宣布涉案企业合规改革试点在全国检察机关全面推开。2022 年 4 月 19 日，最高人民检察院等九部委局联合发布《涉案企业合规建设、评估和审查办法（试行）》，对涉案企业合规建设、评估和审查提出了具体要求。截至 2022 年 4 月，企业合规改革试点地区办理涉案企业合规改革试点案件 766 件，其中适用第三方监督评估机制的案件达 503 件。

2022 年 5 月 23 日，中国中小企业协会发布中国中小企业协会团体标准《中小企业合规管理体系有效性评价》（T/CASMES 19–2022），以规范中小企业合规管理体系有效性评价活动，引导和促进其合规管理体系建设，提升合规管理能力，识别和防范合规风险，建设合规文化。本书作者郭青红参加了该标准的起草。

我国企业合规管理体系的建设和运行已经到了项目验收、评价、审计和体系认证阶段，急需实务指引。但是，我国有关部委局尚无专门针对合规管理验收、评价、审计和体系认证的规范性文件。截至本书成稿之日，只有中国证券业协会就证券公司合规管理有效性评价专门发布了《证券公司合规管理有效性评估指引》(2021年修订)，中国中小企业协会就中小企业合规管理体系有效性评价发布了团体标准《中小企业合规管理体系有效性评价》，具有重要的指导和借鉴意义。在这种情况下，我们还必须参考和借鉴类似的或者适用于更广泛范围的相关办法和指引，包括：科技部、发展改革委、财政部2018年2月1日联合发布的《国家科技重大专项（民口）验收管理办法》，财政部等五部委2010年4月15日联合发布的《企业内部控制评价指引》(财会〔2010〕11号)，财政部等五部委2010年4月15日联合发布的《企业内部控制审计指引》，中国内部审计协会第2201号《内部审计具体准则——内部控制审计》(2019版)，国际标准ISO 19011：2018暨我国国家标准GBT/T 19011—2021《管理体系审核指南》，等等。为了方便大家理解和运用，我们在本书中都作了简要介绍。

早在2019年，汇业律师事务所合规管理服务团队的郭青红律师和杨洁律师根据协助多家中央企业、地方国有企业建设合规管理体系的实务经验，制定了《企业合规管理体系验收、评估、评价、审计指引（2019)》。该指引因向中国版权局申请了版权保护而未能公开发行。本书中参考了其中一些观点、方法和内容。

认真学习研究最新的合规管理办法（国务院国资委《中央企业合规管理办法》)，参考最新的国际标准（国际标准化组织ISO 37301：2021《合规管理体系 要求及使用指南》）和团体标准（中国中小企业协会团队标准《中小企业合规管理体系有效性评价》)，结合我们协助多家企业建立合规管理体系的实践经验以及英国标准协会（BSI）在合规管理体系认证方面的实际案例，我们合著了本书并奉献给企业合规体系建设领域的同仁。

本书第一章至第六章由汇业律师事务所的郭青红律师撰写。第七章由英标认证技术培训（北京）有限公司马海鹏老师撰写。

上海市汇业律师事务所　郭青红

英标认证技术培训（北京）有限公司　马海鹏

2022 年 9 月 28 日

《中央企业合规管理办法》简要解读

2022 年 9 月 16 日，国务院国资委在其官方网站发布《中央企业合规管理办法》。该办法将于 2022 年 10 月 1 日正式实施。

一、背景和意义

1. 深入贯彻习近平法治思想，落实全面依法治国战略部署，深化法治央企建设，推动中央企业加强合规管理，切实防控风险，有力保障深化改革与高质量发展；

2. 总结中央企业多年以来建立合规管理体系、开展合规管理的经验；

3. 提高文件的效力层级，推动中央企业加快建设健全合规管理体系；

4. 强化坚持党的领导与严格遵守党内法规制度；

5. 与中央企业数据化转型、强化违规责任追究等相适应，强化合规管理信息化、违规追责与合规文化建设等；

6. 推动法务、合规、内控、风险管理协同运作，提高管理效能；

7. 强调机构、人员、经费、技术等方面的保障。

二、合规义务的渊源

增加“党内法规制度”作为重要的合规义务源源。第七条第二款明确要求中央企业应当严格遵守党内法规制度，企业党建工作机构在党委（党组）领导下，按照有关规定履行相应职责，推动相关党内法规制度有效贯彻落实。

三、合规管理原则

原《中央企业合规管理指引（试行）》规定了合规管理的四大原则，即：

1. 全面覆盖；

2. 强化责任；

3. 协同联动；

4. 客观独立。

《中央企业合规管理办法》强调坚持党的领导、权责清晰与务实高效，并在此基础上确立了合规管理工作的新四大原则，即：

1. 坚持党的领导；

2. 坚持全面覆盖；

3. 坚持权责清晰；

4. 坚持务实高效。

四、合规管理体系模块

按照原《中央企业合规管理指引（试行）》，中央企业合规管理体系由四大模块组成，即：

1. 合规管理组织；

2. 合规管理重点领域；

3. 合规管理运行机制；

4. 合规管理保障机制。

按照《中央企业合规管理办法》，中央企业合规管理体系改由六大模块组成，即：

1. 合规管理组织；

2. 合规管理制度；

3. 合规管理运行机制；

4. 合规管理文化；

5. 合规管理信息化；

6. 监督问责。

有观点认为，《中央企业合规管理办法》第六条规定，中央企业应当在机构、人员、经费、技术等方面为合规管理工作提供必要条件，保障相关工作有序开展。因此，合规管理体系还应包括第七大模块，即合规管理资源。笔者在本书中采纳这一观点，并在本书第四章（合规管理评价）中作具体阐述。

五、合规管理体系构成要素

基于四大合规管理模块，原《中央企业合规管理指引（试行）》确立了合规管理体系的十三大构成要素。图示如下：

1	合规管理组织	董事会、监事会、经理层、合规委员会、合规管理负责人、合规管理牵头部门、业务部门、其他具有合规管理职责的部门	
2	合规管理运行机制	（1）	合规管理制度
		（2）	合规风险管理
		（3）	合规审查
		（4）	违规举报
		（5）	违规追责与合规尽职免责
		（6）	合规管理评估
3	合规管理保障机制	（1）	合规考核评价
		（2）	合规培训
		（3）	合规管理计划与合规报告
		（4）	合规管理队伍
		（5）	合规管理信息化
		（6）	合规文化
4	合规管理重点领域	市场交易、安全环保、产品质量、劳动用工、财务税收、知识产权、商业伙伴等	

基于七大合规管理模块，《中央企业合规管理办法》确立了合规管理体系的 15 个基本构成要素。图示如下：

1	合规管理组织	党委（党组）、董事会、经理层、合规委员会、首席合规官、合规管理部门、业务和职能部门以及纪检监察机构、审计、巡视巡察、监督追责等部门
2	合规管理制度	合规管理基本制度、具体制度、专项指南等

续表

3	合规管理运行机制	（1）	合规风险管理（合规风险识别、评估与应对）
		（2）	合规管理计划与报告
		（3）	合规审查
		（4）	违规整改
		（5）	违规举报
		（6）	违规追责
		（7）	合规管理有效性评价
		（8）	合规绩效考核
		（9）	法务、合规、内控、风险管理协同运作
4	合规文化	领导带头合规、合规培训、合规宣传教育、全员合规意识	
5	合规管理信息化		
6	监督问责		
7	合规管理资源	机构、人员、经费、技术等方面的支持	

六、具体内容变化

关于合规管理体系构成要素的具体内容，《中央企业合规管理办法》修改、增加了下列内容：

1. 关于合规管理组织

（1）增加党委（党组）作为第一层级的合规组织，发挥把方向、管大局、促落实的领导作用；

（2）删除关于监事会的合规管理职责规定；

（3）增加法治建设第一责任人的合规管理职责；

（4）将合规管理负责人修改为首席合规官，明确由总法律顾问兼任；

（5）将合规管理牵头部门修改为合规管理部门；

（6）将业务部门修改为业务与职能部门；

（7）删除其他具有合规管理职责的部门，修改为监督部门（纪检监察机构和审计、巡视巡察、监督追责等部门），明确其在职权范围内对合规要求落实情况进行监督，对违规行为进行调查，按照规定开展责任追究。

2. 关于合规管理制度

（1）从原运行机制中单列出来，作为单独的合规管理模块；

（2）明确合规管理制度包括合规管理基本制度，重点领域、合规风险较高业务领域的合规管理具体制度或专项指引，以及涉外业务重要领域的专项合规管理制度。

3. 关于运行机制

（1）将原保障机制中的合规考核评价、合规管理计划与合规报告纳入合规管理运行机制；

（2）增加违规整改；

（3）将合规管理评估修改为合规管理有效性评价；

（4）增加法务、合规、内控、风险管理协同运作。

4. 关于合规文化

（1）强化将合规管理纳入党委（党组）法治专题学习；

（2）强化推动企业领导人员强化合规意识，带头依法依规开展经营管理活动；

（3）强调建立全员合规意识。

5. 关于合规管理信息化

（1）增加运用信息化手段将合规要求和防控措施嵌入流程，针对关键节点加强合规审查，强化过程管控；

（2）增加加强合规管理信息系统与财务、投资、采购等其他信息系统的互联互通，实现数据共用共享。

6. 关于监督问责

（1）增加监督问责作为单独合规管理模块。

一是国务院国资委作为监管机构，对中央企业合规管理不到位引发违规行为的进行监督、约谈、责成整改和开展责任追究。

二是中央企业对在履职过程中因故意或者重大过失应当发现而未发现违规问题，或者发现违规问题存在失职渎职行为，给企业造成损失或者不良影响的单位和人开展责任追究。

（2）监督问责与运行机制中违规追责不同。

运行机制中的违规追责，是对违反合规义务导致合规风险的单位和人员进行违规追责。

监督问责是对合规管理不到位或者在违规管理中存在问题的开展责任追究，包括国务院国资委自上而下对中央企业合规管理不到位引发违规行为进行监督和追责；以及中央企业对在履职过程中因故意或者重大过失应当发现而未发现违规问题，或者发现违规问题存在失职渎职行为，给企业造成损失或者不良影响的单位和人开展责任追究。

7. 关于合规管理资源

（1）增加合规管理资源保障的规定，并列入第一章（总则）第六条。

（2）合规管理资源包括机构、人员、经费和技术等方面。

（3）对合规管理人员提出条件要求。强调合规管理部门应当配备与经营规模、业务范围、风险水平相适应的专职合规管理人员，加强业务培训，提升专业化水平（第十四条第二款）；业务部门设置合规管理员，由业务骨干担任，接受合规管理部门业务指导和培训（第十三条第二款）。

8. 关于重点领域、重点环节和重点人员

（1）不再单列专章对合规管理重点领域、重点环节和重点人员进行详细规定。而是进行简化，并分散在第三章（制度建设）第十八条、第一章第五条第四款（坚持务实高效）分别做原则性的规定。简化涉外业务合规管理规定。

（2）合规管理重点领域调整为反垄断、反商业贿赂、生态环保、安全生产、劳动用工、税务管理、数据保护、合规风险较高的业务领域以及涉外业务重要领域。

简称索引

1. 外法：企业需要遵守和适用的国家法律法规、党内法规制度（中央企业和地方国有企业）、监管规则、行业准则、国际条约和规则等

2. 内规：企业章程和内部规章制度

3. 合规规范：外法、内规和道德规范的总称

4. 合规管理规范性文件：有关企业合规管理的国际组织文件、国际标准以及我国有关国家标准、指引和办法的统称

5. 发改委：国家发展和改革委员会

6. 国务院国资委：国务院国有资产监督管理委员会

7. 原银监会：原中国银行业监督管理委员会

8. 原保监会：原中国保险监督管理委员会

9. 银保监会：中国银行保险监督管理委员会

10. 证监委：中国证券监督管理委员会

11. 科技部：中国科学技术部

12.ISO：国际标准化组织

13.ISO 37301 标准：国际标准 ISO 37301：2021《合规管理体系 要求及使用指南》

14.ISO 37301 合规管理体系：按照国际标准 ISO 37301：2021《合规管理体系 要求及使用指南》建立的合规管理体系

15. 世界银行诚信合规管理体系：按照世界银行集团《诚信合规指南》建立的合规管理体系

目 录

第一章 合规与合规管理概论 …… 1

第一节 企业合规与合规管理 …… 1

第二节 企业合规管理体系 …… 8

第三节 合规管理的“度” …… 20

第四节 企业合规管理体系建设 …… 25

第二章 合规管理验收、评价、审计、体系认证及方法论 …… 39

第一节 合规管理验收、评价、审计和体系认证 …… 39

第二节 合规管理验收、评价、审计、体系认证方法论 …… 43

第三章 企业合规管理项目验收 …… 60

第一节 合规管理项目类型 …… 61

第二节 合规管理项目验收依据 …… 65

第三节 合规管理项目验收的组织 …… 72

第四节 合规管理项目验收内容 …… 78

第五节 合规管理项目验收流程和方法 …… 86

第四章　企业合规管理评价 …………………………………… 90
第一节　合规管理评价的分类、内容和原则 …………………… 90
第二节　企业合规管理评价的实体法依据 ……………………… 99
第三节　企业合规管理评价的程序法依据 ……………………… 102
第四节　企业合规管理评价的组织 ……………………………… 114
第五节　合规管理适用性评价 …………………………………… 122
第六节　合规管理充分性评价 …………………………………… 132
第七节　合规管理有效性评价 …………………………………… 148
第八节　合规管理缺陷及其整改 ………………………………… 188

第五章　企业合规审计 ………………………………………… 196
第一节　概述 ……………………………………………………… 196
第二节　合规审计依据 …………………………………………… 204
第三节　内部审计具体准则—内部控制审计 …………………… 208
第四节　企业合规审计的原则、分类和方法 …………………… 211
第五节　企业合规审计的内容 …………………………………… 215
第六节　企业合规审计的程序 …………………………………… 218

第六章　涉案企业合规第三方监督评估 ………………………… 226
第一节　概述 ……………………………………………………… 226
第二节　涉案企业合规第三方监督评估 ………………………… 234
第三节　涉案企业合规计划 ……………………………………… 244

第七章　企业合规管理体系认证 ………………………………… 268
第一节　管理体系认证概述 ……………………………………… 268
第二节　ISO 37301：2021《合规管理体系 要求及使用指南》介绍及解读 … 277

第三节 基于 ISO 37301 标准的合规管理 …… 321
第四节 合规管理体系认证程序及方法 …… 328
第五节 合规管理体系证书保持 …… 336

参考文献 …… 340

后 记 …… 343

第一章　合规与合规管理概论

第一节　企业合规与合规管理

一、合规

合规，简言之，即遵守合规义务。

“合规”是英文“compliance”的中文翻译，意为“符合”“遵守”。“企业合规”在英文中为“corporate compliance”，其含义就是指企业遵守和执行合规义务。

二、合规义务

按照国际标准化组织于2021年4月13日发布的国际标准ISO 37301：2021《合规管理体系 要求及使用指南》第3.25条的规定，合规义务是指组织强制性必须遵守的要求以及组织自愿选择遵守的要求。该标准附录A第A.3.5条进一步规定，组织应将合规义务作为建立、发展、实施、评价、保持和改进其合规管理体系的基础。

从内外部渊源角度，合规义务包括外部合规义务和内部合规义务。外部合规义务，主要源自企业所需遵守的法律法规和道德规范。内部合规义务主要源自企业自身的章程和规章制度之规定。企业所需遵守的法律法规，在本书中简称“外法”。企业自身的章程和规章制度等，在本书中简称“内规”。外法、内规以及道德规范在本书中统称“合规规范”。

参照法律义务的分类，以行为方式为标准，合规义务包括积极的合规义务（又称作为义务）和消极的合规义务（又称不作为义务）。积极的合规义务是指依照相关合规规范的规定，行为人应当主动为一定的行为。积极的合规义务主要源自义务性规范（包括强制性规范）。消极的合规义务是指依照相关合规规范的规定，行为人应当不为合规规范规定的禁止性行为。消极的合规义务主要源自禁止性规范。区分积极的合规义务和消极的合规义务，有助于企业识别和知悉必须遵守的合规义务和不得从事的违规行为，梳理、编制各部门及关键岗位的合规指引，包括作为清单和不作为清单（又称正负面清单）。

企业必须遵守合规义务，这是合规的基本要求与合规管理的基本原则。但是，从合规义务强制执行的效力及其带来的合规风险等级来区分，合规义务可划分为四个层级。

第一个层级是最高等级的合规义务，包括外法中禁止性规范规定的消极的合规义务，以及外法中禁止性规范规定的消极合规义务转化为内规项下消极的合规义务。违反这些消极的合规义务带来的合规风险等级也最高，包括违反刑法规定可能带来刑事法律责任合规风险，以及违反行政监管规则中的禁止性规范可能带来刑事法律责任风险和行政处罚法律责任风险。

第二个层级的合规义务，包括外部合规规范中义务性规范规定的积极的合规义务、外部合规规范中义务性规范规定的积极合规义务转化为内规项下积极的合规义务，以及企业自愿选择遵守的合规义务，如果不履行，可能带来民事法律责任、经济损失和声誉损失。

第三个层级的合规义务，是企业一般内规（包括企业章程、治理机构决定和内部规章制度等）规定的合规义务。企业章程和内部规章制度的内容主要由以下几部分组成：（1）有关企业治理机构、组织机构及其运作的基本制度；（2）有关企业经营管理的制度、程序；（3）业务流程；（4）有关企业文化建设的制度等。企业章程和内部规章制度，一部分系由外法规定转化为内规，另一部分由企业根据自身生产经营管理的需要制定。源自外法规定转化为内规部分的合规义务，其层次划分同上述第一层次和第二层次。其余部分内规所规定的合规义务多属于第三个层级，如果违反，可能导致对员工的内部违规处罚、道德谴责和对企业声誉的不利影响。

第四个层级是道德规范所规定的合规义务，强制执行的效力相对较弱，如果违反，可能导致内部违规处罚、道德谴责和对企业声誉的不利影响。

总结梳理如下：

<table>
<tr><th>层级</th><th>合规义务种类</th><th>合规规范</th><th>合规风险</th></tr>
<tr><td rowspan="2">第一层级</td><td>外法项下消极的合规义务</td><td>禁止性规范</td><td rowspan="2">刑事法律责任和行政法律责任</td></tr>
<tr><td>内规项下消极的合规义务</td><td>禁止性规范转化为内规</td></tr>
<tr><td rowspan="3">第二层级</td><td>外法项下积极的合规义务</td><td>义务性规范</td><td rowspan="3">民事法律责任、经济损失和声誉损失</td></tr>
<tr><td>内规项下积极的合规义务</td><td>义务性规范转化为内规</td></tr>
<tr><td colspan="2">企业自愿选择遵守的合规义务</td></tr>
<tr><td>第三层级</td><td>一般性合规义务</td><td>一般内规</td><td rowspan="2">内部违规处罚、道德谴责和对声誉的不利影响</td></tr>
<tr><td>第四层级</td><td>道德规范项下的合规义务</td><td>道德规范</td></tr>
</table>

三、合规规范

合规规范是企业合规义务的渊源。

关于合规规范，不同的标准和指引的规定不尽相同。

按照国务院国资委《中央企业合规管理办法》第三条第一款和第七条第二款的规定，合规是指企业经营管理行为和员工履职行为符合国家法律法规、党内法规制度、监管规定、行业准则和国际条约、规则，以及公司章程、相关规章制度等要求。

按照我国发改委等七部委于2018年12月26日发布的《企业境外经营合规管理指引》第三条的规定，合规是指企业及其员工的经营管理行为符合有关法律法规、国际条约、监管规定、行业准则、商业惯例、道德规范和企业依法制定的章程及规章制度等要求。

按照国际标准化组织ISO 37301：2021《合规管理体系 要求及使用指南》文首的“介绍”（Introduction）第三段，一个有效的、覆盖整个组织的合规管理体系，能促使该组织遵守有关法律、监管要求、行业准则、机构的标准以及良好治理、广为接受的公序良俗、道德规范和社区期望。该标准附录A第A.4.5条进一步规定，组织须遵守的合规规范包括必须强制遵守的规定与自愿选择遵守的规定。组织必须强制遵守的规定包括：法律法规，许可或其他形式的授权，监管机构的命令、规则或指南，法院判决或仲裁裁决，国际条约、公约和议定书。组织自愿选择遵守的规定，包括与社区团体或非政府组织之间的协议，与公共组织及客户之间的协议，组织的内部要求（如政策、制度），自愿原则或业务准则，自愿标识或环境承诺，与组织的合同项下的义务，相关机构和行业准则。组织应按部门、功能及其活动的不同类型识别合规义务，以甄别谁会受到这些合规义务的影响。

企业合规规范的范围，取决于企业的性质、经营地域以及适用的合规管理指引和标准。

例如，我国中央企业和地方国有企业，应当按照国务院国资委及我国各省、自治区、直辖市国资委的相关合规管理指引确定所须遵守的合规规范，包括国家法律法规、党内法规制度、监管规定、行业准则和企业章程、规章制度以及国际条约、规则等。但在下列情况下，应考虑对其所须遵守的合规规范进行增补：

1. 在境外投资经营，须按照我国发改委等七部委《企业境外经营合规管理指引》的规定，在合规规范中增补商业惯例和道德规范。

2. 在少数民族地区生产经营的，须在合规规范中增补当地公序良俗和道德规范。

3. 拟申请按照国际标准 ISO 37301：2021《合规管理体系 要求及使用指南》进行合规管理体系认证的企业，还应按照该标准增补合规规范（如组织自愿选择遵守的规定等）。

4. 我国民营企业、外商投资企业等，宜按照国际标准 ISO 37301：2021《合规管理体系 要求及使用指南》来确定本企业适用的合规规范。

四、合规风险

按照国务院国资委《中央企业合规管理办法》第三条第二款的规定，合规风险是指企业及其员工在经营管理过程中因违规行为引发法律责任、造成经济或者声誉损失以及其他负面影响的可能性。

合规风险中，违反外法规定的合规义务可能导致的法律责任，包括刑事法律责任、行政法律责任和民事法律责任。

刑事法律责任系企业及其员工违反《刑法》规定，可能给企业及其员工带来的刑事处罚（包括管制、拘役、有期徒刑、无期徒刑、死刑等主刑以及罚金、剥夺政治权利、没收财产、驱逐出境等附加刑）。导致刑事法律责任的合规风险都是重大合规风险，也是合规红线，企业只能采取风险规避或风险降低的风险管理策略和应对措施，而不能采取风险承受、风险分担等风险管理策略或应对措施。

行政法律责任系企业及其员工违反行政监管规定，可能给企业带来的行政处罚（包括警告、监管谈话、罚款、没收违法所得、没收非法财产、责令停产停业、暂扣或者吊销许可证、暂扣或者吊销执照、行政拘留等）。导致行政处罚的合规风险，有些属于重大合规风险和合规红线，如责令停产停业、暂扣或者吊销许可证、暂扣或者吊销执照、行政拘留等；有些属于中等风险，如警告、监管谈话、罚款、没收违法所得、没收非法财产等，企业可以根据自身的能力、风险偏好等，采取风险规避、风险降低和风险承受等风险管理策略或应对措施。

民事法律责任是民事主体在民事活动中，因实施了民事违法行为（如违反合同，不履行民事义务，或者侵害国家的、集体的财产，侵害他人的人身财产、人身权利等），依法应当承担的不利的民事法律后果或者基于法律特别规定而应承担的民事法律责任，承担形式包括停止侵害、排除妨碍、消除危险、返还财产、恢复原状、修理、重作、更换、赔偿损失、支付违约金、消除影响、恢复名誉、赔礼道歉等。导致民事法律责任的合规风险，根据导致企业经济或声誉损失的大小（具体由企业根据自身实际情况确定），可能属于重大、中等或较低合规风险。

总结梳理如下：

<table>
<tr><th colspan="2">合规风险种类</th><th>合规风险等级</th></tr>
<tr><td colspan="2">导致刑事法律责任合规风险</td><td rowspan="2">重大风险（合规红线）</td></tr>
<tr><td rowspan="2">导致行政法律责任合规风险</td><td>导致责令停产停业、暂扣或者吊销许可证、暂扣或者吊销执照、行政拘留</td></tr>
<tr><td>警告、监管谈话、罚款、没收违法所得、没收非法财产</td><td>中等风险</td></tr>
<tr><td rowspan="3">导致民事法律责任合规风险</td><td>导致重大经济损失或声誉损失</td><td>重大风险（合规红线）</td></tr>
<tr><td>导致中等经济损失或声誉损失</td><td>中等风险</td></tr>
<tr><td>导致一般经济损失或声誉损失</td><td>较低风险</td></tr>
</table>

企业必须遵守所有合规义务，是为合规底线。一旦违反即导致企业重大合规风险的合规义务系合规红线。企业应在全面遵守合规义务、牢筑合规底线的基础上，采取“不能触碰合规红线”等风险管理策略。也正因如此，人们将合规管理称之为“红线管理”和“底线管理”。

五、合规与合规管理之目的

按照国务院国资委《中央企业合规管理办法》第三条第三款的规定，合规与合规管理的目的是有效防控合规风险，保障企业依法合规经营。

需要澄清的是，与同企业其他领域的管理体系一样，合规管理只能帮助企业预防和降低风险，而不能杜绝风险。

六、合规管理

为了防范合规风险，企业应开展合规风险管理，包括合规义务识别、合规风险识别、合规风险评估、合规风险应对整改、合规风险监测预警以及持续改进等环节。为了开展合规风险管理，企业需要建立合规管理组织，制定相关合规管理制度，建立并运行合规风险管理、合规计划与合规报告、合规审查、违规举报、违规整改、违规追责、合规管理有效性评价、合规绩效考核等运行机制，以及培育合规文化、开展监督问责等，亦即开展合规管理，建立合规管理体系。防范合规风险是合规管理的目的，合规风险管理是合规管理的核心内容。

按照国务院国资委《中央企业合规管理办法》第三条第三款的规定，合规管理是指包括建立合规制度、完善运行机制、培育合规文化、强化监督问责等有组织、有计划的管理活动。

七、企业合规与合规管理的逻辑路线图

企业合规与合规管理的逻辑路线图梳理如下：合规，即遵守合规义务；违反合规义务可能导致合规风险；因此，须开展以合规风险管理为核心的合规管理，建立合规管理体系。图示如下：

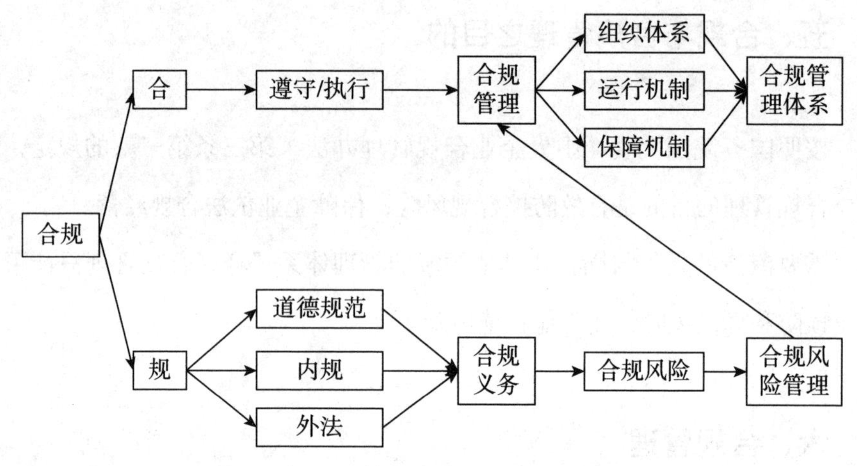

第二节　企业合规管理体系

本文介绍四种类型的合规管理体系，即全面合规管理体系、ISO 37301合规管理体系、我国涉案企业合规整改合规管理体系和世界银行诚信合规管理体系。

一、全面合规管理体系

企业全面合规管理体系的特点是，强调合规要求覆盖各部门领域、分支

机构、全体员工和各级子公司，贯穿决策、实施和监督全流程，建立全员合规责任制。

例如，按照国务院国资委《中央企业合规管理办法》第五条规定的坚持全面覆盖和坚持权责清晰原则，企业应当将合规要求嵌入经营管理各领域各环节，贯穿决策、执行、监督全过程，落实到各部门、各单位和全体员工，实现多方联动、上下贯通；按照“管业务必须管合规”要求，明确业务及职能部门、合规管理部门和监督部门职责，严格落实员工合规责任。

目前，我国须建立全面合规管理体系的企业及其建设依据列表如下：

序号	中央企业	法律依据
1	中央企业、地方国有企业	国务院国资委《中央企业合规管理办法》、地方国资委有关合规管理指引
2	商业银行	原银监委《商业银行合规风险管理指引》
3	保险公司	原保监委《保险公司合规管理办法》
4	证券公司和证券投资基金管理公司	证监委《证券公司和证券投资基金管理公司合规管理办法》

按照国务院国资委《中央企业合规管理办法》，全面合规管理体系的架构列表如下：

<table>
<tr><td>1</td><td>合规管理组织</td><td colspan="2">党委（党组）、董事会、经理层、合规委员会、首席合规官、合规管理部门、业务和职能部门以及纪检监察机构、审计、巡视巡察、监督追责等部门</td></tr>
<tr><td>2</td><td>合规管理制度</td><td colspan="2">合规管理基本制度、具体制度、专项指南等</td></tr>
<tr><td rowspan="5">3</td><td rowspan="5">合规管理运行机制</td><td>（1）</td><td>合规风险管理（合规风险识别、评估与应对）</td></tr>
<tr><td>（2）</td><td>合规管理计划与报告</td></tr>
<tr><td>（3）</td><td>合规审查</td></tr>
<tr><td>（4）</td><td>违规整改</td></tr>
<tr><td>（5）</td><td>违规举报</td></tr>
</table>

续表

3	合规管理运行机制	（6）	违规追责
		（7）	合规管理有效性评价
		（8）	合规绩效考核
		（9）	法务、合规、内控、风险管理协同运作
4	合规文化	领导带头合规、合规培训、合规宣传教育、全员合规意识	
5	合规管理信息化		
6	监督问责		
7	合规管理资源	机构、人员、经费、技术等方面的支持	

按照我国发改委等七部委《企业境外经营合规管理指引》，合规管理体系的构成要素还应包括合规审计。按照我国各省、自治区、直辖市国资委有关合规管理指引规定，企业集团合规管理体系的构成要素还包括合规联席会议、合规咨询、合规检查、合规尽职免责、合规管理资金保障、重点领域合规管理、子公司合规管理等。按照国际标准 ISO 37301《合规管理体系 要求及使用指南》，合规管理体系还包括合规目标、合规记录与合规档案（文件化信息）等。

因此，趋于完整的全面合规管理体系架构由十大模块构成。本书在第四章将基于该十大模块对合规管理评价展开论述。图示如下：

1	合规目标
2	合规管理组织
3	合规管理制度

续表

<table>
<tr><td rowspan="13">4</td><td rowspan="13">合规管理运行机制</td><td>（1）</td><td>合规风险管理</td></tr>
<tr><td>（2）</td><td>合规管理计划与报告</td></tr>
<tr><td>（3）</td><td>合规审查</td></tr>
<tr><td>（4）</td><td>合规联席会议</td></tr>
<tr><td>（5）</td><td>合规咨询</td></tr>
<tr><td>（6）</td><td>违规整改</td></tr>
<tr><td>（7）</td><td>违规举报</td></tr>
<tr><td>（8）</td><td>违规追责与合规尽职免责</td></tr>
<tr><td>（9）</td><td>合规检查</td></tr>
<tr><td>（10）</td><td>合规管理有效性评价</td></tr>
<tr><td>（11）</td><td>合规绩效考核</td></tr>
<tr><td>（12）</td><td>合规记录与合规档案（文件化信息）</td></tr>
<tr><td>（13）</td><td>法务、合规、内控、风险管理协同运作</td></tr>
<tr><td>5</td><td colspan="3">合规管理信息化</td></tr>
<tr><td>6</td><td colspan="3">合规文化</td></tr>
<tr><td>7</td><td colspan="3">监督问责</td></tr>
<tr><td>8</td><td colspan="3">合规管理资源</td></tr>
<tr><td>9</td><td colspan="3">合规管理重点领域</td></tr>
<tr><td>10</td><td colspan="3">子公司合规管理</td></tr>
</table>

二、ISO 37301 合规管理体系

国际标准 ISO 37301：2021《合规管理体系 要求及使用指南》从七个方面提出了合规管理指南，即：

1	组织环境	了解组织内外部环境、了解利益相关方的需求和期望、确定合规管理体系的范围、合规管理体系、合规义务、合规风险评估
2	领导者	领导的合规承诺、合规文化、合规政策、合规管理组织及其合规管理职责
3	策划	应对风险和机会的行动、合规目标及实现合规目标的计划、有计划地调整合规管理体系
4	支持	合规管理资源、合规管理能力、员工雇用合规管理、合规意识、沟通、合规记录与合规档案
5	运行	运行计划与控制、实施控制、违规举报和调查
6	绩效评估	监测、评价、分析和评估，内部审核，管理评审
7	持续改进	违规整改

按照该标准 A.4.3 条的规定，确定合规管理体系的范围是组织设定合规管理体系所适用的物理和组织边界的过程。在这个过程中，组织可以自由和灵活地选择在整个组织、组织中的某个特殊单位或者特定功能领域内实施合规管理体系。基于组织所面临的合规风险的性质和程度，合规管理体系的范围应当合理并与之相称。

国际标准 ISO 37301：2021《合规管理体系 要求及使用指南》并未明确提出建立全面合规管理体系。但从其目的和内容来看，选择在整个组织实施合规管理体系，可以理解为建立全面合规规定体系。因此，该标准可用来指引企业建立全面合规管理体系、重点领域合规管理体系以及专门领域合规管理体系。

国际标准 ISO 37301：2021《合规管理体系 要求及使用指南》适用于以下企业：

1. 拟通过 ISO 37301 合规管理体系认证的中央企业和地方国有企业。它们一方面需要按照国务院国资委和我国各省、自治区、直辖市国资委的有关合规管理指引建立全面合规管理体系，另一方面还需要嵌入国际标准

ISO 37301：2021《合规管理体系 要求及使用指南》的不同要求，使之与国务院国资委以及我国各省、自治区、直辖市国资委的有关合规管理指引的要求有机结合起来。

2. 我国民营企业建立合规管理体系以及作为涉案企业进行合规整改，过去一直处于没有可适用规范性依据的状态。国际标准 ISO 37301：2021《合规管理体系 要求及使用指南》的发布改变了这一状况。该标准发布实施后，我国民营企业可以适用该标准建立合规管理体系，如果民营企业成为我国企业合规整改中的涉案企业，可以按照该标准进行合规整改、建立涉案法律领域和业务领域的合规管理体系。

三、我国涉案企业合规整改合规管理体系

自 2020 年 3 月起，我国最高人民检察院在上海浦东、金山，江苏张家港，山东郯城，广东深圳南山、宝安等 6 家基层人民检察院开展企业合规改革第一期试点工作。试点人民检察院对民营企业负责人涉经营类犯罪，依法能不捕的不捕、能不诉的不诉、能不判实刑的提出适用缓刑的量刑建议。

2021 年 3 月，最高人民检察院下发《关于开展企业合规改革试点工作方案》，正式启动第二期企业合规改革试点工作，将企业合规改革试点扩大到全国十个省市。2021 年 6 月 3 日，最高人民检察院、司法部、财政部、生态环境部、国务院国有资产监督管理委员会、国家税务总局、国家市场监督管理总局、中华全国工商业联合会、中国国际贸易促进委员会联合发布《关于建立涉案企业合规第三方监督评估机制的指导意见（试行）》，为在依法推进企业合规改革试点工作中建立健全涉案企业合规第三方监督评估机制提供了直接的规范性依据。

最高人民检察院等九部委局《关于建立涉案企业合规第三方监督评估机

制的指导意见（试行）》第十一条第二款规定：“涉案企业提交的合规计划，主要围绕与企业涉嫌犯罪有密切联系的企业内部治理结构、规章制度、人员管理等方面存在的问题，制定可行的合规管理规范，构建有效的合规组织体系，健全合规风险防范报告机制，弥补企业制度建设和监督管理漏洞，防止再次发生相同或者类似的违法犯罪。”但是，该指导意见并未明确要求涉案企业建立合规管理体系，其要求制定的合规计划仅涉及合规管理体系的几个构成要素，即：

1. 合规组织体系；

2. 合规管理制度；

3. 合规风险防范报告机制。

上述合规计划要求并未涵盖一个完整的合规管理体系架构及其基本要素。

2022 年 4 月 19 日，最高人民检察院等九部委局联合发布《涉案企业合规建设、评估和审查办法（试行）》，明确要求涉案企业建立有效合规管理体系。其第一条规定：“涉案企业合规建设，是指涉案企业针对与涉嫌犯罪有密切联系的合规风险，制定专项合规整改计划，完善企业治理结构，健全内部规章制度，形成有效合规管理体系的活动。”根据该办法第二章（涉案企业合规建设）的规定，涉案企业合规管理体系框架由以下要素构成：

1. 合规目标；

2. 合规组织体系，包括合规建设领导小组、合规管理机构或者管理人员；

3. 合规管理制度体系，即合规管理规范；

4. 人力物力保障（包括人员、培训、宣传、场所、设备和经费等）；

5. 合规风险识别、控制和监测机制；

6. 违规行为举报、调查、处理机制；

7. 合规绩效评价；

8. 定期报告机制；

9. 持续改进；

10. 合规文化。

《涉案企业合规建设、评估和审查办法（试行）》所述合规管理体系涵盖了合规管理的十大基本要素，但尚未明确包括合规审查、合规考核、合规培训等要素。

四、世界银行诚信合规管理体系

世界银行要求被制裁企业进行合规整改，按照世界银行集团《诚信合规指南》建立诚信合规管理体系，防范不当行为的发生。

不同于其他合规管理体系标准和指引，世界银行集团《诚信合规指南》明确将合规管理的客体对象限定为不当行为，即：

1	腐败 Corruption	直接地或间接地提供、给予、收受或索要任何有价财物以不正当地影响另一方的行为
2	欺诈 Fraud	故意或不顾后果地误导或企图误导一方以获取经济或其他利益、或逃避义务的任何作为或不作为，包括歪曲事实、虚假陈述
3	串通 Collusion	两方或多方为达到不正当目的而作出的某种安排，包括不正当地影响另一方的行为
4	胁迫 Coercive Practices	直接地或间接地伤害或者破坏，或威胁将伤害或者破坏任何一方或其财产，以不正当地影响另一方的行为
5	妨碍 Obstructive Practices	故意破坏、伪造、篡改或隐瞒调查所需证据材料，或向调查人员作出虚假陈述，以严重妨碍世界银行对被指控的腐败、欺诈、胁迫或串通行为进行调查，和/或威胁、骚扰或胁迫任何一方，以阻止其披露与调查相关的信息或参与调查，或实质性妨碍世界银行的审计合同权或信息获取权的行为

按照世界银行集团《诚信合规指南》，企业诚信合规体系包括十一大构

成要素，即：

1. 禁止不当行为

企业行为准则或类似文件或往来函件中需明确规定并明确禁止的任何形式的不当行为，不论是直接的还是间接的，不论是通过其有效控制下的代理人或其他中间人。

2. 责任

（1）领导作用

董事会或同等机构负责监督有效的诚信合规计划的制订和实施。其应该承诺制订一项诚信合规计划，为管理层的诚信合规计划的制订和实施提供指导、资源和积极支持，对其实施和有效性进行合理监督，确保得到定期审查和评价。一旦发现缺陷，应采取适当的纠正措施。

董事会的审计委员会或其他具有类似责任的机构应当对诚信合规计划的实施情况进行定期的独立审查，并根据需要提出纠正措施或政策建议。

董事们必须遵守诚信合规计划，这是一项强制性规定，并且针对违反诚信合规计划的行为，必须采取适当的制裁。

（2）个人责任

遵守诚信合规计划是一项强制性规定，是各层级人员的责任。应在全体当事方范围内设计和实施诚信合规计划，并且在所有重大方面均适用于受控的附属实体。企业应该让员工参与诚信合规计划的制定和实施。

（3）合规职能

一名或多名企业高管有责任监督和管理诚信合规计划，包括直接向高层管理人员、管理机构或董事会内部审计委员会以及独立监督机构（视情况而定）汇报事项的权限，并且拥有足够的管理自主权、充足的资源和有效执行的权力。

3. 诚信合规计划启动、风险评估及审查

应对企业业务和经营中的所有类型的不当行为开展初步的（或更新的）全面风险评估，并定期审查和更新此类风险评估。

高级管理层应采取系统化方法监督诚信合规计划，定期审查诚信合规计划在预防、侦查、调查和应对各类不当行为方面的适宜性、充分性和有效性。

如果发现缺陷，应采取合理措施和纠正措施，防止类似的缺陷发生，其中包括对诚信合规计划作出必要的修改。

高级管理层应定期向董事会、审计委员会或同等机构汇报诚信合规计划的审查结果。董事会或同等机构应考虑披露已经发生的外部审查，以及相关验证或保障选择。

4. 内部政策

制订一项切实有效的诚信合规计划，明确阐述相关价值、政策和程序，用以预防、侦查、调查和纠正当事一方 / 个人有效控制之下的所有活动中的一切形式的不当行为。企业内部政策应包括以下内容：

（1）员工聘用合规尽职调查；

（2）限制与前公职人员的关系安排；

（3）馈赠、接待、娱乐、旅行和开支；

（4）政治捐献；

（5）慈善捐款和赞助；

（6）疏通费；

（7）记录保存；

（8）防止欺诈、共谋和胁迫行为。

5. 针对商业合作伙伴的政策

应尽最大努力去鼓励所有有重大投资的商业合作伙伴采取等效承诺，以防范、侦查、调查和纠正不当行为。商业合作伙伴包括第三方，如代理人、顾问和其他中间人、咨询、代表、分销商、承包商、分包商和供应商、联合体、合资伙伴以及与之有业务关系或为获得订单、许可证或其他法律服务而与之合作的其他第三方，如销售代表、报关代理人、律师和顾问。针对商业合作伙伴的政策包括：

（1）对商业伙伴的合规尽职调查；

（2）向商业合作伙伴告知诚信合规计划；

（3）对等合规承诺；

（4）全面制作相关记录和文件；

（5）确保支付的报酬合理；

（6）对商业伙伴的履约过程进行监督，杜绝合同履行过程中的不当行为。

6. 内部控制

（1）财务制度：企业应当建立并维护有效的内控体系，通过财务和组织结构制衡机制，对当事方的财务、会计、记账以及其他业务活动进行制约。企业应妥善公正地记录所有的财务交易。企业的内控体系，尤其是会计和记账，应定期接受独立的内部和外部审计。

（2）合同义务：企业雇佣合同和商业合作伙伴协议中应明确约定关于不当行为的合同义务、补救和 / 或惩罚措施，并应针对商业合作伙伴的不当行为或其行为方式与诚信合规计划不一致的情况来制定退出计划，如终止协议的契约权利。

（3）决策程序：建立决策程序，使决策过程和决策人的资历与业务的重要性和各种不当行为的认知风险相对称。与代理人、顾问和其他中间人之间的所有协议均应事先得到高级管理层的批准。

7. 培训与交流

企业应采取切实合理的步骤，定期宣传合规计划，并对各级职员及其子公司和代理人（尤其是从事“高风险”活动的职员）提供有效培训，并进行记录和定期评估培训活动的有效性。

8. 激励机制

（1）奖励措施：对于遵守诚信合规计划的行为，应通过适当的激励机制给予鼓励和积极扶持。

（2）惩戒措施：对于有不当行为或有其他违反诚信合规计划的个人（包括高级官员和董事等各级人员）应给予适当惩戒（包括终止劳务合同）。

9. 报告制度

（1）上报义务：员工遇到与合规计划相关的问题，均有义务立即上报。

（2）指导建议：为董事、高级职员、员工和商业合作伙伴提供关于遵守当事方的诚信合规计划的指导建议。

（3）举报/举报热线：建立举报和沟通渠道，鼓励举报不当行为，对打击报复进行惩处。

（4）定期验证：拥有决策权或能够影响业务结果的所有相关人员应定期（至少每年一次）提供书面证明，说明其已经参阅当事方的行为准则，并严格遵守诚信合规计划，而且已就当事方的其他职员或商业合作伙伴可能的违规行为，向当事方内部负责诚信事宜的专职官员报告，并且将继续如此行事。

10. 不当行为的补救措施

（1）调查程序：制定和执行调查程序，对不当行为进行调查。

（2）应对措施：对确定的不当行为采取合规步骤予以纠正。

11. 集体行动

通过与商业组织、行业组织、专业协会和民间社会组织进行交流，为提高商业合规标准、透明度和问责制作出积极贡献，从而鼓励和帮助其他公司制定内控、道德、诚信合规计划。

第三节　合规管理的“度”

一、全面充分合规度

国务院国资委《中央企业合规管理办法》以及我国各省、自治区、直辖市国资委的有关合规管理指引，要求将合规要求嵌入经营管理各领域各环节，贯穿决策、执行、监督全过程，落实到各部门、各单位和全体员工，实现多方联动、上下贯通；按照“管业务必须管合规”要求，明确业务及职能部门、合规管理部门和监督部门职责，严格落实员工合规责任。

按照我国原银监委《商业银行合规风险管理指引》、原保监委《保险公司合规管理办法》、证监委《证券公司和证券投资基金管理公司合规管理办法》，我国商业银行、保险公司、证券公司和证券投资基金管理公司（包括国有企业性质、民营企业性质和外商投资企业性质）应建立全面充分的合规管理体系。

因此，我国中央企业、地方国有企业、商业银行、保险公司、证券公司和证券投资基金管理公司应建立全面充分的合规管理体系。可称之为“全面充分合规度”。

二、重点充分合规度

除以上两类企业外，我国其他民营企业和外商投资企业，包括在检察机关主导下进行合规整改的涉案企业，可按照国际标准 ISO 37301：2021《合规管理体系 要求及使用指南》建立合规管理体系。按照该标准 A.4.3 条的规定，确定合规管理体系的范围是组织设定合规管理体系所适用的物理和组织边界的过程。在这个过程中，组织可以自由和灵活地选择在整个组织、组织中的某个特殊单位或者特定功能领域内实施合规管理体系。基于组织所面临的合规风险的性质和程度，合规管理体系的范围应当合理并与之相称。

该标准所述“某个特殊单位或者特点功能领域内实施合规管理体系”可称之为在重点领域建立合规管理体系。这是合规管理体系建设的基本要求和方式，也是大多欧美企业的选择。欧美企业在建立合规管理体系框架的基础上，更注重高合规风险领域的合规管理及风险防范，同时通过强化内部控制，实现各部门领域在日常经营管理中遵守合规义务。可称之为“重点充分合规度”。

总结梳理如下：

企业性质	依据	合规度要求
中央企业、地方国有企业	国务院国资委《中央企业合规管理办法》及地方国资委合规管理指引	全面充分
商业银行、保险公司、证券公司和证券投资基金管理公司	我国原银监委《商业银行合规风险管理指引》、原保监委《保险公司合规管理办法》、证监委《证券公司和证券投资基金管理公司合规管理办法》	全面充分
其他民营企业、外商投资企业	国际标准 ISO 37301：2021《合规管理体系 要求及使用指南》	重点充分

三、合规度的相对性

企业合规度具有相对性。没有绝对的合规度。

（一）重点充分合规度的相对性

选择重点充分合规度的企业，需要在重点领域建立合规管理体系、实现充分的合规度，但不能局限于重点领域，除此之外，还须：

1. 确保企业各领域内第一层级、第二层级合规义务的充分遵守；

2. 确保各高合规风险领域（如反贿赂、反垄断、环保安全、出口管制以及政府强监督的其他领域）的充分合规；

3. 确保对各领域重大和中等合规风险的持续监测和防范。

（二）全面充分合规度的相对性

实现全面充分的合规度，做到“人人、事事、时时、处处合规”，是我国中央企业、地方国有企业、商业银行、保险公司、证券公司和证券投资基金管理公司的合规目标。

然而，建设全面合规管理体系、实现全面充分的合规度是一项长效工程，不可能一蹴而就。企业建立合规管理体系，须分领域、分阶段、分步骤、分主次，稳步推进，持续改进。先在重点领域实现充分合规度，再逐步扩展到各部门领域，向全面充分合规度目标抵近。全面充分的合规度是终极目标，重点充分合规度是阶段性目标，是实现全面合规充分度的过程和步骤。

因此，国务院国资委《中央企业合规管理办法》第五条第四款要求，坚持务实高效，建立健全符合企业实际的合规管理体系，突出对重点领域、关键环节和重要人员的管理。

（三）可能并存和相互转换

一家企业集团，由于集团总部及各级子公司的所有制性质及所处行业领域存在差别，在集团内部、不同子企业可能存在全面充分合规度要求与重点充分合规度要求并存的情况。同理，如果企业所有制性质发生变化，可能导致企业的全面充分合规度要求与重点充分合规度要求之间相互转换。

（四）内外部环境对合规度的影响

企业内外部环境对企业合规度的实现有着很大影响。

1. 合规规范发展的影响

一个国家的法律法规、监管规则等处于不断立改废释过程之中，企业所应遵守的合规规范（尤其是外法）不断发展变化。企业需要及时关注、收集外法，识别新的合规义务，进行新的合规风险评估，调整合规风险清单，修改、增补合规风险应对措施。但是，企业收集外法之后，开展合规风险管理需要时间。合规度的全面充分性，可能会滞后于外法的发展。

2. 合规风险等级的转换

企业内、外部环境不断变化，可能导致合规风险等级在高、中、低之间转换，原有合规风险可能消亡，新的合规风险又可能产生。原来中、低等级的合规风险可能升级为高等级合规风险。原来高等级合规风险也可能因企业加强合规风险管理及应对整改而降低为较低等级的合规风险。企业需要及时对合规风险清单进行维护，开展监测预警，否则，企业合规及合规管理就会滞后于内外部环境变化。

3. 适用法律存在差异性

企业（尤其是企业集团）各部门、各分支机构、各级子公司可能处于不同地区、不同业务条线。不同部门、不同地区所须遵守的外法内规可能存在诸多区别。例如，劳动人事部门适用的外法与采购、销售、环保安全领域适用的外法便存在很大差别。不同国家的法律法规、不同省市的地方法规都可能存在诸多差别。

4. 技术上存在挑战

一家企业所须遵守外法内规及其涵盖的合规义务繁多且不断变化（我们协助一家地方国有企业建立合规管理体系，在九个重点领域识别出的合规义务多达 3000 余条）。企业各部门领域、各分支机构、各级子公司所面临的合规风险也很多（我们协助上述地方国有企业建立合规管理体系，在九个重点领域识别出的合规风险多达 1500 余个，其中重大合规风险 20 余个，中等合规风险 80 余个）。要全面穷尽、及时、精准识别合规义务、识别合规风险、开展合规风险评估、采取合规风险应对整改措施、开展合规风险的监测预警、建立合规管理信息化，在技术上存在难度和挑战。

5. 管理资源配置的持续充分性

企业建立合规管理体系，需要人力、物力、财力、技术等诸多资源的持续充分支持。合规管理资源缺位，将妨碍合规管理体系的建设和有效运行。个别企业忽视合规管理体系建设的复杂性、长期性、专业性以及企业不同部门领域适用法律的差异性，要求以过低的成本（预算）在短时间内建立全面合规管理体系，导致出现形式主义、有效落地难等情况。

6. 合规意识与合规管理能力

企业开展合规管理，业务部门、职能部门是合规风险的第一道防线，对本部门领域的合规与合规管理负首要责任。业务部门、职能部门及其员工做好日常合规管理工作，员工培育合规意识与具备基本的日常合规管理能力是基础和关键，但其培育是一个比较漫长的过程，存在个性差异，并受企业员工不断更替影响。

7. 合规管理专业人才

合规管理的专业性很强，需要跨学科、跨部门的专业知识和实践经验，需要懂法律、精合规、晓管理、熟业务。我国众多企业都在建设合规管理体系、开展合规管理，合规管理专业人才（企业合规师）缺乏，招聘困难，培养及成长都需时日。

第四节　企业合规管理体系建设

一、何为企业合规管理体系

不少企业对何为企业合规管理体系存在诸多疑问。表现在实务中，企业在设计合规管理体系建设方案时，经常将合规管理体系简单地理解为建立合规管理体系框架，包括建立合规管理组织体系，制定合规管理基本制度（即合规管理办法）。

按照国际标准 ISO 37301：2021《合规管理体系 要求及使用指南》第 A.3.4 条的规定，合规管理体系是一个包括基本框架、制度和流程，旨在实现预期合规成果及预防、甄别和应对不合规的体系。合规管理体系应在错误发生时能够识别错误，并能确保采取适当措施，包括对流程和体系进行整改。

如前文所述，从其架构来看，合规管理体系可以是全面合规管理体系，也可以是重点领域合规管理体系。

（一）全面合规管理体系的构成

我国中央企业、地方国有企业、商业银行、保险公司、证券公司和证券投资基金管理公司等，应当按照国务院有关部委的合规管理指引建立全面充分的合规管理体系。其构成公式为：全面合规管理体系 =1.+2.+3.+4.+5.。

1. 合规管理体系框架 = 建立合规管理组织及职责 + 制定合规管理基本制度 + 建立合规管理队伍 + 制定合规管理运行机制的操作指引 + 识别合规管理重点领域 + 制定集团合规管理体系建设总体规划。

2. 覆盖各领域各环节、各部门 = 经营管理各领域各环节、各部门各自完成合规风险管理（收集外法内规，识别合规义务，建立合规风险清单，制定合规风险应对措施及检测预警机制，对部门职责、关键岗位职责进行合规审查并增补合规职责，对部门制度流程进行合规审查并融入合规要求与合规风险管控流程）。

3. 覆盖各单位 = 各级子企业及其他所属单位按同等要求建立本企业全面合规管理体系。

4. 覆盖全体员工 = 所有员工参加合规培训，培育合规意识，明确岗位合规职责，日常有效合规履职。

5. 贯穿决策、执行、监督全过程 = 决策、执行、监督流程嵌入合规审查、合规监督检查并实际有效执行。

（二）重点领域合规管理体系的构成

按照国际标准 ISO 37301：2021《合规管理体系 要求及使用指南》第 A.3.3 条的规定，企业可自行选择在整个组织、组织中的某个特殊单位或者特定功能领域内实施合规管理体系。因此，其他企业，如民营企业、外商投资企业等，可以选择建立全面合规管理体系，也可以选择在重点领域建立合规管理体系。如果选择在重点领域建立合规管理体系，其构成公式为：

重点领域合规管理体系 =1.+2.。

1. 合规管理体系框架；

2. 各重点领域专项合规管理。

二、企业合规管理体系的差异性

企业因其规模、结构、所有制性质、业务条线及所遵循的合规管理体系建设指引等不同，其合规管理体系的范围和内容以及所依据的合规管理规范等都可能存在差异。

（一）不同合规管理体系建设指引规定的合规管理体系框架和构成要素的主要部分趋同，但也存在差异

如本节前文所述全面合规管理体系、ISO 37301 合规管理体系、世界银行诚信合规管理体系等，其所依据的合规管理指引不同，其框架和构成要素的主要部门趋同（如组织体系、基本管理制度、运行机制中的风险管理、计划与报告、管理评价、违规管理、绩效考核等），但也存在差异。例如，与国务院国资委和我国各省、自治区、直辖市国资委的有关合规管理指引相比较，国际标准 ISO 37301：2021《合规管理体系 要求及使用指南》增加和强调了以下几方面的合规管理：

1. 企业应确定合规目标及实现合规目标的计划，并对合规管理体系的变更进行策划；

2. 雇用员工时的合规管理（包括员工雇用时的合规承诺、合规培训以及雇用、调动和晋升前的合规尽职调查等）；

3. 合规记录与合规档案；

4. 运行策划与控制；

5. 合规审核（类似于内部合规审计，详见以下第七章第三节）。

（二）不同所有制性质的企业，由于其必须或者选择适用和所依据的合规指引不同，其应建立的合规管理体系也存在差异

企业性质	依据	合规管理体系
中央企业、地方国有企业	国务院国资委《中央企业合规管理办法》以及各地方国资委合规管理指引	全面合规管理体系
商业银行、保险公司、证券公司和证券投资基金管理公司	我国原银监委《商业银行合规风险管理指引》、原保监委《保险公司合规管理办法》、证监委《证券公司和证券投资基金管理公司合规管理办法》	全面合规管理体系
其他民营企业、外商投资企业	国际标准 ISO 37301：2021《合规管理体系 要求及使用指南》	全面合规管理体系，或者重点领域合规管理体系
被世界银行制裁企业合规整改	世界银行集团《诚信合规指南》	诚信合规管理体系
在美国上市的我国企业	参考美国司法部刑事处《公司合规管理评价指引》	重点领域合规管理体系

（三）企业合规管理体系的范围，因规模大小而存在差异

大型企业需要建立完整的、涵盖合规管理体系各要素的合规管理体系。而小规模企业（如只有几十名员工的企业）的合规管理组织可能简单到执行董事兼总经理、合规管理员、业务部门，企业合规管理重点领域、合规风险评估、考核评价等也会简便得多。对于小规模的基层国有企业，其经营范围主要是单一的业务管理，而决策、规划、审计、法务、合规、内控、风控等大多由上级公司代为管理，其合规管理更加凸显为日常业务经营的合规管理。

按照国际标准 ISO 37301：2021《合规管理体系 要求及使用指南》A.4.3 条的规定，确定合规管理体系的范围是组织设定合规管理体系所适用的物理和组织边界的过程。在这个过程中，组织可以自由和灵活地选择在整个

组织、组织中的某个特殊单位或者特定功能领域内实施合规管理体系。基于组织所面临的合规风险的性质和程度，合规管理体系的范围应当合理并与之相称。

小规模民营企业应根据本企业的规模、合规管理的成熟程度以及本企业宗旨及业务经营的内容、性质和复杂程度，来确定合规管理体系的边界及适用性乃至合规管理体系的范围和内容。

处于合规管理体系建设不同阶段的不同企业，以及处于合规管理体系建设不同阶段的同一企业，其合规管理体系的内容、深度和广度都会存在差异。

三、企业合规管理体系建设的长期性

企业全面合规管理体系建设是一复杂、长期的工程，不可能一蹴而就，必须分阶段、分领域实施。

正因为这样，国务院国资委于 2021 年 10 月 17 日发布的《关于进一步深化法治央企建设的意见》第（七）条要求着力健全合规管理体系：持续完善合规管理工作机制，健全企业主要负责人领导、总法律顾问牵头、法务管理机构归口、相关部门协同联动的合规管理体系。发挥法务管理机构统筹协调、组织推动、督促落实作用，加强合规制度建设，开展合规审查与考核，保障体系有效运行。强化业务部门、经营单位和项目一线主体责任，通过设置兼职合规管理员、将合规要求嵌入岗位职责和业务流程、抓好重点领域合规管理等措施，有效防范、及时处置合规风险。探索构建法律、合规、内控、风险管理协同运作机制，加强统筹协调，提高管理效能。推动合规要求向各级子企业延伸，加大基层单位特别是涉外机构合规管理力度，到 2025 年中央企业基本建立全面覆盖、有效运行的合规管理体系。

国务院国资委《中央企业合规管理指引（试行）》于2018年11月2日发布后，从2019年开始，各中央企业集团开始在集团总部开始合规管理体系建设。如果从那时开始计算至2025年，国务院国资委要求中央企业集团建立全面覆盖、有效运行的合规管理体系的期限跨度达到了七年时间。可见企业全面合规管理体系建设的复杂性、艰巨性、专业性和长期性。

根据我国中央企业、地方国有企业合规管理实践，企业集团全面合规管理体系建设通常分为以下几个阶段：

1. 建立集团本部合规管理框架。

我国中央企业集团和地方国有企业集团本部大多为管理性总部，其建立集团本部合规管理架构的内容通常包括在集团本部：

（1）建立集团本部合规管理组织，明确合规管理职责；

（2）制定合规管理基本制度及合规管理办法；

（3）建立合规管理队伍，包括合规管理部门专职合规管理员和其他部门兼职合规管理员；

（4）识别合规管理重点领域；

（5）制定集团总体合规管理体系建设规划；

（6）开展合规培训。

2. 制定合规管理运行机制具体操作指引。

包括针对合规管理运行机制中的合规风险管理、合规管理计划与合规报告、合规审查、合规咨询、违规整改、违规举报、违规追责、合规管理有效性评价、合规绩效考核等制定具体操作指引。

3. 开展各重点领域专项合规管理，逐步扩展到其他部门领域。

4. 推动各级子公司建立和有效运行合规管理体系。

5. 在合规管理体系建设完成后，对集团本部与各级子公司的合规管理体系进行定期评价与合规审计。

持续改进是企业各管理体系的重要构成要素和基本原则。企业内外部环境在不断变化，所需遵守的外部法律法规不断立改废释并可能导致企业内部制度流程的修改。企业合规管理体系的建立不可能一劳永逸，必须持续改进，紧跟这些变化，始终保持处于合规状态。

国际标准 ISO 37301：2021《合规管理体系 要求及使用指南》第 A.4.6 第七款规定，合规风险必须定期地、并在下列情况下进行再评估：

——开展新的或变更的活动、产品或服务；

——组织的结构或战略发生调整；

——外部环境发生重大变化，如财务经济环境、市场环境、责任和客户关系等；

——合规义务发生变化；

——进行并购重组；

——发生不合规事件（即使发生单一不合规事件，也能构成环境的实质性变化或未遂过错）。

在合规管理体系建设实务中，不少企业在招标文件及合规管理服务合同中，要求外部专业机构在半年甚至更短的时间内协助其建立全面合规管理体系。例如，有些企业要求完成的服务内容和输出成果包括：建立合规管理体系框架；识别公司合规义务，建立合规义务清单；识别公司合规风险，建立公司合规风险库；对公司制度流程以及部门和岗位职责进行合规审查和修改，融入合规要求；建立法务、合规、内控和风险管理协同运作机制。这种做法没有考虑到合规管理体系建设的阶段性、专业性和长期性，急于求快求全，在实务中会面临以下问题：

（1）笼统地要求建立公司合规风险库，忽视公司各部门领域所适用外法内规的差异性以及合规风险评估的复杂性、专业性和工作量。

（2）企业内部准备不足。专职合规管理人员尚未到位，专业合规管理能力不足。业务部门、职能部门及其员工的合规意识、合规基础知识、日常合规管理能力不足，跟不上合规管理体系建设的步伐。需要业务部门、职能部门参与和配合合规访谈、风险评估与应对、制度流程合规审查与修改、部门与岗位职责合规审查与修改等工作过于集中，业务部门、职能部门疲于应付，积极性不高，提供信息的完整性、准确性受到影响。

（3）资源配置不到位，包括领导支持、人员参与等。尤其是，由于对工作的复杂度、专业性和工作量估计不足，制定的项目预算和内部人员配备十分有限。

（4）完成合规管理体系建设工作以及输出成果很多，业务部门、职能部门和员工难以在短时间内理解、消化，有效落地困难。

四、企业合规管理与合规管理体系建设的专业性

企业合规管理旨在预防和管控合规风险，合规风险管理是合规管理的核心内容和步骤。合规风险是企业及其员工的不合规行为（即违反合规义务的行为）导致企业法律责任、经济损失和声誉损失的可能性。因此，要识别合规风险、进行合规风险评估，首先需要识别合规义务，包括外部法律法规规定的法律义务、内部规章规定的合规义务以及道德规范项下的道德义务。

必须清楚地认识到，企业不同部门领域所适用和遵守的法律法规不同。例如，财务管理、采购与招投标、劳动人事、环保安全、质量管理等部门所适用和遵守的法律法规都属于不同的部门法领域。由此引申，企业不同部门领域的内部规章制度的内容也存在很大差别。这就要求我们：

1. 企业开展合规风险管理，识别合规义务，进行合规风险评估，必须按部门领域逐个进行。因此，国际标准 ISO 37301：2021《合规管理体系 要求及使用指南》A.4.5 条第四款规定，组织应当按部门、功能及组织活动不同类别

来识别合规义务，以便确定谁受这些合规义务的影响。该标准 A.4.6 条第五款进一步规定，识别合规风险包括识别合规风险源以及确定合规风险状况。组织应当按照部门职责、岗位职责及组织活动的不同类别，在不同部门、功能和组织活动的不同类别识别合规风险源。

2. 合规风险是直接对合规义务的违反，而且只能给企业带来一种后果，即负面后果（法律责任、经济损失或声誉损失）。合规风险是单一的、纯粹的风险，合规管理是底线管理，是红线管理。

3. 相比全面风险管理中其他风险管理而言，合规风险管理的颗粒度要细微且具体得多。合规风险是企业及其员工的行为对合规义务的直接违反，而企业所须遵守的合规义务主要渊源是适用于企业之法律法规的规定。企业所须遵守的合规义务明确、具体且数量繁多。例如，在劳动人事领域，我们为江苏省一家国有企业识别梳理出的合规义务多达 286 条。

4. 作为合规管理的核心内容，合规风险管理具有很强的法律专业性。其一，合规风险管理需要首先识别外部法律法规项下的法律义务。其二，每个部门领域所须遵守和适用的法律法规不同，属于不同的法律专业领域。其三，进行合规风险评估，需要分析合规风险发生的可能性及其给企业带来损失的大小，需要丰富的法律实务经验。

企业合规管理与合规管理体系建设，跨越管理学、法学、经济学等多个学科，涉及企业法务、合规、内部控制与全面风险管理，企业合规管理服务及合规管理人员需要懂法律、晓管理、精合规、熟业务，缺一不可。不能完全从管理视角开展合规管理，而无视法律法规。也不能完全从律师视角开展合规管理，而无视企业经营管理实际。确切地讲，合规管理服务需要晓管理、精合规的专业法律人才。

五、关于法务、合规、内控、风险管理协同运作机制

国务院国资委于2015年12月8日发布《关于全面推进法治央企建设的意见》，要求中央企业建立依法治企体系（包括依法治理、依法合规经营和依法规范管理），探索建立法律、合规、风险、内控一体化管理平台。国务院国资委2021年10月17日《关于进一步深化法治央企建设的意见》，要求中央企业探索构建法律、合规、内控、风险管理协同运作机制，加强统筹协调，提高管理效能。国务院国资委《中央企业合规管理办法》第二十六条要求中央企业结合实际建立健全合规管理与法务管理、内部控制、风险管理等协同运作机制，加强统筹协调，避免交叉重复，提高管理效能。

就同一内容，国务院国资委上述三份文件的表述略有不同，但背后含义丰富。

1. 法务、合规、内控、风险四大管理领域在组织体系、制度体系、运行机制等方面存在很强的趋同性（尤其是组织体系以及运行机制中的风险管理、计划与报告、事项审查、违规追责、管理评价、绩效考核等），但也存在差异性（如法务管理中的专业性法律事务、合规管理中的违规管理、内部控制中的会计控制等）。因此，整合法务、合规、内控、风险四大管理体系，须求同存异。一方面要减少管理交叉甚至矛盾、优化管理环节、整合管理资源，对存在强趋同性的方面进行要素整合，另一方面，要保留而不能抹杀四大体系各自的特殊功能，保留其差异性和专业性。亦即，要协同运作，而非绝对的一体化管理。

2. 全面防控企业各类风险是四大体系的主要管理目标，四大体系要以风险为导向，以内控为根基，以法律合规管理为重点。因此，建立四大管理体系的协同运作机制，排序从“法律、合规、风险、内控”调整为“法律、合规、内控、风险”，更能反映四大体系之间的逻辑关系。

3. 企业法律事务机构从事的是专业性法律事务管理，即法务管理，而非法律管理。使用“法务管理”替代“法律管理”，更能精准地反映专业性法律事务管理的内涵。

六、关于企业大风控体系

近几年来，如中国铁建股份有限公司、山东发展投资集团等一些中央企业、地方国有企业集团开始探索建立企业大风控体系。有些企业建立了大风控部，下辖法律管理、合规管理、内部控制、风险管理和审计等。

中国铁建股份有限公司“大风控”体系，以风险管理“坚持事前防范、事中控制为主，事后救济为辅”“提前预见、提前发现、提前管控”为指导思想，强调工作协同、过程管控、资源整合和有效利用，建立以法律管控为主，各单位、各部门全方位、全过程、全员参与的风险防控体系和工作机制；以责任落实为保障，强化风险管理履职；以过程管控为重点，实现风险预警预控；以重大风险为红线，有效应对风险挑战；全力推进企业治理体系和治理能力现代化。

山东发展投资集团推出“国企金盾”风控品牌建设，以“以全面风险管理为目标，建立覆盖战略风险、投资风险、财务风险、运营风险和法律风险的全面风险管理体系，把风险管理落实到经营管理的各个层面与环节，助力集团行稳致远和高质量发展”为总体思路，着眼于“全风险”视野，以“防范化解重大风险”为主线，将风险、法律、内控、合规、审计五项职能统一纳入“国企金盾”风险管理体系，实现同计划、同部署、同实施、同检查的一体化管理和五项职能的协同发力。

关于企业大风控体系建设，国务院国资委等有关部委并无文件作出明文规定。但从国务院国资委的下列文件，可以查询梳理出一些要点。

1. 国务院国资委于2006年6月6日公布的《中央企业全面风险管理指引》。按照该指引，企业风险一般可分为战略风险、财务风险、市场风险、运营风险、法律风险等。企业应建立健全全面风险管理体系，以对重大风险、重大事件的管理和重要流程的内部控制为重点，积极开展全面风险管理工作。要建立风险管理三道防线，即各有关职能部门和业务单位为第一道防线；风险管理职能部门和董事会下设的风险管理委员会为第二道防线；内部审计部门和董事会下设的审计委员会为第三道防线。

2. 国务院国资委于2015年12月8日公布的《关于全面推进法治央企建设的意见》，要求中央企业建立依法治企体系（包括依法治理、依法合规经营和依法规范管理），深化法律风险防范机制，建立合规管理体系，探索建立法律、合规、风险、内控一体化管理平台，形成法律与审计、纪检监察、巡视、财务等部门的监督合力，落实问责制度，实行重大风险事项报告制度。

3. 国务院国资委于2019年10月19日公布的《关于加强中央企业内部控制体系建设与监督工作的实施意见》，要求建立健全以风险管理为导向、合规管理监督为重点，严格、规范、全面、有效的内控体系，实现"强内控、防风险、促合规"的管控目标，形成全面、全员、全过程、全体系的风险防控机制，有效做好企业间风险隔离，防止风险由"点"扩"面"，避免发生系统性、颠覆性重大经营风险。要加强出资人监督检查，发挥企业内部董事会、监事会、内外部审计、纪检监察、巡视巡察等监督职责，加强责任追究。

4. 国务院国资委于2021年10月17日公布的《关于进一步深化法治央企建设的意见》，强调中央企业要严控法律合规风险，持续提升风险管控能力，健全法律合规风险防范机制，强化重大事项决策前的重大风险评估，落实重大法律合规风险事件报告机制，及时处置法律合规风险，提高法律合规风险的数字化管理能力，探索构建法律、合规、内控、风险管理协同运作机制，加强统筹协调，提高管理效能。

5. 国务院国资委《中央企业合规管理办法》第二十六条要求中央企业结合实际建立健全合规管理与法务管理、内部控制、风险管理等协同运作机制，加强统筹协调，避免交叉重复，提高管理效能。

关于企业法务、合规、内控、风险管理协同运作，企业全面风险防控，风险管理三道防线等，国务院国资委的规定存在不断发展、内容不断丰富完善、逻辑日益清晰的过程。

在理论和实务界，对企业大风控体系也有着不同的理解、模式和做法。但无论如何，都是企业探索构建法务、合规、内控、风险管理协同运作机制、进行管理创新的有益尝试。在这一领域，我们秉承开拓创新精神，与两家国有企业积极探索建立法务、合规、内控、风险管理协同运作的大风控体系，目前已进入推动管理融合阶段。

基于上述文件，结合我们协助企业建立协同运作大风控体系的实务经验，我们提出以下几点认识，抛砖引玉，以供商榷：

1. 在指导思想方面，我国中央企业、地方国有企业建设协同运作大风控体系，应当贯彻落实党的十九大和十九届历次全会精神，以习近平法治思想为指导，按照全面依法治国战略部署，围绕企业改革发展总体目标，健全企业法人治理机制，以风险为导向、内控为基础、法律合规为重点，牢筑风险管理三道防线，形成全面、全员、全流程、全体系的风险防控机制，全面防控企业各类风险，促进企业健康可持续发展。

2. 我国中央企业、地方国有企业协同运作大风控体系就是依法治企体系，包括完备的企业制度体系、高效的实施体系、严密的监督体系、有力的保障体系和完善的党组织规章体系。企业协同运作大风控体系建设应提高到这一认识高度来理解、运用和实施。

3. 在体系架构方面，我国中央企业、地方国有企业协同运作大风控体系，以全面防控企业各类风险为目标，以依法治理、依法合规经营和依法规范管理为基本内容，以公司治理以及法务、合规、内控、风险管理协同运作为基本管理平台，以监事会、审计、纪检监察、巡视巡察联合监督（大监督体系）为有力保障。

4. 企业公司治理、法律管理、合规管理、内部控制的直接目的都是防控本领域的风险，风险管理是其核心管理内容。但是，其风险类别、风险管理的重点和颗粒度等存在差别。企业要以全面风险管理为框架，以内控为基础，以法律风险、合规风险防范为重点，构建分层、分类、精准的企业风险防控机制。

5. 就企业集团而言，建立风险管理三道防线，要以各有关职能部门、业务单位和各级子企业为第一道防线，以法务、合规、内控、风险管理专门委员会以及法务、合规、内控、风险管理部门为第二道防线；以监事会、审计、纪检监察、巡视巡察联合监督为第三道防线。

6. 协同运作大风控体系建设和运行的专业性很强，需要懂法律、晓管理、精合规、熟业务的专业知识和能力。这对企业内部管理以及外部专业机构都是一大挑战。从理论和实践角度强化复合型人才的培育已迫在眉睫。

第二章　合规管理验收、评价、审计、体系认证及方法论

第一节　合规管理验收、评价、审计和体系认证

2018 年，中国企业合规元年。

2022 年，中国央企合规管理强化年。

从 2018 年 11 月 2 日国务院国资委发布实施《中央企业合规管理指引（试行）》2018 年 12 月 26 日发改委等七部委发布实施《企业境外合规管理指引》，2022 年 1 月 15 日国务院国资委发布《关于开展中央企业“合规管理强化年”工作的通知》，国务院国资委 2022 年 9 月 16 日在其官方网站发布《中央企业合规管理办法》，各中央企业在集团本部（通常是管理性总部）建立健全合规管理体系，推动合规要求向各级子企业延伸，并已然到了企业开展合规管理评价与合规考核的阶段。

2021 年 4 月 13 日，国际标准化组织发布可供管理体系认证的 A 类标准 ISO 37301：2021《合规管理体系 要求及使用指南》。我国国家标准化委员会立即启动了将其等同转化为我国国家标准（计划号：20213498-T-424）的工作，并已于 2021 年 12 月 25 日完成征求意见。2022 年 1 月 7 日，英国标准

协会（BSI）向美的集团股份有限公司发出了我国国内首张 ISO 37301：2021 合规管理国际标准证书（编号 MSFC 761815），认证范围包括美的集团智能家居、工业技术、楼宇科技在中国国内业务运营的反垄断与数据保护合规管理。ISO 37301：2021 合规管理体系认证已在我国悄然启动。

2021 年 3 月，最高人民检察院发布《关于开展企业合规改革试点工作方案》，正式启动第二期企业合规改革试点工作，将企业合规改革试点扩大到全国十个省市。2021 年 6 月 3 日，最高人民检察院等九部委局联合发布《关于建立涉案企业合规第三方监督评估机制的指导意见（试行）》，明确建立企业合规第三方监督评估机制。截至 2022 年 4 月，企业合规改革试点地区办理涉案企业合规改革试点案件 766 件，其中适用第三方监督评估机制的案件达 503 余件。2022 年 4 月 2 日，最高人民检察院会同全国工商联专门召开会议，正式宣布涉案企业合规改革试点在全国检察机关全面推开。2022 年 4 月 19 日，最高人民检察院等九部委局联合发布《涉案企业合规建设、评估和审查办法（试行）》，对涉案企业合规建设、评估和审查提出了具体要求。我国企业合规管理体系建设已经到了项目验收、评价、审计和体系认证阶段。

一、合规管理验收、评价、审计、体系认证的定义

合规管理项目验收是指具体合规管理项目完成时，对项目成果进行审查，检查合规管理项目计划确定的或者合规管理项目服务合同约定的各项工作是否已完成，交付的项目输出成果是否达到预设的合规管理项目目标。

合规管理评价是企业合规管理组织（主要是企业治理机构、合规管理委员会和企业合规管理部门）及其委托的外部服务机构对企业合规管理体系的适用性、有效性和充分性，进行审查、评价、监督和持续改进。

合规审计是企业内部审计部门及其委托的外部审计机构对企业合规管理

体系设计和运行的有效性进行审计。

合规管理体系认证是指由国家认可的认证机构证明一个组织的产品、服务或管理体系符合相关标准、技术规范或其他要求的合格评定活动。

二、合规管理验收、评价、审计、体系认证的对象

合规管理验收、评价、审计、体系认证的对象相近但不尽相同，列表如下：

名称	对象	
合规管理验收	合规管理项目	
合规管理评价	合规管理体系评价	合规管理体系的适用性、充分性和有效性
	专项合规管理评价	指定领域合规管理的有效性
合规审计	全面合规审计	合规管理体系的有效性
	专项合规审计	指定领域合规管理的有效性
合规管理体系认证	合规管理体系框架以及指定部门领域合规管理的适用性、充分性和有效性	

合规管理验收的对象主要为合规管理项目，包括合规管理体系分阶段建设项目、重点领域专项合规管理项目、合规整改项目以及法务、合规、内控、风险管理协同运作机制建设项目等。

就合规管理体系评价与合规审计的对象而言，不同性质的企业，其所建立的合规管理体系不尽相同。例如，中央企业和地方国有企业按照国务院国资委和我国各省、自治区、直辖市国资委的有关合规管理指引建立全面合规管理体系、我国涉案企业进行合规整改建立合规管理体系、我国民营企业按照国际标准 ISO 37301：2021《合规管理体系 要求及使用指南》建立合规管理

体系、被世界银行制裁的企业按照世界银行集团《诚信合规指南》建立诚信合规管理体系等。详见以下第二节。

专业合规管理评价与专项合规审计的对象，可以是某一部门领域的合规管理（如财务税收、劳动人事、采购与招投标、市场交易等），也可以是某一法律领域的合规管理（如公司治理、反垄断、网络安全和数据保护等）。

合规管理体系认证的对象通常包括合规管理体系的框架以及企业某领域的合规管理体系。详见以下第七章。

三、合规管理验收、评价、审计、体系认证的目的

合规管理验收、评价、审计、体系认证的目的相近却不尽相同，可以梳理如下：

名称	目的
合规管理验收	合规管理项目是否完成和达到目的
合规管理评价	评价合规管理体系的适用性、充分性和有效性，识别、整改合规缺陷
合规管理审计	评价合规管理体系的适用性和有效性，识别合规缺陷，提出整改建议
合规管理体系认证	评定合规管理体系是否符合 ISO 37301：2021 国际标准的相关要求

四、合规管理验收、评价、审计、体系认证的组织

合规管理验收、评价、审计、体系认证的组织相近但不尽相同，可以梳理如下：

名称	组织	
	组织	具体实施
合规管理验收	合规管理部门	评审验收小组
合规管理评价	董事会/监事会/经理层/合规管理部门	企业内部评价小组，或者外部专业机构
合规管理审计	企业内部审计部门	企业内部审计部门，或者外聘会计师事务所
合规管理体系认证	合规管理部门	合规管理体系认证机构

第二节 合规管理验收、评价、审计、体系认证方法论

一、综述

关于合规管理验收、评价、审计，我国并无专门的法律法规规定。合规管理作为内部控制的重要组成部分，企业内部控制评价对合规管理验收、评价、审计具有重要的参考和指导意义。

按照财政部等五部委 2010 年 4 月 15 日《企业内部控制评价指引》(财会〔2010〕11 号）第十五条的规定，内部控制评价工作组应当对被评价单位进行现场测试，综合运用个别访谈、调查问卷、专题讨论、穿行测试、实地查验、抽样和比较分析等方法，充分收集被评价单位内部控制设计和运行是否有效的证据，按照评价的具体内容，如实填写评价工作底稿，研究分析内部控制缺陷。

按照我国国家科技部、发展改革委、财政部于 2018 年 2 月 1 日联合发

布的《国家科技重大专项（民口）验收管理办法》第二十八条的规定，项目（课题）任务验收主要采取实地考察、现场测试、功能演示、会议审查、查阅资料等方式进行。根据需要，可以采取一种或多种方式进行。

参照上述有关规范依据，结合我们提供合规管理服务的实践进行总结、梳理，合规管理验收、评价、审计、体系认证的方法主要包括以下十种：

1. 问卷调查；

2. 项目汇报；

3. 个别访谈；

4. 文件审查；

5. 质询解答；

6. 实地考察；

7. 专题讨论；

8. 抽样检查；

9. 功能演示；

10. 穿行测试。

合规管理项目验收、合规管理体系评价和审计、合规管理体系认证，由于其目的、内容、依据的不同，其使用的方法也存在差异。合规管理体系评价和审计的目的、内容和依据大致相同，其使用的方法也相同。

合规管理验收、评价、审计、体系认证可以采取一种或多种方式进行，梳理归纳如下（标注“A”的，表示应适用该方法）：

	方法	验收	评价	审计	体系认证
1	问卷调查	/	A	A	A
2	项目汇报	A	/	/	/
3	个别访谈	A	A	A	A
4	文件审查	A	A	A	A

续表

	方法	验收	评价	审计	体系认证
5	质询解答	A	A	A	A
6	实地考察	A	A	A	A
7	专题讨论	A	A	A	A
8	抽样检查	A	A	A	A
9	功能演示	A	A	A	A
10	穿行测试	/	A	A	A

二、问卷调查

问卷调查是指组织方制定问卷调查表，发放给问卷调查对象，由问卷调查对象进行回答，用以收集信息资料的方法。问卷调查的目的在于最广泛地获得合规管理评价、审计、体系认证所需要的基本信息，用作辅助分析。

（一）问卷调查的程序

问卷调查的程序一般包括：

1. 由组织方编制问卷调查表；

2. 将问卷调查表发放到问卷调查对象；

3. 必要且可行时对问卷调查对象进行解释说明；

4. 由问卷调查对象在规定时间内填写问卷调查表；

5. 收集问卷调查表；

6. 根据问卷调查的目的，对问卷调查表提供的信息进行分类汇总、统计和分析。

（二）问卷调查表要求

问卷调查表应当尽可能简明易懂、语义明确友善、贴近实际，避免过于理论化、用词晦涩、表达不清或者不友善用词。问卷调查表应尽可能保障由问卷调查对象客观、公正、独立地填写作答。

为了提高问卷调查的有效性，设计问卷调查表时可以与预设问卷调查对象进行沟通，征求意见。问卷调查表草稿确定后，可以安排几个预设问卷调查对象进行试填写，查看填写情况，检查问卷调查效果，征求修改意见，进行完善提升。

（三）问卷调查对象

合规管理评价、审计、体系认证问卷调查的对象，根据问卷调查的目的、内容和范围，既可以包括企业管理人员、员工，还可以包括其他利益相关者（如股东、商业伙伴、政府部门、公益组织、周围社区等）。

（四）问卷调查方法

合规管理评价、审计、体系认证问卷调查的方法包括：

1. 随机问卷调查：即由组织者将问卷调查表不做选择地发放给任何问卷调查对象并由其填写作答。例如，调查员工合规意识培育（是否签署合规承诺书、是否收到并阅读企业合规管理办法、是否参加过合规培训、本人合规职责是否明确等）的问卷调查，可以采取随机发放问卷调查方式。

2. 指定对象问卷调查：即由组织者将问卷调查表发放给指定范围的问卷调查对象并由其填写作答。

3. 闭门问卷调查：即利用员工培训、部门会议、商业伙伴会议等机会，将问卷调查表发放给参与培训和会议的人员，并由其填写作答。

问卷调查表可以通过当面发放纸质问卷调查表或者通过电子邮件、微信等线上方式发放给问卷调查对象。

（五）问卷调查表格式举例

1. 员工合规意识培育问卷调查表（格式）

一、基本信息				
公司名称				
所在部门名称				
岗位名称				
员工姓名				
填写时间				
二、员工声明 本人保证独立填写本表，并保证填写内容符合客观实际。				
三、调查问卷				
序号	问题	是	否	补充说明
1	您是否参加过合规培训？			（培训时间）
2	您是否签署了《合规承诺书》或类似文件？			（签署时间）
3	您是否签收了公司《合规管理办法》或类似文件？			（签收时间）
4	公司合规管理负责人是谁？			
5	公司合规管理部门的名称？			
6	您所在岗位的合规管理职责是否明确？			
7	您是否知悉公司违规举报的方式？			

续表

8	存在合规疑问时，您是否进行合规咨询？			
9	存在合规疑问时，您应该向谁进行合规咨询？			

2. 企业合规管理体系架构建设问卷调查表（格式）

一、基本信息				
公司名称				
填写部门				
填写人员				
填写时间				
二、员工声明 本人保证填写内容符合客观实际。				
三、调查问卷				
序号	问题	是	否	补充说明
（一）企业合规组织				
1.1 依法治企建设				
1.1.1	是否建立了企业法治建设领导小组和工作小组？			
1.1.2	是否将合规管理作为企业法治建设第一责任人的重要工作内容？			
1.2 三道防线				
1.2.1	是否建立了合规风险三道防线？			
1.2.2	审计是否与法务、合规、风控、内控相独立？			
1.3 企业治理机构				
1.3.1	是否明确了党委（党组）的合规管理职责？			

续表

1.3.2	是否明确治理机构（董、监、高）的合规管理职责？			
1.3.3	是否设立了合规委员会？			
1.3.4	合规委员会与哪个委员会合署？			
1.4 合规管理负责人				
1.4.1	是否设立了合规管理负责人？			
1.4.2	合规管理负责人的名称是否叫“首席合规官？			
1.4.3	合规管理负责人是否由总法律顾问兼任？			
1.4.4	合规管理负责人是否可以直接向董事长或者董事会汇报重大合规问题？			
1.5 合规管理部门				
1.5.1	合规管理部门的名称是什么？			
1.5.2	合规管理部门与哪个部门合署？			
（二）合规管理制度				
2.1	是否制定了企业基本的合规管理制度，如合规管理办法等？			
2.2	是否制定了（诚信）合规手册？			
（三）违规管理				
3.1	违规管理由哪个部门负责？			
3.2	企业员工的违规举报线索，由哪个部门接收和归集？			

续表

3.3	是否在合规管理部门设有违规举报电话、邮件地址和举报信箱？			
3.4	合规管理部门成立后，是否接到过违规举报？			
（四）合规审计				
4.1	企业合规管理基本制度中是否对合规审计做了规定？			
4.2	企业内部审计部门是否增加了合规审计职责？			
（五）合规宣传培训				
5.1	企业合规培训是否纳入人力资源部负责的企业年度培训计划？			
5.2	本年度企业开展合规培训的情况			
（六）合规管理队伍				
6.1	企业合规管理部门设有几个专职合规管理岗？是否都已到任？			
6.2	各业务部门、职能部门是否设立了兼职合规管理岗？			
（七）重点领域				
7.1	企业是否已经识别合规管理重点领域？			
7.2	企业计划在几年内完成所有重点领域的专项合规管理？			
（八）子公司合规管理				
8.1	企业是否已制定推动本企业各级子公司建立合规管理体系的具体实施方案和总体规划？			

三、项目汇报

项目汇报是就合规管理项目完成情况或合规管理体系建设情况进行报告。

（一）项目汇报分类

项目汇报可以分为书面汇报、会议汇报和单独汇报等方式。书面汇报是指项目工作小组就项目开展及完成情况提交书面报告，由项目验收小组进行书面审查。会议汇报是指在项目验收会议上，项目工作小组就项目开展及完成情况进行口头汇报，可以同时提交书面报告、进行PPT展示、展示输出成果、进行功能演示等。单独汇报是指就项目开展及完成情况向项目验收小组个别成员进行单独的汇报。单独汇报往往发生在以下两种情况：（1）在项目验收会议召开之前，项目验收小组个别成员要求单独听取汇报；（2）验收小组个别成员因临时原因未能参加项目验收会议，事后由项目工作小组进行单独的补充汇报。

（二）项目汇报方式

项目汇报可以通过现场会议、线上会议进行，也可以仅提交书面汇报材料。项目汇报往往与会议审查、咨询解答等其他方式合并使用或者成为其他方式的一个环节，是合规管理验收、评价、审计、体系认证的必要形式。

（三）项目汇报流程

项目汇报的一般流程包括：

1. 确定汇报主题；

2. 确定汇报时间、地点和参加人员；

3. 提交书面项目汇报材料；

4. 举行项目汇报会议；

5. 进行项目汇报；

6. 接受询问和答疑；

7. 补充汇报和提交补充资料。

（四）项目汇报的构成要素

项目汇报一般由以下要素构成：

1. 报告封面和目录；

2. 项目背景，包括项目名称、目的、进度计划要求等；

3. 项目内容；

4. 项目依据；

5. 项目工作小组组成；

6. 项目工作方法；

7. 项目实际进度情况；

8. 项目使用的基本理论和关键技术；

9. 项目输出成果；

10. 项目的主要贡献和创新；

11. 后续计划；

12. 项目内容、进度的调整以及与计划要求差异情况说明。

四、个别访谈

个别访谈是指合规管理验收、评价、审计、体系认证人员，根据需要对访谈对象进行单独访谈，以获取相关信息的方法。

个别访谈往往与其他方式合并使用或者成为其他方式的一个环节，是合规管理验收、评价、审计、体系认证的必要形式和有效方法。

个别访谈的对象包括企业内部人员（如治理机构人员、管理人员和员工）以及企业的利益相关方（包括股东代表、商业伙伴代表、监管机构官员等）。

个别访谈可以通过面对面形式或者线上形式进行。宜以单独形式在宽松的环境中开展，让被访谈人自愿、自由、充分地提供自己所知道的信息，表达自己的想法和意见。

个别访谈可以事先约定时间地点、预设访谈问题，以让被访谈人做好充分准备，提前备好相关资料和问题答案，保证访谈沟通的效果。但在被访谈人员有所顾虑或者存在他人干预的情况下，这种方式的效果及获得资料信息的真实性、完整性就会受到影响。

也可以采取临时访谈方式，即时确定被访谈人员、时间和地点，不给被访谈人预留准备任何时间和空间，达成在突袭的情况下获得真实信息的效果。当然，也因为其突然性，被访谈人因没有足够时间准备而影响访谈获取信息的充分性。

可以借鉴的方式是将事先约定和临时访谈结合起来，即事先约定部分人员进行个别访谈，并临时补充部分访谈对象进行个别访谈。充分发挥两种方式的优势，扬长避短，达到访谈的最佳效果。

在个别访谈过程中，访谈人员应制作访谈记录，记录访谈的时间、地点、访谈对象、提出的问题、访谈对象的回答和提供的资料以及其他相关信息。访谈完成后，应提请访谈对象签字。访谈对象拒绝签字的，应在访谈记录中予以注明。

五、文件审查

文件审查是指合规管理验收、评价、审计、体系认证人员，对被审查企业提供的文件资料进行审查。

合规管理项目验收审查的文件包括与项目相关的企业规章制度、项目过程文件、会议纪要、培训记录和输出成果等，具体由项目验收小组确定。

合规管理评价、审计、体系认证应予审查的文件包括相关的企业规章制度、体系文件、财务账簿、授权文件、经济合同、会议纪要、培训记录、行政监管文件、奖惩资料、项目过程文件和输出成果等。具体由合规管理评价、审计、体系认证人员确定。

文件审查可以集中审查，也可以分批审查。可以在被审查方办公室现场审查，可以要求被审查方邮寄给合规管理验收、评价、审计、体系认证人员，还可以要求被审查方提供电子文件形式。

被审查方提交文件资料，应制作文件资料清单，在提交文件时由合规管理验收、评价、审计、体系认证人员清点签收。合规管理验收、评价、审计、体系认证人员归还文件资料时亦同。

合规管理验收、评价、审计、体系认证人员进行文件审查，应制作审查记录，提出文件的合规缺陷（如果有的话）和整改建议。

六、质询解答

质询解答是指合规管理验收、评价、审计、体系认证人员，对被质询企业提出疑问，由被质询企业解答和澄清。

质询可以事先约定时间地点、预设质询问题，以让被质询人做好充分准备，提前备好相关资料和问题答案，保证质询效果。也可以采取临时质询方式，即时确定被质询人员、时间和地点，不给被质询人预留准备时间和空间，达成在突袭的情况下获得真实信息的效果。

质询可以通过举行现场质询会议进行，也可以通过线上会议。可以进行口头，也可以通过书面质询。可以对多人同时提出，也可以对某个人提出。

质询可以单独进行，也经常被作为合规管理验收、评价、审计、体系认证其他方式的辅助方式或者一个环节。

被质询方应根据质询问题据实全面解答，不得隐瞒或弄虚作假。

在质询过程中，质询人员应制作质询记录，记录质询的时间、地点、被质询人、质询问题、解答澄清、提供的相关资料以及其他相关信息。质询完成后，应提请被质询人员签字。被质询人员拒绝签字的，应在质询记录中注明。

七、实地考察

实地考察是指合规管理验收、评价、审计、体系认证人员，对企业或者其利益相关方进行现场查验，检查验证合规管理项目的完成情况或者合规管理体系的实际运行情况。

实地考察的目的在于通过现场实地观察和检查，验证合规管理项目完成的真实性或者合规管理体系的实际运行效果，判断是否存在缺陷、形式主义甚至舞弊行为。

实地考察应事先约定时间地点、预设实地查验内容，以让企业做好充分准备。也可以进行临时查验，不给企业预留准备时间和空间，达成在突袭的情况下获得真实信息的效果。

在实地考察中，考察人员应制作实地查验记录，记录查验的时间、地点、内容、提供的相关资料以及其他相关信息。考察完成后，应提请企业代表签字。

八、专题讨论

专题讨论是指合规管理验收、评价、审计、体系认证人员召集企业管理人员和业务人员，就合规管理项目或者具体问题进行讨论和评价。

专题讨论应事先约定时间地点、提出需要讨论的问题，以让各参与人做好充分准备，提前备好相关资料和相关意见，保证讨论效果。

专题讨论时，应要求企业确保与拟讨论问题相关的、具有实务经验的相关管理人员和业务人员充分参与。必要时，还可以聘请外部专家及利益相关方人员参与。

专题讨论可以通过现场或线上会议进行。个别情况下，还可以通过提交书面讨论意见的方式。通过现场会议讨论的，应安排参与人员签到、制作会议记录，并由各参与人签署会议纪要。通过线上讨论的，应制作会议记录，并在必要时进行录制。

九、抽样检查

就合规管理验收、评价、审计、体系认证而言，抽样检查是指对反复发生或同时存在的多个文件、制度、流程、缺陷、违规事件等，从中抽取一个或者一定比例的样本进行检查，从而评价合规管理项目或者合规管理体系的完成和运行情况。

抽样检查可以基于一段时间（一年、半年、一个季度、一个月）、一个部门、一家子公司进行抽样。

例一：对一段时间内合规管理部门的合规审查文本抽取样本，检查合规审查的充分性和有效性。

例二：对一个业务部门、职能部门日常合规管理（风险管理、合规培训、日常合规审查、配合违规调查等）进行抽样，检查业务部门日常合规管理的充分性和有效性。

例三：对一个业务部门的制度流程进行抽样，检查其是否融入合规要求与合规风险管控。

例四：对一个业务部门的各岗位职责进行抽样，检查其是否将合规与管理职责嵌入业务部门的岗位职责。

例五：对一个重点领域的专项合规管理项目进行抽样，检查重点领域的专项合规管理项目的输出成果和实效性。

例六：对一个业务部门或子公司的年度合规计划、合规报告及其执行情况进行抽样，检查企业年度合规计划、合规报告的制定和执行情况。

十、功能演示

就合规管理验收、评价、审计、体系认证而言，功能演示是指对合规管理项目输出成果或者合规管理体系中的功能模块进行测试，用以检查其运行的有效性。

合规管理信息化是企业合规管理体系建设的重要组成部分。合规管理信息化中的合规管理功能模块包括合规管理知识管理功能模块、合规风险管理功能模块、合规审查功能模块、合规管理评价功能模块、违规举报功能模块、合规咨询功能模块、合规考核评价功能模块、线上合规培训与宣传功能模块、合规计划与合规报告功能模块等。

对合规管理项目输出成果或者合规管理体系进行功能演示，可以对其所有功能模块进行功能演示，也可以抽样选取一个或多个功能模块进行功能演示。

十一、穿行测试

就合规管理验收、评价、审计、体系认证而言，穿行测试是指抽取企业某一业务领域或管理模块，穿越其全部流程和所有关键环节，将实际运行情况与合规管理要求进行比对，以发现存在的合规管理缺陷。穿行测试是被广为采用和行之有效的方法之一。

穿行测试的目的包括：检查确认合规要求是否融入业务流程并得到有效执行，发现和评价存在的合规缺陷，提出应对整改措施建议。

穿行测试的步骤包括：收集该业务领域或管理模块的全部证据文件，对各业务和管理环节的制度、文件、记录等逐项进行检查，制作工作底稿并对检查情况和发现的合规管理缺陷进行记录。

穿行测试可以选择业务流程中起始、中间或最后一个环节，以此为基点向上或向下进行全流程、全环节测试。

穿行测试是一复合型程序，往往综合运用多种方法，如抽样检查、个别访谈、质询沟通、文件审查、功能测试等。

合规管理验收、评价、审计、体系认证中，可以进行穿行测试的领域包括（但不限于）：

1. 一项重要决策的作出、重大经济合同的签署或规章制度的制定，检查决策流程的合规性；

2. 一个项目的采购招投标，检查招投标流程的合规性；

3. 财务预算的制定，检查财务预算制定流程的合规性；

4. 一项费用报销，检查财务做账的真实性和有效性；

5. 一个礼物的赠送，检查礼品政策执行的有效性；

6. 一个员工的晋升或提干，检查是否纳入合规考核评价等。举例：总经理办公会决策穿行测试表单。

抽取总经理办公会的一项重要决策，从决策结果到决策提出逆时间顺序进行穿行测试。

一、重要决策基本信息			
1	决策编号		
2	决策名称		
3	决策日期		
4	决策内容摘要		
二、企业有关重要决策相关制度流程			
1			
2			
3			
三、重要决策关键环节测试			
	关键环节	测试内容	测试结果（合规缺陷）
1	文件发布		
2	文件用印		
3	文本审查、校对、打印		
4	决策文件签署		
5	总办会会审		
6	党委会审查		
7	法律合规审查		
8	专业部门审查		
9	主管业务部门负责人签署		
10	主管业务部门初步法律合规审查		
11	主管业务部门起草决策		
12	决策事项立项		

第三章　企业合规管理项目验收

合规管理项目验收是指合规管理项目结束时，项目成果交付以前，对项目成果进行审查，检查项目计划内的各项工作是否已经完成，项目交付的成果是否达到项目目标。

按照国际标准 ISO 37301：2021《合规管理体系 要求及使用指南》第 6.2 条（合规目标和实现目标的计划）的规定，组织在计划如何实现其合规目标时，应确定：

——将要做什么；

——需要什么资源；

——谁来负责；

——何时完成；

——如何评估结果。

该规定明确了项目管理的基本内容框架和流程。完整的项目管理内容和流程包括项目立项、项目规划、项目执行、控制和监督、项目验收和交付等五个阶段。因此，项目验收是项目管理的重要内容和流程之一，是项目管理的最后阶段。

企业开展合规管理，建立合规管理体系，可以分解为若干合规管理项目，并按照项目管理方法进行立项、策划、执行、控制和验收。

第一节　合规管理项目类型

根据有关合规管理的国际标准、国内标准以及国务院有关部委的合规管理指引规定，企业合规管理项目分散于企业合规管理体系的各项构成要素及建设的各个阶段。

从合规管理体系建设的步骤、领域及其构成要素等不同角度进行分析，合规管理项目包括（但不限于）以下类型。

一、合规管理体系建设项目验收

（一）建立集团本部合规管理框架项目

如前文第一章所述，全面合规管理体系是一项复杂的长效工程。全面合规管理体系建设完成并有效运行后，就应进行合规管理体系评价。合规管理实务中，人们通常所说“合规管理体系建设项目”主要是指“合规管理体系框架建设”，而非全面合规管理体系建设。

我国中央企业集团和地方国有企业集团本部大多为管理性总部，其建立集团本部合规管理架构的内容通常包括在集团本部：

1. 建立集团本部合规管理组织；

2. 制定合规管理基本制度；

3. 建立合规管理队伍；

4. 识别合规管理重点领域；

5. 制定集团总体合规管理体系建设规划；

6. 开展合规培训。

此外，全面合规管理体系建设的各个阶段或各个领域的合规管理工作都可能构成一个单独的合规管理项目，需要通过合规管理项目验收流程进行验收。例如，制定合规管理运行机制具体操作指引，企业规章制度合规审查、修改、补充等。详见以下“二、专项合规管理项目”之（一）（二）。

（二）涉案企业专门领域合规管理体系建设项目

专门领域合规管理体系是指企业针对某一部门领域（如劳动人事、采购、市场营销、国际贸易等）或者法律领域（如反垄断、网络和数据保护、环保安全等）建立合规管理体系。目前，我国最高人民检察院推动的企业合规改革，要求涉案企业针对涉案领域进行合规整改，建立合规管理体系，属于专门领域合规管理体系建设项目。

（三）ISO 37301 合规管理体系

国际标准 ISO 37301：2021《合规管理体系 要求及使用指南》并未明确指出其所涵盖的是否系全面合规管理体系。从其目的和内容来看，它可以用来指引建立全面合规管理体系、重点领域合规管理体系以及专门领域合规管理体系。如果企业期望通过 ISO 37301 合规管理体系认证，则需要按照该标准的要求建立全面合规管理体系或者重点领域合规管理体系。其中，验收适合于重点领域合规管理体系建设项目，而全面合规管理体系建设的各个阶段或各个领域的合规管理工作都可能单独构成一个合规管理项目并应进行验收。全面合规管理体系最终完成建设后，则应直接进行合规管理评价。

（四）世界银行诚信合规管理体系

世界银行集团要求被制裁企业按照世界银行集团《诚信合规指南》建立诚信合规管理体系，防范不当行为（贿赂、欺诈、串谋、洗钱、妨碍等）。世界银行诚信合规管理体系建设完成后，应接受世界银行合规官的评价和验收。

二、专项合规管理项目

持续改进是企业合规管理的基本特点和重要原则。企业合规管理体系建设及有效运行，包括若干阶段以及特定领域的专项合规管理并构成不同的专项合规管理项目。

（一）制定合规管理运行机制具体操作指引项目

合规管理运行机制具体操作指引项目包括：针对合规风险管理、合规管理计划与合规报告、合规审查、违规整改、违规举报、违规追责、合规管理评价、合规绩效考核、合规咨询、合规联席会议等制定具体操作指引。

（二）重点领域专项合规管理项目

按照国务院国资委《中央企业合规管理办法）》第五条第四款要求，中央企业应当坚持务实高效，建立健全符合企业实际的合规管理体系，突出对重点领域、关键环节和重要人员的管理。

第十八条要求，中央企业应当针对反垄断、反商业贿赂、生态环保、安全生产、劳动用工、税务管理、数据保护等重点领域，以及合规风险较高的业务和涉外业务重要领域，制定合规管理具体制度、专项指南或专项合规管理制度。各省、自治区、直辖市国资委颁布的地方国有企业合规管理指引也有类似规定。

每个企业所处内外部环境存在差异，其合规管理的重点领域也存在差别。例如，我国中央企业集团总部大多属于管理性总部，其合规管理重点领域相对集中于国资监管、公司治理、违规追责等领域，而其子公司多从事实际的业务经营，根据其业务、产品、规模、经营区域等，合规管理重点领域可能涵盖国务院国资委《中央企业合规管理办法》第十八条所列所有重点领域，还包括知识产权、投融资、网络安全、出口管制等更多领域。

企业重点领域专项合规管理是企业合规管理体系建设的重要阶段和组成部分，也是企业合规管理体系有效落地的重要保障。但企业每个合规管理重点领域所须遵守和适用的法律法规、内部制度流程等存在很大差异。每个合规管理重点领域的专项合规管理都足以构成一个专项合规管理项目，其基本内容和流程包括开展重点领域合规风险评估，编制分等级合规风险清单，制定应对整改措施，对重点领域相关业务部门、职能部门及其关键岗位职责进行合规审查、增补合规管理职责，对重点领域业务部门、职能部门制度流程进行合规审查、增补合规要求与合规风险管控节点，制定重点领域专门合规指引等。

（三）合规整改项目

企业通过合规风险评估、合规管理评价、内部审计（包括合规审计）、违规举报、纪检监察、巡视巡察以及发生合规风险事件等发掘企业合规管理中的不足和缺陷，进行合规整改。每次合规整改都构成一个专项合规管理项目。

（四）法务、合规、内控、风险协同运作机制建设项目

国务院国资委《中央企业合规管理办法》第二十六条要求中央企业结合实际建立健全合规管理与法务管理、内部控制、风险管理等协同运作机制，加强统筹协调，避免交叉重复，提高管理效能。

建立法务、合规、内控、风险管理协同运作机制，是一重大合规管理项目，包括进行前期尽职调查、建立协同运作机制框架、运行机制总体指南、组织体系整合（包括组织机构整合和员工岗位整合）、制度流程协同融合、运行机制协同融合等。

（五）其他专项合规管理项目

其他专项合规管理项目，包括合规尽职调查、专项合规风险评估、合规管理信息系统建设等，具体由企业根据本企业合规管理的实际需要确定。

三、小结

合规管理项目类型小结如下：

<table>
<tr><td rowspan="4">业合规管理体系建设项目</td><td>1</td><td>全面合规管理体系框架</td></tr>
<tr><td>2</td><td>涉案企业专门领域合规管理体系</td></tr>
<tr><td>3</td><td>ISO 37301 重点领域合规管理体系</td></tr>
<tr><td>4</td><td>世界银行诚信合规管理体系</td></tr>
<tr><td rowspan="5">专项合规管理项目</td><td>1</td><td>运行机制具体操作指引</td></tr>
<tr><td>2</td><td>重点领域专项合规管理</td></tr>
<tr><td>3</td><td>合规整改</td></tr>
<tr><td>4</td><td>法务、合规、内控、风险管理协同运作机制</td></tr>
<tr><td>5</td><td>其他</td></tr>
</table>

第二节　合规管理项目验收依据

项目验收依据一般包括项目验收的法律依据与项目文件依据。

一、合规管理项目验收的实体法依据

关于合规管理项目验收，我国有关法律法规并无直接明确的规定。但是，对于合规管理体系建设项目验收，相关合规管理指引和标准，应当是重要的实体法依据之一。

合规管理体系建设及其验收应当依据的有关合规管理指引、标准，列表如下：

序号	法律依据	体系类型	适用企业
1	国务院国资委《中央企业合规管理办法》	全面合规管理体系	我国中央企业
2	各省、自治区、直辖市国资委合规管理指引	全面合规管理体系	所辖地方国有企业
3	国际标准 ISO 37301： 2021《合规管理体系 要求及使用指南》	ISO 37301 合规管理体系	我国中央企业 / 地方国有企业（如果申请体系认证）、民营企业、外商投资企业
4	商业银行合规风险管理指引	全面合规管理体系	商业银行
5	保险公司合规管理办法	全面合规管理体系	保险公司
6	证券公司和证券投资基金管理公司合规管理办法	全面合规管理体系	证券公司和证券投资基金管理公司
7	企业境外经营合规管理指引	境外企业合规管理体系	我国企业境外投资设立的子公司、分公司
8	世界银行诚信合规指南	世界银行诚信合规管理体系	被世界银行制裁的企业

由于不同机构发布实施的合规管理指引、标准等的具体规定和要求存在差异，不同性质的企业基于其建立合规管理体系的目标和范围，可能需要同时适用多个合规管理指引和标准。

例如，我国中央企业、地方国有企业如果选择通过 ISO 37301 合规管理体系认证，它需要同时适用国资委的合规管理指引以及国际标准 ISO 37301：2021《合规管理体系 要求及使用指南》。

又例如，一家中央企业于 2018 年受到世界银行制裁，由上海市汇业律师事务所协助进行合规整改。该企业需要按照世界银行《诚信合规指南》建立诚信合规管理体系，还需要按照国务院国资委《中央企业合规管理办法》建立全面合规管理体系。

由于不同机构发布实施的合规管理指引、标准等的具体规定和要求存在差异，企业在同时适用多个合规管理指引、标准时，需要进行相互比对研究，将不同合规管理指引、标准的具体规定和要求，充分有效地融入本企业合规管理体系之中。

二、合规管理项目验收的程序法依据

我国尚无有关合规管理项目验收的程序法律、标准或指引规定。在这种情况下，较好的办法之一是借鉴参考类似的项目验收程序、标准或指引。

我们查询到了科技部、发展改革委、财政部于 2018 年 2 月 1 日联合发布的《国家科技重大专项（民口）验收管理办法》，可以用作合规管理项目验收的借鉴和参考。现将该管理办法简要介绍如下：

（一）项目验收目的（第二条）

重大专项项目验收是重大专项组织管理的重要环节，旨在客观评价重大专项项目目标任务执行、成果产出、资金使用的总体情况，促进创新成果推广应用及产业化，提高资金使用效益，推动重大专项顺利实施和完成目标。

（二）验收原则（第五条）

重大专项验收工作坚持依法依规、客观公正、科学规范、重质求效的原则。

（三）验收组织（第二章）

1. 科技部会同发展改革委、财政部负责组织开展重大专项总结验收。

2. 重大专项牵头组织单位负责形成本专项实施情况报告和提出总结验收申请，配合三部门做好专项总结验收工作，并指导和监督重大专项项目管理专业机构开展项目验收工作。

3. 重大专项项目承担单位要充分履行法人责任，配合专业机构开展项目验收工作，负责形成本项目自评价报告等验收文件资料，并对其真实性、准确性、完整性负责。

4. 在牵头组织单位领导下，专业机构具体负责项目验收的组织实施，形成项目验收报告，并配合做好专项总结验收工作。

项目任务验收专家组应由技术专家、管理专家和知识产权专家等共同组成，原则上不少于九人，确定一名组长。

实行回避制度。被验收项目承担单位、参加单位及其合作单位的人员不能作为验收专家参加验收工作。

（四）验收内容（第三十一条）

项目任务验收的主要内容包括：项目合同计划任务的完成情况；合同规定的目标和考核指标的完成情况；项目对重大专项总体目标发挥作用情况；成果水平及其应用情况；直接经济效益和社会效益情况；人才培养与团队建设情况；组织管理和机制创新情况等。

（五）验收程序（第四章）

项目验收工作应在任务合同到期后六个月内完成。

1. 项目验收要根据任务完成情况和有关要求，做好项目验收工作的整体时间安排，制定验收工作计划，并报牵头组织单位和科技部备案。

2. 项目牵头承担单位应在任务合同书规定完成日期后的六十日内，向专业机构提交项目验收申请书，同时需提交以下验收文件资料。

（1）档案验收合格结论书；

（2）项目自评价报告；

（3）项目财务收支执行情况报告、项目结余资金情况说明；

3. 专业机构在收到验收申请书、相关文件资料后，要在三十日内进行形式审查，并向牵头承担单位作出是否同意验收的回复。

对于通过形式审查的验收申请，专业机构按照验收工作计划，与牵头承担单位商定具体验收的日程安排，并发出组织验收的通知，同时抄送牵头组织单位。

4. 项目验收专家通过审阅资料、观看演示、现场测试（含委托外部专业机构进行的测试）、实地考察、听取汇报的基础上，认真审查和质询，填写《重大专项项目（课题）任务验收评议表》，讨论形成项目（课题）的任务验收意见。

5. 专家机构根据项目任务验收和财务验收意见，形成验收结论。填写《重大专项项目（课题）验收结论书》报牵头组织单位备案，并下达项目牵头承担单位。

（六）验收方式（第二十八条）

项目任务验收主要采取实地考察、现场测试、功能演示、会议审查、查阅资料等方式进行。根据需要，可以采取一种或者多种方式进行。

（七）验收结论（第三十二条）

项目综合验收结论分为“通过”和“不通过”两种。对于存在下列情况之一，按不通过验收处理。

1. 未达到合同约定的主要技术经济指标；

2. 提供的验收文件、资料、数据不真实；

3. 擅自修改项目任务合同书的考核目标、内容、技术路线等。

未通过验收的项目，应在接到整改通知后的三个月内完成整改，并提请重新验收。

（八）后续工作（第三十五条、第三十六条）

1. 专业机构应及时做好项目验收的文件资料整理和归档工作，并按时移交给科技部重大专项办公室。

2. 年度项目验收结束后，专业机构要及时形成《重大专项项目（课题）验收工作总结报告》，连同各项目验收结论书提交牵头组织单位，并抄送科技部。

三、合规管理项目验收的项目文件依据

合规管理项目验收应当依据的项目文件依据包括（但不限于）：

（一）项目规划或项目任务书

完整的项目管理流程包括项目立项、项目规划、项目执行、控制和监督、项目验收和交付等五个阶段。

同理，合规管理项目只有在立项及项目规划获得批准后方能实施。合规管理项目规划或项目任务书，一般包括项目目标、项目内容、项目计划、项

目组织、项目预算、项目过程控制和监督、项目验收和交付等。列表如下：

<table>
<tr><td colspan="4">合规管理项目规划（格式）</td></tr>
<tr><td colspan="2">项目名称</td><td colspan="2"></td></tr>
<tr><td colspan="2">项目内容（任务）</td><td colspan="2"></td></tr>
<tr><td colspan="2">项目周期</td><td colspan="2"></td></tr>
<tr><td colspan="2">项目主管部门</td><td colspan="2"></td></tr>
<tr><td colspan="2">项目协办部门</td><td colspan="2"></td></tr>
<tr><td colspan="4">项目小组</td></tr>
<tr><td>组长</td><td></td><td rowspan="5">职责</td><td></td></tr>
<tr><td>副组长</td><td></td><td></td></tr>
<tr><td>小组成员</td><td></td><td></td></tr>
<tr><td>小组成员</td><td></td><td></td></tr>
<tr><td>小组成员</td><td></td><td></td></tr>
<tr><td colspan="2">项目预算及支付</td><td colspan="2"></td></tr>
<tr><td colspan="2">项目过程控制节点</td><td colspan="2"></td></tr>
<tr><td colspan="2">项目输出成果</td><td colspan="2"></td></tr>
<tr><td colspan="2">项目验收标准（人员、方法、流程、内容等）</td><td colspan="2"></td></tr>
<tr><td colspan="4">项目详细时间计划</td></tr>
</table>

合规管理项目验收，需要核验项目目标是否实现、项目内容是否完成、项目组织及其他资源配置是否到位、项目计划是否超期、项目预算及其支付是否规范、项目过程控制和监督是否实施等。因此，企业经批准的合规管理项目立项和项目规划文件，是合规管理项目验收的直接依据。

（二）项目合同

就合规管理项目，如果企业委托外部专业机构进行或者协助的，企业与外部专业机构签署专项服务合同。在服务合同中，需要对服务目标、服务内容、服务计划、输出成果、成果验收交付等作出明确规定。因此，企业就合规管理项目与外部专业机构签署的专项服务合同也是合规管理项目验收的重要依据。

第三节　合规管理项目验收的组织

企业合规管理项目验收的组织一般包括领导和审批部门、负责部门、监督部门、项目验收小组和项目工作小组。

一、合规管理项目验收的领导和审批部门

1. 企业合规管理项目验收，一般由企业合规委员会负责总体领导、指导和监督检查，并负责批准项目验收计划，接受项目验收结论备案。

2. 属于企业集团总部安排、责成、监督完成的合规管理项目，或者企业的重大合规管理项目，按照企业集团总部的相关规章制度，可能还应将合规管理项目验收计划报集团总部合规管理部门或者相关主管部门批准，并将项目验收结论提交备案。

3. 由各部门内部发起并实施的合规管理项目验收计划和验收结论，应报本部门负责人批准，抄报合规管理部门。

二、合规管理项目验收负责部门

（一）合规管理项目验收负责部门

1. 合规管理体系建设项目、重大合规风险引致的专项合规管理项目等的验收，一般由企业合规委员会负责组织。合规委员会可以授权企业合规管理负责人带领合规管理部门具体实施。

2. 企业一般合规管理项目的验收，由企业合规管理部门负责组织。

3. 部门自身发起的本部门合规管理项目，项目验收一般由本部门负责组织。合规管理部门也可以与发起部门协商，将项目提升至由合规管理部门来负责组织。

（二）合规管理项目验收负责部门的职责

合规管理项目验收负责部门的职责通常包括：

1. 项目完成情况初步形式审查。

根据合规管理项目工作小组的项目验收申请，对项目完成情况进行初步的形式审查。

2. 项目验收计划起草和报批。

项目验收负责部门经检查认为项目具备验收条件的，与项目工作小组协商起草项目验收计划，报合规管理项目验收的领导和审批部门批准。

3. 成立项目验收小组。

4. 组织实施项目验收。

5. 督促形成项目验收结论。

6. 组织编写并提交项目验收报告。

7. 组织项目验收的后续工作。

三、合规管理项目验收监督部门

对于中央企业和地方国有企业进行合规管理项目验收，合规管理项目验收负责部门应及时将项目验收计划及相关资料送交企业内部审计部门和纪检监察部门，由其安排人员参与并进行监督，以保证项目验收的严肃性、真实性与合规性。

四、项目验收小组

企业合规管理项目验收，由合规管理项目验收负责部门组织项目验收小组具体实施。

（一）合规管理项目验收小组的建立原则

合规管理项目的验收小组可能因项目种类和内容而存在差别。一般来说，合规管理项目验收小组的建立，应遵循以下原则：

1. 专业性原则

合规管理是一门跨学科专业，涉及法学、管理学和经济学等。合规管理项目的内容还与涉及的企业业务领域紧密相关。例如，劳动人事合规管理项目与采购合规管理项目的内容、适用的法律迥异。因此，合规管理项目验收小组需要吸纳懂法律、精管理的专家以及熟悉合规管理项目所涉业务的人员。

2. 回避原则

合规管理项目的承担单位、参加单位及其合作单位的人员不宜作为验收专家参加验收工作。

3. 奇数原则

合规管理项目验收小组成员由奇数构成，防止在采取投票通过方式时出现赞成和反对同票的情况。

（二）项目验收小组的人数及组成

按照项目验收小组奇数组建原则，小组人数以 5 人或 7 人为宜。项目验收小组由企业内部成员和外部专家组成。

1. 企业内部成员

企业内部成员一般不超过 3 名。

由企业合规委员会组织验收的合规管理项目，其中一名企业内部成员应由企业分管领导担任。另一名可以由总法律顾问、合规管理负责人、审计部门负责人、纪检监察部门负责人担任。

由企业合规管理部门组织验收的合规管理项目，其中一名企业内部成员应由相关业务部门负责人担任，另一名可以由总法律顾问、合规管理负责人或审计部门负责人担任。

由部门组织验收的合规管理项目，其中一名企业内部成员应由合规管理部门委派，另一名可以由本部门负责人、审计部门负责人或其他部门负责人担任。

2. 上级单位委派成员

如主管国资委、上级集团公司委派的成员等。

3. 外部专家

为保证项目验收的公正性和专业性，应聘请至少一名外部专家参与项目验收小组。按照项目验收小组组建的专业性原则，合规管理项目验收应至少包括以下人员：

（1）具有合规管理专业知识和经验的人员。如律师、其他合规咨询机构合规负责人、大学教授、其他企业的合规管理负责人等。

（2）与合规管理项目相关的业务领域法律专业人员。例如，市场营销领域合规项目，需要深谙反垄断、消费权益保护等方面知识的法律专业人员；环保安全合规项目，需要深谙环保安全的法律专业人员。法律专业人员可以来自律师事务所、高等院校法学教授、其他企业法务专业人员等。

（3）与合规管理项目相关的业务领域专业业务人员。如环保安全合规项目，需要深谙环保安全管理和技术的专业人员；财务税收合规项目，需要深谙财务税收业务的财务专业人员。

根据项目验收的回避原则，提供合规管理服务的外部机构人员不应担任验收小组成员。

举例一：国有企业集团合规管理体系框架建设项目验收小组

序号	人数	来源
1	4	企业内部
2	1	主管国资委
3	2	外部专家
总计	7	

举例二：国有企业子公司合规管理体系框架建设项目验收小组

序号	人数	来源
1	2	企业内部
2	1	集团法律合规部
3	2	外部专家
总计	5	

（三）信息与沟通

合规管理项目验收负责部门应与参与项目验收的其他组织保持沟通，及时向其提供项目规划、项目验收计划、项目输出成果等。

对于外部专家，合规管理项目验收部门应采取措施让其对项目信息和资料严格保密，包括但不限于签署保密协议、保密承诺函等。

（四）关于项目验收费用

合规管理项目验收费用是项目预算的一部分，通常包括会议费用、资料费用、外部专家差旅费用、外部专家劳务费用等。

五、合规管理项目工作小组

合规管理项目工作小组是负责合规管理项目的具体实施、接受合规管理项目验收的组织。

（一）合规管理项目工作小组的组成

根据合规管理项目的具体实施情况，合规管理项目工作小组的组成有以下几种形式：

1. 企业合规管理项目，由企业内部相关部门（如企业合规管理部门、业务部门、职能部门等）委派人员组成；

2. 业务部门、职能部门内部合规管理项目，由业务部门、职能部门委派人员组成；

3. 由企业有关部门委派人员和企业外聘合规管理服务机构委派人员共同组成；

4. 由企业外聘合规管理服务机构委派人员组成。

（二）合规管理项目工作小组的验收职责

合规管理项目工作小组在合规管理项目验收中的职责包括：

1. 提交合规管理项目验收申请；

2. 提交项目输出成果及相关资料；

3. 协助合规管理项目验收负责部门制定项目验收计划；

4. 接受项目验收小组的验收：按项目验收计划参与验收会议、进行汇报、接受质询、提交补充资料、进行功能演示等；

5. 开展后续工作，包括开展合规管理项目补充工作、提供项目输出成果培训等。

第四节　合规管理项目验收内容

合规管理项目验收内容取决于合规管理项目的内容，一般规定在项目规划或方案中。合规管理项目的验收内容因项目种类不同而有所差异。

一、合规管理项目验收的一般内容

合规管理项目验收的主要目的是检查项目计划内的各项工作是否已经完成，项目交付的成果是否达到项目目标。因此，合规管理项目验收的主要内容包括：

1. 检查项目是否按计划规定的时间完成，以及各重要时间节点的工作完成情况。

2. 检查项目工作小组成员到岗及履职情况。

3. 项目过程记录和文件档案。

4. 项目主要工作内容是否完成。

5. 项目输出成果，重点考察以下方面：

（1）输出成果的形式、文字和格式的规范性；

（2）输出成果是否涵盖项目的主要内容；

（3）输出成果是否解决项目中存在的主要问题，达到项目目的。

二、合规管理体系建设项目的验收内容

我国中央企业、地方国有企业推动建设的全面合规管理体系建设，其全面性原则要求将合规要求覆盖各部门、各分支机构和各级子公司，贯穿决策、执行和监督全流程，建立全员合规责任制。

全面合规管理体系建设是一长期的大工程。全面合规管理体系建设一般应分阶段进行，划分为若干合规管理子项目。因此，全面合规管理体系建设项目须按照每阶段合规管理体系子项目建设内容，确定其验收内容。

举例：合规管理体系框架建设项目评价验收表

内容	评价			备注
	合格	良好	优秀	
一、合规管理调研				
1. 对企业领导及各相关部门进行访谈调研及互动沟通情况				
2. 合规管理现状调研评审报告				
二、设立合规管理组织，明确合规管理职责				
1. 明确党委（党组）的合规管理职责				
2. 明确治理机构合规管理职责				

续表

内容	评价			备注
	合格	良好	优秀	
3. 设立合规委员会，明确其合规管理职责				
4. 设立合规管理负责人（首席合规官），明确其合规管理职责				
5. 设立合规管理部门，明确其合规管理职责				
6. 明确各业务和职能部门合规管理职责				
三、合规管理制度				
1. 制定合规管理基本制度				
2. 制定合规管理运行机制操作指引				
3. 制定重点领域具体合规指引或专项合规指引				
四、合规管理运行机制				
1. 合规风险管理：明确合规风险管理流程				
2. 合规审查：制定合规审查指引并与法律审查相融合				
3. 违规管理：明确违规整改机制、违规举报机制及违规追责机制				
4. 合规管理评价：制定合规管理评价具体操作指引				
5. 合规绩效考核：公司考核评价制度流程增加合规绩效考核指标及流程				
6. 合规管理计划、报告：制定合规管理计划、报告具体操作指引				
五、合规文化				
1. 建立合规意识培育、合规培训、合规宣传机制				
2. 开展合规基础培训、合规管理制度宣贯培训、合规管理能力提升培训等				

续表

内容	评价			备注
	合格	良好	优秀	
六、合规管理信息化				
制定合规管理信息化建设方案				
七、监督问责				
1. 监督问责部门在职权范围内对合规要求落实情况进行监督				
2. 监督问责部门在职权范围内对违规行为进行调查				
3. 监督问责部门在职权范围内对违规行为进行调查				
八、合规管理资源				
明确在机构、人员、经费、技术等方面为合规管理工作提供的必要条件				
九、合规管理重点领域				
识别合规管理重点领域，制定合规管理重点领域清单				

三、涉案企业专门领域合规管理体系

专门领域合规管理体系是指企业针对某一部门领域（如劳动人事、采购、市场营销、国际贸易等）或者法律领域（如反垄断、网络和数据保护、环保安全等）建立合规管理体系。目前，我国最高人民检察院推动的企业合规改革，要求涉案企业正对涉案领域进行合规整改，建立合规管理体系，属于专门领域合规管理体系范畴。

有关涉案企业专门领域合规管理体系建设项目的验收，详见本书第六章。

四、专项合规管理项目的验收内容

（一）重点领域专项合规管理项目验收内容

重点领域专项合规管理项目，是企业合规管理体系的重要阶段和重要步骤，是合规管理体系在重点领域有效落地运行的重要途径和保障。

重点领域专项合规管理项目验收，要特别关注以下内容：

1. 是否对重点领域内外部环境及合规管理现状进行调研评审。

2. 是否已经识别重点领域合规义务并制定合规义务清单，包括外法规定的法律义务、企业章程和内部规章规定的内规义务以及遵守相关道德规范的义务，特别是一旦违反，就会给企业带来法律责任和经济损失的强制性、禁止性的合规义务。

3. 是否对重点领域合规风险进行评估，包括收集的合规风险信息源、是否从合规风险发生的可能性和发生后可能给企业带来法律责任和损失的大小两个维度进行评估、是否与企业合规管理部门及相关业务部门、职能部门进行详细沟通等。

4. 是否制定分等级（高、中、低）的合规风险清单，并制定应对整改措施和应对整改计划。

5. 是否对重点领域相关业务部门、职能部门及其关键岗位的职责进行合规审查，修改、增补相关合规管理职责与合规考核指标，实现重点领域全员合规责任制。

6. 是否对重点领域业务部门、职能部门的业务制度流程进行合规审查，修改和增补合规要求与合规风险管控节点，将合规要求与合规风险管控节点融入业务制度流程，制定重点领域专门合规指引等。

举例：重点领域专项合规管理项目评价验收表

内容	评价			备注
	合格	良好	优秀	
一、重点领域合规管理项目小组				
1. 项目小组组成人数及合理性				
2. 项目小组成员法律合规专业度				
二、重点领域合规管理调研				
1. 对重点领域业务部门、职能部门内外部环境及合规管理现状进行访谈调研				
2. 提交合规管理调研报告				
三、识别重点领域合规义务				
1. 是否收集、汇编重点领域外部法律法规，建立并提交重点领域外法库				
2. 是否识别重点领域合规义务，编制并提交重点领域合规义务清单				
四、重点领域合规风险评估				
1. 是否编制并提交合规风险评估基础表				
2. 是否与相关业务部门、职能部门对合规进行共同分析、评价，并提出应对整改措施建议				
3. 是否从合规风险发生的可能性以及对企业造成损失的大小两个维度进行分析				
4. 是否编制高、中、低分等级的合规风险清单				
5. 是否提出合规风险应对整改措施建议				
五、部门、岗位职责合规审查				
1. 是否对重点领域相关业务部门、职能部门职责、关键岗位职责进行合规审查，增补合规管理职责与合规考核指标				
2. 是否对重点领域相关业务制度流程进行合规审查、修改，融入合规要求与合规风险管控节点				

续表

内容	评价			备注
	合格	良好	优秀	
六、项目输出成果				
1. 是否提交要求的项目输出成果				
2. 项目输出成果是否规范编制、方便阅读、查询				
3. 项目输出成果是否含有重点领域合规工具，方便重点领域相关部门和员工有效运用				

（二）合规整改项目

企业合规整改项目是针对某一领域存在的合规管理缺陷进行整改的项目。因此，企业合规整改项目验收的内容相对直接而简单：

1. 是否执行合规整改时间计划；

2. 合规管理缺陷是否全部进行整改，以及是否符合合规整改计划的要求；

3. 合规整改报告以及合规缺陷整改形成的相关文件是否完整、准确并有效执行；

4. 是否制定预防再次出现合规管理缺陷的措施等。

（三）法务、合规、内控、风险管理协同运作机制建设项目

建立法务、合规、内控、风险管理协同运作机制，是国务院及各省、自治区、直辖市国资委倡导和鼓励建立的机制，以加强统筹协调，减少和优化管理环节，整合管理资源，提高管理效能。

法务、合规、内控、风险管理协同运作机制建设项目（以下简称协同运作机制建设项目）也是比较前沿的企业管理项目，尚无成熟的验收经验可

循。上海市汇业律师事务所合规管理团队正在协助一家地方国有企业建立法务、合规、内控、风险管理协同运作的大风控体系。我们提出以下项目验收的要点，以供探讨：

1. 组织体系的协同整合。主要是四大领域的专委会、牵头管理部门的职责是否协同整合，业务部部门作为第一道风险防线的日常法务、合规、内控、风险管理人员及其职责是否协同整合。

2. 运行机制协同整合。四大领域的运行机制中，专业性法律事务、违规调查、内部控制活动等具有较强的专业性和独立性，难以协同整合。但是：

（1）在风险管理方面，法律风险管理、合规风险管理、全面风险管理、内部控制中的风险评估和风险应对，可以协同整合。

（2）对重要决策、重要规章制度、重大事项和重大经济合同等的法律审核、合规审核、风险评估，可以协同整合。

（3）对四大体系的建立运行进行有效性评价，可以协同整合。

（4）合规管理中的违规管理与内部控制中的反舞弊管理，可以协同整合。

（5）此外，绩效评价、计划与报告等，也可以协同整合。

3. 管理资源保障、管理信息系统、文化建设、监督问责等，都可以协同整合。

（四）其他专项合规管理项目的验收内容

其他专项合规管理项目（合规尽职调查、合规风险评估、合规管理信息系统建立等），根据项目目的和内容确定项目验收的内容和重点。

第五节　合规管理项目验收流程和方法

合规管理项目完成后，在项目期限期满前，应对合规管理项目进行验收。

一、合规管理项目验收流程

参照科技部、发展改革委、财政部于2018年2月1日联合发布的《国家科技重大专项（民口）验收管理办法》以及我们提供合规管理项目服务的经验，合规管理项目验收流程一般包括以下几个步骤：

（一）合规管理项目工作小组提出验收申请

合规管理项目工作小组应向合规管理项目负责部门提出验收申请，附具项目验收申请书、项目完成情况报告、项目输出成果、项目验收计划建议等资料。

（二）起草项目验收计划

合规管理项目验收负责部门应对项目工作小组的验收申请及随附资料进行形式审查；符合验收条件的，应起草合规管理项目验收计划。

项目验收计划通常包括以下方面：

1. 验收时间；

2. 验收地点；

3. 验收小组成员；

4. 验收内容；

5. 验收方法；

6. 验收结果呈现形式等。

（三）提出验收申请

企业项目验收负责部门应向合规管理项目验收的领导和批准部门提出合规管理项目验收申请及以下资料，以获得其批准：

1. 项目验收申请，详细描述项目目标、项目内容和任务、项目时间计划、项目执行和完成情况，以及项目验收计划建议等；

2. 项目工作小组的项目验收申请及随附资料；

3. 项目立项及规划文件；

4. 项目输出成果等。

（四）组建项目验收小组

项目验收申请得到合规管理项目验收的领导和审批部门的批准后，项目验收负责部门应组织合规管理项目验收小组。项目验收小组的成员组成，因合规管理项目类型不同而有所差异。

具体详见本章第三节。

（五）项目验收

项目验收小组按照项目验收计划，比对项目目标、任务和内容、输出成果等，按照选定的合规管理项目验收方法，对项目完成情况进行评价验收。

（六）验收结论

合规管理项目验收完成后，项目验收小组应形成项目验收结论。

项目综合验收结论分为通过验收、有条件通过和不通过验收三种情况。

1. 项目任务和内容全部完成并达成项目目标的，应通过项目验收。

2. 项目任务和内容全部基本完成并达成项目目标的，可以有条件通过项目验收，并注明需要补充完成的内容及时间要求。

3. 对于存在下列情况之一，按不通过验收处理：

（1）未达到项目目标；

（2）未完成项目内容或任务；

（3）提供的验收文件、资料、数据不真实；

（4）擅自变更项目目标、内容或任务。

未通过项目验收的，应注明项目完成的时间要求以及下一次验收的时间和地点。

项目验收结论一般由验收小组组长当场宣布，也可以择日宣布。

（七）后续工作

项目验收完成后，项目主管部门应整理项目全过程文件并妥善归档。

对于附条件通过验收的项目，项目主管部门还应对项目工作小组后续的完善工作情况进行跟踪，直至完成和再次验收合格。

二、合规管理项目验收方法

如本书第二章第二节所述，合规管理项目验收方法主要包括：

1. 项目汇报；

2. 文件审查；

3. 质询解答；

4. 抽样检查；

5. 功能演示等。

根据合规管理项目的具体目的和内容，可以辅之以下列项目验收方法：

1. 问卷调查；

2. 个别访谈；

3. 实地考察；

4. 专题讨论；

5. 穿行测试。

合规管理项目验收方法确定后，其具体方法可以参考本书第二章第二节。

第四章　企业合规管理评价

第一节　合规管理评价的分类、内容和原则

合规管理评价是企业合规管理组织（主要是企业治理机构、合规管理委员会和企业合规管理部门）对企业合规管理体系的适用性、充分性和有效性，进行审查、评价、监督和持续改进。

一、合规管理评价之称谓

合规管理评估在英文中称为“Compliance management review”“Compliance assessment”或者“Compliance evaluation”。

合规管理评价在不同组织的文件中使用的称谓并不相同。

《亚太经合组织高效率公司合规项目基本要素》称之为合规管理的定期评估和测试（Periodic Review and Testing），并将其作为企业合规管理十一大基本要素之一。

巴塞尔银行监管委员会《合规与银行内部合规部门》称之为合规管理评估。其第 39 条规定：

“39.The compliance function should assess the appropriateness of the bank’s compliance procedures and guidelines, promptly follow up any identified deficiencies, and, where necessary, formulate proposals for amendments.”

参考翻译为：合规部门应该评估银行各项合规制度和指引的适用性，立即跟踪任何已识别的缺陷，如有必要，提出修改意见。

国际标准 ISO 37301：2021《合规管理体系 要求及使用指南》以及其他标准，如 ISO/TS 9002《质量管理体系 - ISO 9001 应用指南》ISO 37301：

2016《反贿赂管理 - 要求及使用指南》等，都统一用第 9.3 条对管理评审（Management Review）作了规定。例如，国际标准 ISO 37301：2021《合规管理体系 要求及使用指南》第 9.3.1 条规定：

“9.3.1 General

Governing body and top management shall review the organization’s compliance program system at planned intervals, to ensure its continuing suitability, adequacy and effectiveness.”

参考译文为：治理机构及最高管理层应按照计划定期对组织的合规管理体系进行评估，以确保其持续的适用性、充分性和有效性。

我国《企业境外经营合规管理指引》《商业银行合规风险管理指引》《保险公司合规管理办法》以及《证券公司和证券投资基金管理公司合规管理办法》称之为合规管理评估。

国务院国资委《中央企业合规管理办法》第二十七条明确要求中央企业应当定期开展合规管理体系有效性评价，针对重点业务合规管理情况适时开展专项评价，强化评价结果运用。

尽管不同机构有关合规管理文件关于合规管理评价的称谓不同，但其目的和内容都是为了评价企业合规管理的适用性、充分性和有效性。本文遵循国务院国资委《中央企业合规管理办法》第二十七条的规定，统一使用“合规管理评价”这一称谓，以更能反映其目的和内容，并使之能与“合规审查”“合规审计”等相区别。

二、合规管理评价的分类

合规管理评价可以从不同角度进行分类。不同种类的合规管理评价，其目的也存在差别。

（一）全面合规管理评价和专项合规管理评价

国务院国资委《中央企业合规管理办法》、中国证券业协会《证券公司合规管理有效性评估指引》（2021年修订）将合规管理评价分为全面评价和专项评价。

1. 全面合规管理评价

（1）全面合规管理评价及其目的

国务院国资委《中央企业合规管理办法》第二十七条要求中央企业定期开展合规管理体系有效性评价。我国各省、自治区、直辖市国资委发布的有关合规管理指引都有类似规定。

中国证券业协会《证券公司合规管理有效性评估指引》（2021年修订）第三条规定：“开展合规管理有效性评估，应当以合规风险为导向，覆盖合规管理各环节，重点关注可能存在合规管理缺失、遗漏或薄弱的环节，全面、客观反映合规管理存在的问题，充分揭示合规风险。”按照该指引的规定，对合规管理体系进行合规管理评价的目的之一是充分揭示合规风险。笔者认为值得商榷。因为，揭示合规风险是合规管理运行机制的核心内容，需要经过识别合规义务、识别合规风险、进行合规风险评估等一系列程序。合规管理评价是对合规管理体系运行是否有效、适当和充分进行评估，不会也很难开展系统、具体的合规风险评估。因此，合规管理评价不可能充分揭示合规风险。

综合以上规范性文件的规定，可以将对合规管理体系进行合规管理评价的目的归纳为：对合规管理体系进行评价，全面、客观反映合规管理存在的问题和缺陷，重点对重大或反复出现的合规风险和违规问题进行深入调研，持续改进提升，以确保合规管理体系的适用性、充分性和有效性。

（2）开展全面合规管理评价的条件

合规管理体系包括合规管理的组织体系、运行机制、合规管理信息化、合规文化、监督问责、合规管理资源、重点领域合规管理、子公司合规管理等。因此，对企业开展全面合规评价的前提条件，一是企业已经建立了合规管理体系，二是企业已经实际运行合规管理体系一段时间（一般认为，应当运行至少三个月以上）。

2. 专项合规管理评价

国务院国资委《中央企业合规管理办法》第二十七条要求中央企业针对重点业务合规管理情况适时开展专项评价。

专项合规管理评价是针对某一具体部门、某一业务领域或者某一重大或反复出现的合规风险和违规问题，进行专门的合规管理评价，目的是客观反映具体评价领域合规管理存在的缺陷并进行整改，具体评价领域对重大或反复出现的合规风险和违规问题进行深入调研，持续改进提升。

例如，一家美国跨国企业集团，每年轮流对其在美国、南美、欧洲和亚洲的子公司的劳动人事领域的合规管理进行一次专门评价，检查这些子公司对外法、内规的遵守情况及其执行的有效性，查找合规管理的差距和缺陷，制定合规整改计划并责成相关子公司进行合规整改。

又如，国内某企业在环保安全领域最近三年内已经受到当地环保部门的两次行政处罚。该公司决定聘请一家律师事务所的环保安全律师团队，在环保安全领域开展专项合规评价，查找该领域合规管理缺陷并进行整改，取得了良好的效果。

（二）定期评价、阶段性评价和临时评价

按照合规管理的频率，可以划分为定期评价、临时评价和反复评价

1. 定期评价

定期评价主要针对全面合规管理评价而言。

我国证监委《证券公司和证券投资基金管理公司合规管理办法》第三十一条第一款规定：“证券基金经营机构应当组织内部有关机构和部门或者委托具有专业资质的外部专业机构对公司合规管理的有效性进行评价，及时解决合规管理中存在的问题。对合规管理有效性的全面评价，每年不得少于1次。委托具有专业资质的外部专业机构进行的全面评价，每3年至少进行1次。”

按照我国财政部等五部委《企业内部控制评价指引》，企业应以12月31日为基准日，每年开展一次内部控制评价。

企业可以根据自己的业务规模、行业特点、合规风险情况、行业监管要求等，确定本企业合规管理评价的频率。以下合规管理评价的频率值得参考：

（1）全面合规管理评价：企业建立合规管理体系后的前三年，宜每年一次；以后每两年一次；

（2）专项合规管理评价：企业可以选择各职能管理部门和业务管理部门，轮流进行专项合规管理评价，每年评价一至两个部门。

2. 阶段性评价

如前文第一章所述，合规管理体系建设是个长效工程，不可能一蹴而就。合规管理体系建设一般可分为三个阶段。第一阶段是企业集团总部建立合规管理体系框架；第二阶段是企业集团总部制定合规管理运行机制的具体

操作指引，开展重点领域的专项合规风险管理；第三阶段是各级子公司建立全面合规管理体系。第三阶段可与第二阶段同时开始。

每一阶段工作完成并运行一段时间（半年或一年）后，可以对阶段性合规管理成果的适用性、充分性和有效性进行阶段性评价。目的是客观反映阶段性合规管理成果存在的合规管理缺陷并进行整改，持续改进提升。

3. 临时评价

临时合规管理评价是指在定期评价之外的时间，对合规管理体系进行全面评价，或者对某一领域进行专项合规管理评价。临时合规管理评价往往在以下情况下发生：

（1）监管机构、其他政府部门或司法机关实施采取限制业务等重大行政监管措施、行政处罚或刑事处罚的；

（2）发生重大合规风险事件的；

（3）监管部门、主管政府部门、自律组织或上级单位提出要求的；

（4）申请合规管理体系认证的，应当在认证开始之前，进行自我合规管理评价；

（5）治理机构的指示。

例如，我国证监委《证券公司和证券投资基金管理公司合规管理办法》第三十一条第二款规定，中国证监会及其派出机构发现证券基金经营机构存在违法违规行为或重大合规风险隐患的，可以要求证券基金经营机构委托指定的具有专业资质的外部专业机构对公司合规管理的有效性进行评价，并督促其整改。

临时评价还包括对存在合规管理缺陷或者发生过重大合规风险的领域进行多次反复评价，直至合规管理缺陷得到整改。

（三）级别评价

按照评价机构的级别来划分，可以划分为行政监管评价、集团评价、同级评价和自我评价。

行政监管评价是指企业主管部门、监管机构安排对企业进行合规管理评价。例如，2021 年 3 月，上海市国资委委托上海市律师协会合规专业委员会对上海市三十六家市属国有企业进行了合规管理体系建设后评估。

集团评价是指集团合规管理部门对各子公司进行合规管理评价。

同级评价是指合规管理部门对其他职能管理部门和业务部门进行的合规管理评价。

自我合规管理评价，是指企业、各部门、各分支机构对本单位合规管理进行的自我评价。

三、合规管理评价的内容

关于合规管理评价的内容，有关企业合规管理的国际组织文件、国际标准以及我国有关国家标准、指引和办法等的规定都不尽相同。我国有关部委有关合规管理的规范性文件，注重对合规管理体系有效性的评价，而国际组织有关合规管理的指引注重对合规管理体系适用性、充分性和有效性进行综合的、统一的评价。

我们认为，合规管理体系的适用性和充分性是有效性的内容和组成部分。我们倡导在对企业合规管理体系进行评价时，应包括对合规管理体系适用性和充分性进行评价。

（一）评价合规管理的有效性

1. 国务院国资委《中央企业合规管理办法》第二十七条要求中央企业应

当定期开展合规管理体系有效性评价，针对重点业务合规管理情况适时开展专项评价，强化评价结果运用。我国各省、自治区、直辖市国资委的相关合规管理指引也有类似规定。

2. 按照我国证监委《证券公司和证券投资基金管理公司合规管理办法》第三十一条的规定，证券基金经营机构应当组织内部有关机构和部门或者委托具有专业资质的外部专业机构对公司合规管理的有效性进行评估，及时解决合规管理中存在的问题。

3. 我国发改委等七部委《企业境外经营合规管理指引》所规定的实际上也是合规管理的有效性评价。该指引第二十七条第二款规定："企业在开展效果评价时，应考虑企业面临的合规要求变化情况，不断调整合规管理目标，更新合规风险管理措施，以满足内外部合规管理要求。"

4. 按照我国原银监会《商业银行合规风险管理指引》第十条的规定，商业银行董事会的合规管理职责包括对商业银行管理合规风险的有效性作出评价，以使合规缺陷得到及时有效的解决。第二十八条进一步规定："银监会应定期对商业银行合规风险管理的有效性进行评价，评价报告作为分类监管的重要依据。"

（二）评价合规管理的适用性、充分性和有效性

1. 世界银行集团《诚信合规指南》第 3 条第 2 款规定："最高管理层应采用系统的方法监督诚信合规计划，定期检查诚信合规计划在预防、侦查、调查和应对各种不当行为方面的适用性、充分性和有效性。"

2. 巴塞尔银行监管委员会《合规与银行内部合规部门》在"定期评估与测试"这一合规管理基本要素中规定，企业高级管理人员应监督合规管理项目，定期评价项目的适用性、充分性和有效性，并实施适当的改进措施。

3. 按照国际标准 ISO 37301：2021《合规管理体系 要求及使用指南》第

9.3.1 条的规定，治理机构和最高管理者应按计划定期评审组织的合规管理体系，以确保其持续的适宜性、充分性和有效性。

四、合规管理评价的原则

根据合规管理的一般原则，企业在合规管理评价中应遵守以下原则：

（一）全面覆盖，突出重点

对合规管理体系进行合规管理评价，应贯彻合规管理的全面性原则，需要覆盖合规管理的各构成要素（包括组织体系、制度体系、运行机制、合规文化、合规管理信息化、监督问责以及管理资源保障等）、各部门领域和各级子公司，贯穿决策、执行和监督各环节；同时突出对重点领域的合规管理评价，以及重点对重大或反复出现的合规风险和违规问题进行深入调研，查找根源，持续改进。

（二）独立开展，协同运作

开展合规管理评价，应由评价小组独立进行，不受其他部门或个人（包括企业领导）的干涉；同时应兼顾协同运作，即合规管理不能由个别部门或组织来进行，应由各相关部门组成合规管理评价小组来开展。

（三）客观公正，注重实效

合规管理评价需要基于企业合规管理的现状和实际情况，全面、客观反映合规管理中存在的问题和缺陷，提出切实有效的应对整改建议。

第二节　企业合规管理评价的实体法依据

企业合规管理评价所依据的法律法规，受企业的所有制性质及所处行业影响。不同所有制、不同行业的企业，其合规管理评价适用的法律法规不尽相同。

企业合规管理评价的规范性依据又可分为实体法依据和程序法依据。其中，合规管理的实体法依据主要规范合规管理体系的实体性内容，包括合规管理组织、合规管理制度、合规管理运行机制、合规文化、合规管理信息化、合规管理资源、重点领域合规管理、子公司合规管理等。

一、我国中央企业合规管理评价的实体法依据

我国中央企业集团及其子公司的合规管理评价，应当依据国务院国资委《中央企业合规管理办法》，但须考虑下列情况：

1. 中央企业境外经营，还须依据我国发改委等七部委《企业境外经营合规管理指引》及相关合规管理规定；

2. 中央企业性质的商业银行，还须依据原银监会《商业银行合规风险管理指引》及相关合规管理规定；

3. 中央企业性质的保险公司，还须依据原保监会《保险公司合规管理办法》及相关合规管理规定；

4. 中央企业性质的证券公司和证券投资基金管理公司，还须依据证监委《证券公司和证券投资基金管理公司合规管理办法》及相关合规管理规定；

5. 中央企业如果拟通过 ISO 37301 合规管理体系认证，还须依据国际标准 ISO 37301：2021《合规管理体系 要求及使用指南》以及即将等同转化的我

国国家标准（计划号：20213498–T–424）的规定；

6. 中央企业的各级子公司，还须依据集团总部的合规管理基本制度（如《合规管理办法》《合规管理手册》）以及合规管理运行机制各构成要素的具体操作指引；

7. 到美国上市的中国企业，还须参考美国司法部刑事处《公司合规管理评价指引》。

二、我国地方国有企业合规管理评价的实体法依据

我国地方国有企业集团及其子公司的合规管理评价，应当依据当地国资委发布的相关合规管理指引，但须考虑下列情况：

1. 地方国有企业境外经营，还须依据我国发改委等七部委《企业境外经营合规管理指引》及相关合规管理规定；

2. 地方国有企业性质的商业银行，还须依据原银监会《商业银行合规风险管理指引》及相关合规管理规定；

3. 地方国有企业性质的保险公司，还须依据原保监会《保险公司合规管理办法》及相关合规管理规定；

4. 地方国有企业性质的证券公司和证券投资基金管理公司，还须依据证监委《证券公司和证券投资基金管理公司合规管理办法》及相关合规管理规定；

5. 地方国有企业如果拟通过 ISO 37301 合规管理体系认证，还须依据国际标准 ISO 37301：2021《合规管理体系 要求及使用指南》以及即将等同转化的我国国家标准（计划号：20213498–T–424）；

6. 地方国有企业的各级子公司，还须依据集团总部的合规管理基本制度（如《合规管理办法》《合规管理手册》）以及有关合规管理运行、合规管理保

障的具体操作指引；

7. 到美国上市的地方国有企业，还须参考美国司法部刑事处《公司合规管理评价指引》。

三、我国民营企业/外商投资企业合规管理评价的实体法依据

我国尚无适用于一般民营企业和外商投资企业的专门合规管理规范，但一般民营企业和外商投资企业可以选择适用国际标准 ISO 37301：2021《合规管理体系 要求及使用指南》以及即将等同转化的我国国家标准（计划号：20213498-T-424）。尤其是选择通过 ISO 37301 合规管理体系认证的民营企业和外商投资企业，更应适用该标准。

此外，民营企业和外商投资企业的合规管理评价还需考虑以下情况：

1. 民营企业境外经营，还须依据我国发改委等七部委《企业境外经营合规管理指引》及相关合规管理规定；

2. 民营企业性质的商业银行，还需依据原银监会《商业银行合规风险管理指引》及相关合规管理规定；

3. 民营企业性质的保险公司，还需依据原保监会《保险公司合规管理办法》及相关合规管理规定；

4. 民营企业性质的证券公司和证券投资基金管理公司，还需依据证监委《证券公司和证券投资基金管理公司合规管理办法》及相关合规管理规定；

5. 到美国上市的民营企业，还需参考美国司法部刑事处《公司合规管理评价指引》；

6. 民营企业的各级子公司还须依据其集团总部的合规管理基本制度（如

《合规管理办法》《合规管理手册》）以及有关合规管理运行机制各构成要素的具体操作指引。

四、我国涉案企业合规整改第三方监督评价的实体法依据

我国涉案企业合规整改第三方监督评价的实体法依据，详见下文第六章。

五、企业有关合规管理的内部规章制度

企业有关合规管理的内部规章制度，包括企业合规管理基本制度（合规管理办法、合规行为准则等）、合规管理运行机制的具体操作指引、重点领域合规管理指引等，是企业建立合规管理体系、开展合规管理重要的、直接的依据，也是合规管理评价的重要依据。

第三节　企业合规管理评价的程序法依据

合规管理的程序法依据，是主要规定合规管理评价的目的、组织、程序、方法和结果处置等的规范性文件。但是，我国尚无有关合规管理的程序法律、标准或指引规定。在这种情况下，较好的办法之一是借鉴参考类似的管理评价规范性文件。

我们查询到了下列类似的管理评价规范性文件，可以用作合规管理评价的借鉴和参考：

1. 中国证券业协会《证券公司合规管理有效性评估指引》（2021年修订）；

2. 我国财政部等五部委《企业内部控制评价指引》；

3. 国际标准ISO 19011：2018暨我国国家标准GBT/T 19011—2021《管理体系审核指南》；

4. 中国中小企业协会团体标准《中小企业合规管理体系有效性评价》。

我们在下文中将对中国证券业协会《证券公司合规管理有效性评估指引》（2021年修订）、我国财政部等五部委《企业内部控制评价指引》、国际标准ISO 19011：2018暨我国国家标准GBT/T 19011—2021《管理体系审核指南》、中国中小企业协会团体标准《中小企业合规管理体系有效性评价》作简要介绍，以供企业在具体开展合规管理评价时参照使用。

一、中国证券业协会《证券公司合规管理有效性评估指引》（2021年修订）

《证券公司合规管理有效性评估指引》（2021年修订）系中国证券业协会为我国证券公司合规管理有效性评价专门制定的程序性指引。该指引虽然仅适用于证券公司和证券投资基金管理公司，具有很强的行业性特点，但在其他行业和所有制性质的企业缺乏合规管理评价程序性规范指引的情况下，《证券公司合规管理有效性评估指引》（2021年修订）不失为一个很好的可参照依据。

（一）合规管理有效性评估的目的（第三条）

开展合规管理有效性评估，应当以合规风险为导向，覆盖合规管理各环节，重点关注可能存在合规管理缺失、遗漏或薄弱的环节，全面、客观反映合规管理存在的问题，充分揭示合规风险。

（二）合规管理有效性评估的组织（第六条）

开展合规管理有效性评估应当由董事会、监事会或董事会授权管理层组织评估小组或委托外部专业机构进行。自行开展合规管理有效性评估的，应当组织跨部门评估小组开展评估，不得将评估工作交由单一部门负责。

（三）合规管理有效性评估的频次（第七条）

每年应当至少开展一次合规管理有效性全面评估。委托外部专业机构进行的全面评估，每三年至少进行一次。

可以自主决定开展合规管理有效性专项评估。但在下列情况下，应当开展合规管理有效性专项评估：

1. 被监管机构实施采取限制业务等重大行政监管措施、行政处罚或刑事处罚的，或者发生重大风险事件造成严重影响的；

2. 监管机构或自律组织提出要求的；

3. 其他需要开展合规管理有效性专项评估的情形。

（四）合规管理有效性评估的内容（第九条）

开展合规管理有效性评估，应当涵盖合规管理环境、合规管理职责履行情况、合规管理保障、经营管理制度与机制的建设及运行状况等方面。

（五）合规管理有效性评估的程序和方法（第十六条）

1. 评估程序（第十六条）

合规管理有效性评估的程序一般包括评估准备、评估实施、评估报告和后续整改四个阶段。

2. 评估方法（第二十一条）

合规管理有效性评估应当采取多种评估方法，包括但不限于访谈、文本审阅、问卷调查、知识测试、抽样分析、穿行测试、系统及数据测试等。

（六）评估问责（第四章）

1. 应当将合规管理有效性评估结果和整改情况纳入公司管理层、下属各单位及其工作人员的合规考核与问责范围。对合规管理有效性评估中新发现的违法、违规行为，应当及时对责任人采取问责措施。

2. 公司董事会、监事会、管理层、下属各单位应当积极支持和配合合规管理有效性评估工作。对在合规管理有效性评估过程中出现拒绝、阻碍和隐瞒的，应当采取相应的问责措施。

3. 对于通过合规管理有效性评估发现的问题，负有整改责任的下属各单位未制定整改方案或者未能按照整改方案及时完成整改的，公司应当采取相应的问责措施。

4. 通过自评估发现合规管理有效性缺陷，责任人能够主动报告并及时整改，情节轻微且未造成损失或重大不良后果的，公司可以对责任人减轻或免予问责。

（七）合规管理有效性评估档案（第三十六条）

应当保留合规管理有效性评估过程中的相关资料并存档备查。相关资料包括但不限于以下内容：

1. 评估实施方案；

2. 评估底稿及备考文件；

3. 评估报告及相关附件；

4. 证券公司认为有必要保留的其他文件。

二、《企业内部控制评价指引》

根据我国财政部、证监会、审计署、原银监会、原保监会于2008年5月22日《企业内部控制基本规范》第三条的规定，企业内部控制是由企业董事会、监事会、经理层和全体员工实施的，旨在实现控制目标的过程。内部控制的目标是合理保证企业经营管理合法合规、资产安全、财务报告及相关信息真实完整，提高经营效率和效果，促进企业实现发展战略。因此，企业内部控制有三大目标。保证企业经营管理合法合规是企业内部控制的首要目标。其次是保证企业的资产安全以及保证企业财务报告及相关信息真实完整。最终目标是提高企业经营效率和效果，促进企业实现发展战略。可见，企业合规管理是企业内部控制的重要内容和组成部分。

我国原保监会《保险公司合规管理办法》第三条就明确规定，合规管理是保险公司全面风险管理的一项重要内容，也是实施有效内部控制的一项基础性工作。

可见，合规管理是企业内部控制的基础内容和组成部分，合规管理评估也是企业内部控制的一部分。正因为如此，国务院国资委于2019年10月19日公布的《关于加强中央企业内部控制体系建设与监督工作的实施意见》第四款（健全监督评价体系）明确要求，统筹推进内控、风险和合规管理的监督评价工作，将风险、合规管理、制度建设及实施情况纳入内控体系监督评价范畴。中国证券业协会《证券公司合规管理有效性评估指引》第二条规定："证券公司将合规管理有效性评估纳入内部控制评价的，其合规管理有效性评估工作应当符合本指引的要求，并单独出具合规管理有效性评估报告。"

2010年4月15日，财政部等五部委发布了《企业内部控制评价指引》，对企业内部控制的有效性评价提出了指引，对企业合规管理评价具有重要的指导作用。

（一）内部控制评价的概念（第二条）

内部控制评价是指企业董事会或类似权力机构对内部控制的有效性进行全面评价、形成评价结论、出具评价报告的过程。

（二）内部控制评价的原则（第三条）

企业实施内部控制评价至少应当遵循下列原则：

1. 全面性原则。评价工作应当包括内部控制的设计与运行，涵盖企业及其所属单位的各种业务和事项。

2. 重要性原则。评价工作应当在全面评价的基础上，关注重要业务单位、重大业务事项和高风险领域。

3. 客观性原则。评价工作应当准确地揭示经营管理的风险状况，如实反映内部控制设计与运行的有效性。

（三）内部控制评价的内容（第二章）

企业应当根据《企业内部控制基本规范》《企业内部控制应用指引》以及本企业的内部控制制度，围绕内部环境、风险评估、控制活动、信息与沟通、内部监督等要素，确定内部控制评价的具体内容，对内部控制设计与运行情况进行全面评价。

（四）内部控制评价的程序（第十二条）

内部控制评价程序一般包括：

1. 制定评价工作方案；

2. 组成评价工作组；

3. 实施现场测试；

4. 认定控制缺陷；

5. 汇总评价结果；

6. 编报评价报告等。

（五）内部控制评价的方法（第十五条）

内部控制评价方法一般包括：

1. 现场测试；

2. 个别访谈；

3. 调查问卷；

4. 专题讨论；

5. 穿行测试；

6. 实地查验；

7. 抽样分析；

8. 比较分析等。

（六）内部控制缺陷的认定（第四章）

内部控制缺陷包括设计缺陷和运行缺陷。企业对内部控制缺陷的认定，应当以日常监督和专项监督为基础，结合年度内部控制评价，由内部控制评价部门进行综合分析后提出认定意见，按照规定的权限和程序进行审核后予以最终认定。

内部控制评价工作组应当根据现场测试获取的证据，对内部控制缺陷进行初步认定，并按其影响程度分为重大缺陷、重要缺陷和一般缺陷。

1. 重大缺陷，是指一个或多个控制缺陷的组合，可能导致企业严重偏离控制目标。重大缺陷应当由董事会予以最终认定。

2. 重要缺陷，是指一个或多个控制缺陷的组合，其严重程度和经济后果低于重大缺陷，但仍有可能导致企业偏离控制目标。重要缺陷由企业内部控制评价部门认定。

3. 一般缺陷，是指除重大缺陷、重要缺陷之外的其他缺陷。一般缺陷由企业内部控制评价部门认定。

企业对于认定的重大缺陷，应当及时采取应对策略，切实将风险控制在可承受度之内，并追究有关部门或相关人员的责任。

（七）内部控制评价报告（第五章）

内部控制评价报告应当分别对内部环境、风险评估、控制活动、信息与沟通、内部监督等要素进行设计，对内部控制评价过程、内部控制缺陷认定及整改情况、内部控制有效性的结论等相关内容作出披露。

内部控制评价报告应当报经董事会或类似权力机构批准后对外披露或报送相关部门。

（八）内部控制评价记录和档案（第十一条、第二十七条）

内部控制评价工作应当形成工作底稿，详细记录企业执行评价工作的内容，包括评价要素、主要风险点、采取的控制措施、有关证据资料以及认定结果等。评价工作底稿应当设计合理、证据充分、简便易行、便于操作。

企业应当建立内部控制评价工作档案管理制度。内部控制评价的有关文件资料、工作底稿和证明材料等应当妥善保管。

（九）企业应制定有关内部控制评价的规章制度（第四章）

企业应当根据《企业内部控制评价指引》的规定，结合内部控制设计与运行的实际情况，制定具体的内部控制评价办法，规定评价的原则、内容、程序、方法和报告形式等，明确相关机构或岗位的职责权限，落实责任制，按照规定的办法、程序和要求，有序开展内部控制评价工作。

三、国际标准ISO 19011：2018暨我国国家标准GBT/T 19011—2021《管理体系审核指南》

国际标准化组织（ISO）为了帮助组织进行管理体系的审核，于2002年10月首次发布了ISO 19011：2002《质量和（或）环境管理体系审核指南》标准，2011年发布了第二版ISO 19011：2011《管理体系审核指南》。我国分别于2003年、2013年等同采用了这两个版本的国际标准，并发布实施。

2018年7月，国际标准化组织发布了第三版ISO 19011：2018《管理体系审核指南》。2021年8月20日，国家标准化委员会发布GBT/T 19011—2021《管理体系审核指南》替代GBT/T 19011—2013《管理体系审核指南》。该标准有助于组织开展管理体系有效性评价，并在不同体系之间实行审核过程的统一方法，同时也是企业合规管理体系及专项合规管理项目评价可参照的重要程序依据之一。

按照该标准第1条规定，该标准适用于需要策划和实施管理体系内部审核、外部审核或需要管理审核方案的所有组织，专注于内部审核（第一方）和组织对其外部供方和其他外部相关方进行的审核（第二方），也可用于第三方管理体系认证以外的其他方之外部审核。

该标准主要内容包括审核原则、审核方案管理和管理体系审核实施以及评价参与审核过程的人员能力的指南。

（一）审核原则（第4条）

管理体系的审核共有七项原则，即：诚实正直、公正表达、职业素养、保密性、独立性、基于证据的方法、基于风险的方法，是保证审核结论可靠性的前提。

（二）审核方案的管理（第 5 条）

管理体系审核方案的管理包括策划、实施、检查和处置等五个环节，构成完整的 DPCA 循环。审核方案的范围和程度应基于受审核方的规模和性质，以及审核的管理体系性质、功能、复杂程度、风险和机会的类型和其成熟度水平。

1. 确立审核方案的目标。

2. 确定和评价审核方案相关的风险和机遇，以便能够适当地应对。

3. 建立审核方案：审核方案管理人员的作用和职责、能力，确立审核方案的范围和详细程度，确定审核方案资源。

4. 实施审核方案：规定每次审核的目标、范围和准则，选择和确定审核方法，选择审核组成员，为审核组长分配每次的审核职责，管理审核方案结果，管理和保持审核方案记录。

5. 监视审核方案。

6. 评审和改进审核方案，以评估审核目标是否已经实现。

（三）实施审核

对管理体系实施审核，包括启动审核、审核准备、审核实施、审核报告、审核完成。

1. 审核的启动：与受审核方建立联系，确定审核的可行性等；

2. 审核活动的准备：成文信息评审，审核的策划，审核组工作分配，准备审核所需的成文信息；

3. 审核活动的实施：审核信息的可获得性和访问，实施审核时的成文信息评审，收集和验证信息，形成审核发现，确定审核结论，举行末次会议；

4. 审核报告的编制和分发；

5. 审核的完成；

6. 审核后续活动的实施。

（四）审核员的能力和评价

包括审核员应具备的个人行为素质以及应用通用、特定知识和技能的能力，能力的获得、保持和提高，以及对审核员能力的评价过程。

四、中国中小企业协会团体标准《中小企业合规管理体系有效性评价》

中国中小企业协会于2022年5月23日发布、于2022年7月1日实施中国中小企业协会团体标准《中小企业合规管理体系有效性评价》（T/CASMES 19_2022），以规范中小企业合规管理体系有效性评价活动，引导和促进其合规管理体系建设，提升合规管理能力，识别和防范合规风险，建设合规文化。

（一）合规管理体系有效性（第3.1条）

识别、监控和处置合规风险，形成合规文化的实效及其程序，包括合规计划制定、合规计划执行和合规计划实施结果的有效性。

（二）合规管理有效性评价的方法、内容和流程（第5条）

1. 评价方法（第5.1条）

合规管理体系有效性评价可以根据评价内容和指标的具体情况，采用文件审阅、问卷调查、访谈调研、飞行检查、穿行测试、感知测试、模拟运行等评价方法。

2. 评价内容（第 5.2 条）

合规管理体系有效性评价包括对合规管理机构设置和职责配置、合规风险识别、合规风险应对和持续改进、合规文化建设等方面的评价。

3. 评价流程（第 5.3 条）

合规管理体系有效性评价一般包括评价准备、评价实施、评价报告三个阶段。

（三）机构设置和职责配置（第 6 条）

合规管理机构设置和职责配置的有效性评价应当以合规管理机构的适当性、独立性和权威性作为基本标准。

1. 合规管理组织：企业应根据业务、规模和行业特点设置适当的合规管理机构，包括合规领导机构、合规管理第一责任人、合规管理机构或合规专员。

2. 合规管理部门或合规专员应能独立履行合规管理职能。

3. 合规管理部门或合规专员应在企业内部具有一定权威。

（四）合规风险识别（第 7 条）

1. 建立合规义务识别机制。

2. 建立合规风险的评估和分级机制。

（五）合规风险应对和持续改进（第 8 条）

1. 建立合规风险应对机制。

2. 建立合规风险的日常监测机制。

3. 建立违规行为举报机制。

4. 建立合规报告机制。

5. 建立持续改进机制。

（六）合规文化建设（第9条）

1. 主要负责人和管理层作出合规承诺和表率。

2. 各层级员工作出合规承诺，并对其进行合规绩效考核。

3. 合规信息的沟通和传达。

第四节　企业合规管理评价的组织

关于合规管理评价的组织，有关企业合规管理的国际组织文件、国际标准以及我国有关国家标准、指引和办法的规定不尽一致，可以从以下几个方面来理解、梳理和总结。

一、合规管理评价的发起和领导

根据有关企业合规管理的国际组织文件、国际标准以及我国有关国家标准、指引和办法，合规管理评价的发起和领导梳理、总结如下：

（一）中央企业和地方国有企业

按照国务院国资委《中央企业合规管理办法》及其相关规定，以及各省、自治区、直辖市国资委的相关合规管理指引，我国中央企业和地方国有企业的合规管理评价，可以由国资监管部门、董事会、企业合规委员会及合规管理部门发起。

1. 由国资监管部门发起

按照国务院国资委《中央企业合规管理办法》第四条规定，国务院国资委负责指导、监督中央企业合规管理工作，对合规管理体系建设情况及其有效性进行考核评价，依据相关规定对违规行为开展责任追究。

例如，国务院国资委于 2022 年 1 月 15 日公布的《关于开展中央企业“合规管理强化年”工作的通知》第 11 款规定，要求中央企业于年内对本企业合规管理工作情况开展 1 次全级次、全方位自查，针对发现的突出问题和薄弱环节，认证分析原因，及时进行整改。

又例如，2021 年 3 月，上海市国资委委托上海市律师协会合规专业委员会对上海市三十六家市属国有企业进行了合规管理体系建设后评估。

2. 由董事会发起

国务院国资委《中央企业合规管理办法》第八条规定的中央企业董事会的合规管理职责包括推动完善合规管理体系并对其有效性进行评价。

3. 由合规委员会发起和领导

各省、自治区、直辖市国资委发布的合规管理指引规定，地方国有企业设立合规委员会的职责包括指导、监督和评价合规管理工作。

4. 由合规管理部门发起

国务院国资委《中央企业合规管理办法》第十四条规定中央企业合规管理部门的合规管理职责包括组织开展合规风险识别、预警和应对处置，根据董事会授权开展合规管理体系有效性评价。

（二）商业银行和保险公司

1. 由银保监委发起和监管

按照原银监会《商业银行合规风险管理指引》第七条、第二十八条，银保监会依法对商业银行合规管理实施监管，检查和评价商业银行合规管理的有效性；银保监会应定期对商业银行合规风险管理的有效性进行评价，评价报告作为分类监管的重要依据。商业银行还应当每年定期对合规管理的有效性进行评价，并向银保监会提交合规管理评价报告，其中包括评价商业银行合规管理体系的适当性和有效性。

按照原保监会《保险公司合规管理办法》第三十八条规定，银保监会定期通过合规报告或者现场检查等方式对保险公司合规管理工作进行监督和评价，其派出机构对辖区内保险公司分支机构合规管理的有效性进行监督和评价。保险公司还应于每年4月30日前向银保监会提交上一年度的年度合规报告，内容包括合规评估和监测机制的运行情况等。

2. 由董事会发起和领导

按照原银监委《商业银行合规风险管理指引》第十条的规定，商业银行董事会应对商业银行经营活动的合规性负最终责任，其履行的合规管理职责包括审议批准高级管理层提交的合规风险管理报告，并对商业银行管理合规风险的有效性作出评价，以使合规缺陷得到及时有效的解决。

按照原保监会《保险公司合规管理办法》第七条规定，保险公司董事会对公司的合规管理承担最终责任，其履行的合规职责包括审议批准合规政策，监督合规政策的实施，并对实施情况进行年度评估。

（三）证券公司和证券投资基金管理公司

1. 由证监会及其派出机构发起和监管

按照证监会《证券公司和证券投资基金管理公司合规管理办法》第三十条、第三十一条的规定，证券基金经营机构应当在报送年度报告的同时向中国证监会相关派出机构报送年度合规报告。年度合规报告应包括合规管理有效性的评估及整改情况等。证监会及其派出机构发现证券基金经营机构存在违法违规行为或重大合规风险隐患的，可以要求证券基金经营机构委托指定的具有专业资质的外部专业机构对公司合规管理的有效性进行评估，并督促其整改。

2. 由董事会、监事会发起和领导

按照证监委《证券公司和证券投资基金管理公司合规管理办法》第七条规定，证券基金经营机构董事会决定本公司的合规管理目标，对合规管理的有效性承担责任，其履行的合规管理职责包括评估合规管理的有效性，督促解决合规管理中存在的问题。

中国证券业协会《证券公司合规管理有效性评估指引》（2021 年修订）第六条第一款规定："证券公司开展合规管理有效性评估，应当由董事会、监事会或董事会授权管理层组织评估小组或委托外部专业机构进行。"

从上述有关合规管理指引的规定来看：

1. 就我国证券公司和证券投资基金管理公司而言，在公司内部，合规管理评估应当由公司的董事会发起、领导和监督。

2. 就证券公司而言，公司的监事会在履行其监督职责过程中认为必要的，也可以要求并组织合规管理评估。

（四）适用国际标准 ISO 37301：2021《合规管理体系 要求及使用指南》的企业

按照国际标准 ISO 37301：2021《合规管理体系 要求及使用指南》第 9.3.1 条规定，治理机构（governing body）和最高管理层（top management）应按计划定期评审组织的合规管理体系，以确保其持续的适宜性、充分性和有效性。

按照该标准第 3.21 条规定，治理机构（governing body）是指对一个组织的活动、治理和政策拥有最高职权的，最高管理层（top management）向其汇报并对其负责的人或团队。可见，就一家公司化的企业而言，该标准第 3.21

条所述治理机构（governing body）就是指董事会。

按照该标准第3.3条，最高管理层（top management）是指在组织中处于最高层级并领导和控制该组织的人或团队。可见，就一家公司化的企业而言，该标准第3.3条所述最高管理层（top management）就是指企业的经理层（包括经理、副经理、财务总监等）。

因此，按照国际标准ISO 37301：2021《合规管理体系 要求及使用指南》建立合规管理体系的企业，董事会和经理层都可以发起、领导和监督合规管理评价。

（五）企业合规改革试点涉案企业

按照最高人民检察院等九部委局《关于建立涉案企业合规第三方监督评估机制的指导意见（试行）》第一条的规定，人民检察院在办理涉企犯罪案件时，对符合企业合规改革试点适用条件的，交由第三方监督评估机制管理委员会选任组成的第三方监督评估组织，对涉案企业的合规承诺进行调查、评估、监督和考察。

因此，对于进行合规改革试点的涉案企业，合规管理监督评估的发起和领导机构应当是负责办理涉企犯罪案件的人民检察院。第三方监督评估机制管委会对第三方监督评估组织进行日常监督和巡回检查。

（六）世界银行集团《诚信合规指南》

世界银行集团《诚信合规指南》第3条第2款规定："最高管理层应采用系统的方法监督诚信合规计划，定期检查诚信合规计划在预防、侦查、调查和应对各种不当行为方面的适用性、充分性和有效性。"

（七）企业境外投资经营

按照我国发改委等七部委《企业境外经营合规管理指引》第十一条的规定，企业可结合实际设立合规委员会，作为企业合规管理体系的最高负责机构。合规委员会的合规职责包括听取合规管理工作汇报，指导、监督、评价合规管理工作。

因此，我国企业境外投资经营的合规管理评价，由企业合规委员会发起和领导。

二、合规管理评价的实施

关于合规管理评价的具体实施，有关企业合规管理的国际组织文件、国际标准以及我国有关国家标准、指引和办法中，只有部分指引和办法作出了明确规定。

（一）作出明确规定的指引和办法

1. 商业银行

按照我国原银监会《商业银行合规风险管理指引》第十八条第五款的规定，合规管理部门评估合规管理程序与合规指南的适用性，为员工恰当执行法律、规则和准则提供指导。

2. 证券公司和证券投资基金管理公司

我国证监委《证券公司和证券投资基金管理公司合规管理办法》第三十一条规定："证券基金经营机构应当组织内部有关机构和部门或者委托具有专业资质的外部专业机构对公司合规管理的有效性进行评估，及时解决合规管理中存在的问题。对合规管理有效性的全面评估，每年不得少于1次。委托具有专业资质的外部专业机构进行的全面评估，每3年至少进行

1 次。”

中国证券业协会《证券公司合规管理有效性评估指引》(2021 年修订)第六条规定：“证券公司开展合规管理有效性评估，应当由董事会、监事会或董事会授权管理层组织评估小组或委托外部专业机构进行。证券公司自行开展合规管理有效性评估的，应当组织跨部门评估小组开展评估，不得将评估工作交由单一部门负责。”

因此，证券公司和证券投资基金管理公司的合规管理评估，通常委托外部专业机构或者由公司内部组织跨部门的合规管理评估小组来具体实施。

3. 企业境外投资经营

我国发改委等七部委《企业境外经营合规管理指引》第十一条规定，合规管理体系评价可由企业合规管理相关部门组织开展或委托外部专业机构开展。

4. 涉案企业合规改革

按照最高人民检察院等九部委局《关于建立涉案企业合规第三方监督评估机制的指导意见（试行）》第一条规定，第三方监督评估组织负责对涉案企业的合规承诺进行调查、评估、监督和考察。

（二）将合规管理评价纳入内部控制评价范畴

如前所述，合规管理是企业内部控制的基础内容和组成部分，企业合规管理评价也可以作为企业内部控制评价的一部分，纳入企业内部控制评价。正因为如此：

1. 国务院国资委 2019 年 10 月 19 日《关于加强中央企业内部控制体系建设与监督工作的实施意见》第四款（健全监督评价体系）明确要求，统筹推进内控、风险和合规管理的监督评价工作，将风险、合规管理、制度建设及实施情况纳入内控体系监督评价范畴。

2. 中国证券业协会《证券公司合规管理有效性评估指引》（2021 年修订）第二条规定："证券公司将合规管理有效性评估纳入内部控制评价的，其合规管理有效性评估工作应当符合本指引的要求，并单独出具合规管理有效性评估报告。"因此，合规管理评价还可以纳入企业内部控制评价一同开展。

（三）企业合规管理评价实务情况

实务中，合规管理评价的具体实施机构包括四种情况：

1. 由行政监管部门委托外部专业机构进行合规管理评价；

2. 由合规管理部门开展合规管理评价；

3. 由合规管理部门发起和领导，组织跨部门评价小组开展合规管理评价；

4. 由企业内部审计部门将合规管理评价纳入内部控制评价。

实务中，由于合规管理评价的专业性和复杂性，由企业自行进行合规管理评价的，企业本身具备合规管理评价人员和能力的，大都由合规管理部门组织跨部门评价小组开展合规管理评价，或者由企业内部审计部门纳入企业内部控制评价。不具备合规管理评价人员和能力的，则聘请外部专业机构协助和参与工作。

三、合规管理评价小组和外部专业机构

如前所述，与合规管理及合规管理体系建设一样，合规管理评价涉及企业各个业务领域以及不同的法律领域，是一项复杂且专业性很强的工作。贯彻"独立开展，协同运作"以及"客观公正，注重实效"的原则，合规管理评价小组的组建以及外部专业机构的选聘，须充分考虑以下因素：

1. 合规管理评价小组不能由企业的个别部门、而应由各相关部门委派人

员组成。

2. 合规管理评价小组和外部专业机构的成员，应当懂法律、晓管理、精合规、知业务。因此，应当：

（1）对成员选任进行严格的资格能力审查；

（2）安排不同业务和专业领域的人员参与；

（3）强化事前合规培训。

3. 应确保合规管理评价小组和外部专业机构客观独立地开展合规管理评估，其成员组成应执行独立原则和回避原则，避免受到企业领导或相关部门干预。

例如，中国证券业协会《证券公司合规管理有效性评估指引》（2021 年修订）第十七条就明确要求，证券公司自行组织开展合规管理有效性评估的，应当按照该指引要求成立评估小组，确保评估小组具备独立开展合规管理有效性评估的权力、评估小组成员具备相应的胜任能力，并对参与评估的人员开展必要的培训。

第五节　合规管理适用性评价

一、合规管理的适用性

适用性即英文中的“suitability”或“applicability”，也有学者将其翻译为“适当性”或“适宜性”。

按照国际标准 ISO 37301：2021《合规管理体系 要求及使用指南》第 4.3 条第一款的规定，组织应确定合规管理体系的边界及适用性以确定合规管理体系的范围。该标准还在“介绍”（Introduction）第八段中提示，该标准规定了合规管理体系的要求，并提供指南和推荐的实践。这些要求和指南旨在具有可接受性，其实施可以因组织的规模及其合规管理体系的成熟程度而和组织的活动及目的之内容、性质和复杂程度有所区别。

我国发改委等七部委《企业境外经营合规管理指引》将适用性确立为企业合规管理的一项基本原则。该指引第五条第二款（适用性原则）规定：

“企业合规管理应从经营范围、组织结构和业务规模等实际出发，兼顾成本与效率，强化合规管理制度的可操作性，提高合规管理的有效性。同时，企业应随着内外部环境的变化持续调整和改进合规管理体系。”

因此，企业合规管理的适用性是指，企业合规管理体系的范围和内容与企业的经营范围、组织结构、业务规模、经营效益相适应，具有可操作性，并能随着内外部环境变化持续调整和改进。

企业合规管理的适用性包含以下几个方面：

（一）合规规范适用性

不同所有制企业、不同合规管理目标的企业，其适用的合规规范也存在区别。

1. 关于党内法规制度

我国中央企业、地方国有企业适用的合规规范除了通常所述外法内规外，还应遵守、适用党内法规制度的规定。

2. 关于道德规范

国务院国资委《中央企业合规管理办法》规定的合规规范包括国家法律法规、党内法规制度、监管规定、行业准则和国际条约、规则，以及公司章程、相关规章制度等要求，但是没有包括道德规范。然而，如果我国中央企业、地方国有企业在少数民族地区生产经营，则应当遵守当地的道德规范和公序良俗。此外，我国发改委等七部委《企业境外经营合规管理指引》规定，我国企业开展境外投资经营所应遵守的合规规范包括道德规范；按照国际标准 ISO 37301：2021《合规管理体系 要求及使用指南》建立合规管理体系和 / 或接受合规管理体系认证的企业，其应遵守的合规规范还包括道德规范和社区期望等。

（二）合规管理体系的范围和内容适用性

企业合规管理体系的范围和内容，受到企业经营范围、组织结构、业务规模的直接影响，应与企业的经营范围、组织结构、业务规模相适应。

例如，大型制造业企业（如汽车厂家）与网络平台企业、物流企业、咨询公司、培训公司等之间，由于经营范围、产品等存在天壤之别，其合规管理体系的范围和内容就存在很大区别。大型制造业企业须建立健全完善的合规管理体系，关注产品质量、环保安全、财务税收、市场交易、劳动人事、知识产权等重点领域的合规管理，所列其他公司合规管理的重点领域可能大不相同，他们更关注其业务领域的安全合规、知识产权合规等。

仅在国内生产和销售产品、开展业务的企业和外向型企业（如外贸公司等）之间，合规管理的重点领域和要求也存在很大差异。在国内生产和销售产品、开展业务的企业，需要关注国内法管辖和行政监管的重点领域，如产品质量、反垄断、环保安全等，外向型企业还需关注出口管制、海关外汇监管、数据跨境传输等领域的合规管理。

国务院国资委《中央企业合规管理办法》以及我国各省、自治区、直辖市国资委的有关合规管理指引，要求中央企业和地方国有企业建立全面合规管理体系，包括多层级的合规管理组织、完善的合规管理制度和运行机制，要求将合规要求覆盖各部门、各单位和全体员工，贯穿决策、执行和监督全过程，落实员工合规责任。

而小规模企业（如只有几十名员工的企业）的合规管理组织可能简单到管理层（同时也是股东）、合规管理员、业务部门，企业合规管理重点领域、合规风险评估、考核评价等也会简便得多。对于小规模的基层国有企业，其经营范围主要是单一的业务管理，而决策、规划、审计、法律、合规、内控、风控等大多由上级公司代为管理，其合规管理更加凸显为日常业务经营的合规管理。

小规模民营企业终于有了建立合规管理体系的规范性依据，即国际标准ISO 37301：2021《合规管理体系 要求及使用指南》。按照该标准A.4.3条的规定，确定合规管理体系的范围是组织设定合规管理体系所适用的物理和组织边界的过程。在这个过程中，组织可以自由和灵活地选择在整个组织、组织中的某个特殊单位或者特定功能领域内实施合规管理体系。基于组织所面临的合规风险的性质和程度，合规管理体系的范围应当合理并与之相称。小规模民营企业应根据本企业的规模、合规管理的成熟程度以及本企业宗旨及业务经营的内容、性质和复杂程度来确定合规管理体系的边界及适用性，乃至合规管理体系的范围和内容。

此外，小规模民营企业还可以参照中国中小企业协会于2022年5月23日发布、2022年7月1日实施的中国中小企业协会团体标准《中小企业合规管理体系有效性评价》（T/CASMES 19—2022）来建立本企业的合规管理体系。

（三）兼顾成本和效率

在成本和效率方面，合规管理的适用性具有两层含义。

1. 企业合规管理体系建设要与企业目前管理成熟程度和管理水平相适应，在保障合规的前提下，保证效率。不能只追求形式上完美的体系架构，不能因为合规而增加不必要的管理环节，更不能因此妨碍企业经营或者过度降低企业经营效率。

2. 合规管理是长效工程。合规管理体系的建设和推动，需要提供人力、物力、财力、技术支持和保障等诸多资源支持。合规管理体系建设需要与企业的财务承担能力和管理成本承担能力相适应，应总体规划，分阶段稳步推进。合规管理体系的某些构成要素，如合规管理信息化、企业文化建设、合规风险评估，等等，本身需要通过较长时间逐步完成，不可能一蹴而就。国务院国资委于 2021 年 10 月 17 日发布的《关于进一步深化法治央企建设的意见》就把中央企业集团建立全面覆盖合规管理体系的时间延长到了 2025 年。在建立合规管理体系的实务中，不少国有企业希望在较短时间（一年甚至半年内）建立有效运行的合规管理体系，暴露出来诸多问题，都是对合规管理适用性在兼顾成本和效率方面没有给予足够理解和重视。

（四）具有可操作性

企业合规管理体系，尤其是合规管理制度应当具有可操作性，切忌好高骛远，束之高阁，没有实际操作性，从而影响企业合规的积极性和有效性。

合规管理体系的可操作性，反映在企业合规管理体系的主要构成要素之中，尤其是：

1. 员工的合规意识、合规管理部门及其合规管理人员的合规管理能力是否与合规管理体系的范围、内容和建设进度相匹配。

2. 合规管理体系建设的总体规划是否切实可行，企业是否愿意且有能力分配足够的资源来确保总体规划的执行。

3. 企业合规管理组织机构是否妥善设置，其职责是否明晰并便于合规履职；业务部门作为风险第一道防线的日常合规管理职责是否明确并落实。

4. 在合规管理制度方面，合规管理制度流程是否明确：是否制定了合规管理运行机制各构成要素（如合规风险管理、合规审查、违规整改、违规举报、违规追责、合规管理评价、合规绩效考核、合规管理计划与报告等）的具体操作指引；合规要求是否融入各部门业务制度流程；等等。

（五）持续适用

持续改进是企业合规管理的重要原则之一，也是合规风险管理的重要构成要素和环节。

企业外部环境不断发生变化，如贸易冲突加剧，出口管制日益收紧，科技、网络、产品发展日新月异，行政监管加强，环保安全要求提高，市场竞争日益激烈，新的法律、法规不断发布，等等。为适应企业外部环境变化，企业内部环境也随之不断变化，如企业上市、股东变化、组织机构调整、产品调整、投资新的业务领域、并购重组，等等。企业内外部环境的各种变化，都对企业合规管理体系的范围和内容产生直接影响。企业应随着内外部环境的变化持续调整和改进合规管理体系，保证其持续适用性：

1. 不断跟踪、收集外法，及时将外法转化为内部规章制度，并对现有内部规章制度进行修改、调整，确保合规规范的持续适用性；

2. 开展新领域合规风险评估，或者进行补充合规风险评估，防范内外部环境变化可能带来的合规风险；

3. 将行政监管加强的领域（如上市公司监管、反垄断、环保安全、网络数据安全和信息保护等）作为合规管理重点领域，开展专项合规管理，进行合规风险再评估，制定具体合规指引；

4. 针对新产品、新业务、新市场、被并购企业和业务，开展专项合规管理，进行合规风险评估，制定具体合规指引；

5. 加强对相关业务部门、职能部门日常合规管理的指导、能力培养、监督和检查。

二、合规管理适用性评价

结合国际标准 ISO 37301：2021《合规管理体系 要求及使用指南》第9.3.2 条（管理评审输入），合规管理适用性评价，应运用合规管理评价的方法，考虑以下五个方面：

1. 企业合规规范是否与其所有制性质和经营地域相适应，是否应包括党内法规制度和道德规范。

2. 企业合规管理体系建设的目标、范围和内容，是否与其经营范围、组织结构、业务规模相适应。

3. 企业合规管理是否充分考虑企业财务成本的承担能力、管理水平以及对经营效率的影响。是否徒增没有必要的管理环节和负担。是否制定分阶段推进的合规管理体系建设方案以及方案的可执行性如何。

4. 企业合规管理的组织体系、制度流程、运行机制是否具有可操作性。或者只是形而上，无法有效落地实施。

5. 合规管理体系相关的外部和内部环境不断变化，企业合规管理体系是否随之持续调整和改进。

三、合规管理适用性评价权重及表单

（一）合规管理适用性评价权重

对合规管理评价进行打分来评定是否合格、良好或者优秀多被诟病，但如果辅之以缺陷评定和整改，仍不失为反映评价结果的方法之一。

对合规管理体系的适用性、充分性和有效性进行评价，建议的权重分数如下：

——适用性：20 分；

——充分性：20 分；

——有效性：60 分；

——总分：100 分。

（二）合规管理适用性评价表单

评价点		是否适用	自评结果	评价意见	备考文件	权重	得分	合规缺陷	整改建议
序号	内容								
1. 合规规范适用性									
1.1	企业经营场所、市场交易对象等是否扩展到少数民族地区或者国外？企业是否将相应道德规范纳入合规规范？								
1.2	中央企业、国有企业是否将党内法规制度纳入合规规范？								
2. 内容和范围适用性									
2.1	与经营范围相适应								
2.2	与组织结构相适应								
2.3	与业务规模相适应								
2.4	识别合规管埋重点领域并优先开展重点领域合规管理								
3. 兼顾成本和效率									
3.1	与公司管理水平和效率相适应，不应妨碍或过度降低经营效率								

续表

评价点		是否适用	自评结果	评价意见	备考文件	权重	得分	合规缺陷	整改建议
序号	内容								
3.2	制定分阶段、分步骤建设计划，与财务承担能力和管理成本承担能力相适应								
4. 可操作性									
4.1	合规管理组织体系的可操作性								
4.2	合规管理制度流程的可操作性								
4.3	运行机制的可操作性								
5. 内、外部环境适用性									
5.1	内部环境发生变化，合规管理体系相应调整和改进								
5.2	外部环境发生变化，合规管理体系相应调整和改进								

备注：以上表单仅为格式。企业宜使用 Excel 表格制作合规管理评价表单，以确保因内容繁多而能够横向无限扩展。下同。对于每个评价点，可以根据企业实际情况细化评价颗粒或者制定评价细则。

【合规管理适用性】评价方法：问卷调查、个别访谈、文件审查、质询解答、实地考察、专题讨论、抽样检查、功能演示、穿行测试。每一评价方法的具体内容，详见本书第二章。

【合规管理适用性】评价补充知识点：

1. 合规规范的适用性

企业在收集外部合规规范时，容易忽视道德规范。尤其在少数民族地区和海外经营时，须特别注重收集道德规范和公序良俗，并纳入企业合规义务及合规风险评估范畴。

2. 内容和范围适用性

（1）中央企业、地方国有企业应建立全面合规管理体系，但须关注其相对性：

——全面合规管理体系的阶段性。

——全面合规管理体系的层级性，从上而下稳步推进，但不排除在个别子公司先行开展合规管理体系建设试点。

——点面结合，从重点领域专项合规管理扩展到各部门领域合规管理，并分配更多资源用于禁止性、强制性合规义务的遵守以及高、中等级合规风险的防范。

——不同子公司合规管理体系的范围，因其业务条线、业务规模及其他内外部环境的影响而存在差别，不能“一刀切”。

（2）其他企业应根据其业务条线、业务规模及其他内外部环境确定合规管理体系的范围，大多建立重点领域合规管理体系，但须关注以下几点：

——其他企业不排除建立全面合规管理体系。

——其他企业属于企业集团的，宜在各子公司建立合规管理体系，防止合规管理的双重标准。

3. 兼顾成本和效率

（1）建立合规管理体系，不应违背自身管理现状和财务能力而片面追求全面合规管理体系，可以考虑选择建立重点领域合规管理体系。

（2）关注禁止性义务、积极性合规义务的全面遵守，防止重大合规风险发生。

4. 可操作性

宜制定操作细则，并将制度流程化、流程表单化、表单信息化，提高可操作性及管理效率。

5. 内外部环境适用性

密切关注内外部环境变化，及时调整合规管理体系，保持合规管理体系的持续适用性。

第六节 合规管理充分性评价

一、合规管理的充分性

充分性即英文中的“adequacy”。国际标准 ISO 37301：2021《合规管理体系 要求及使用指南》第 9.3.1 条的规定为：

“9.3.1 General

Governing body and top management shall review the organization’s compliance management system at planned intervals，to ensure its continuing suitability，adequacy and effectiveness.”

参考译文为：治理机构及最高管理层应按照计划定期对组织的合规管理体系进行评价，以确保其持续的适宜性、充分性和有效性。

国务院国资委《中央企业合规管理办法》以及我国各省、自治区、直辖市国资委的有关合规管理指引，要求将合规要求覆盖各部门、各单位和全体员工，贯穿决策、执行和监督全过程，落实员工合规责任。

按照国际标准 ISO 37301：2021《合规管理体系 要求及使用指南》第 9.3.2 条的规定，对合规管理的充分性评价应考虑以下几点：

——合规政策的充分性（the adequacy of the compliance policy）；

——资源的充分性（the adequacy of resources）；

——合规风险评估的充分性（adequacy of the compliance risks assessment）。因此，合规管理的充分性体现在以下四个方面。我国中央企业和地方国有企业，可以选择对所有四个方面进行充分性评价。其他性质企业，可以选择后三个方面进行充分性评价：

（1）合规要求全面覆盖；

（2）合规政策的充分性；

（3）合规管理资源的充分性；

（4）合规风险评估的充分性。

企业还可以根据自身实际情况，扩展对合规管理体系构成要素的充分性进行评估。

二、合规政策的充分性

按照国际标准 ISO 37301：2021《合规管理体系 要求及使用指南》第 2.5 条规定，政策是指由组织的最高管理者正式表达的组织意图和方向（policy，intentions and directions of an organization，as formally expressed by its top management）。

有关合规管理的国际组织文件以及欧美国家跨国企业合规管理实践，更多地使用“policy”（政策或方针）、“code”（准则）、“procedures”（程序）或“process”（流程）来表达企业有关合规管理的规定，如“Entertainment and gifting policy”“Code of business conduct and ethics”等。

我国法律法规、国家标准及在企业合规管理实践中，更多地使用“制度”“办法”“手册”“指引”“流程”等来表达企业合规管理的规定，实际上都是指企业合规管理规章制度。

（一）我国有关部委的合规管理指引

国务院国资委《中央企业合规管理办法》以及我国各省、自治区、直辖市国资委的有关合规管理指引、发改委等七部委《企业境外经营合规管理指引》对合规管理制度的规定和要求如下：

1. 合规管理制度制定，是合规管理的重要内容（《中央企业合规管理办法》第三章）。

2. 合规管理制度，包括：

（1）合规管理基本制度，即全员普遍遵守的合规行为规范，由合规管理部门起草、董事会批准（《中央企业合规管理办法》第八条、第十四条、第十七条），发改委等七部委《企业境外经营合规管理指引》第十三条称之为合规行为准则；

（2）合规管理具体制度或专项指南，由合规管理部门起草、经理层批准（《中央企业合规管理办法》第九条、第十八条）

《中央企业合规管理办法》第十八条要求中央企业针对反垄断、反商业贿赂、生态环保、安全生产、劳动用工、税务管理、数据保护等重点领域，以及合规风险较高的业务，制定合规管理具体制度或者专项指南；针对涉外业务重要领域，根据所在国家（地区）法律法规等，结合实际制定专项合规管理制度。

（3）合规管理运行机制操作指引

国务院国资委《中央企业合规管理办法》、发改委等七部委《企业境外经营合规管理指引》等虽然没有明确要求企业制定合规管理运行机制的具体操作指引，但从其具体规定来看，为了具体且有效实施合规管理运行机制，企业有必要制定相应的操作指引。这些运行机制包括：

——合规风险管理机制（《中央企业合规管理办法》第二十条，发改委等七部委《企业境外经营合规管理指引》第二十三条）；

——合规管理计划与报告机制（《中央企业合规管理办法》第二十二条）；

——违规问题整改机制（《中央企业合规管理办法》第二十三条）；

——违规举报机制（《中央企业合规管理办法》第二十四条，发改委等七部委《企业境外经营合规管理指引》第二十一条）；

——追责问责机制（《中央企业合规管理办法》第二十五条）；

——法务、合规、内控、风险管理协同运作机制（《中央企业合规管理办法》第二十六条）；

——合规管理评价机制（《中央企业合规管理办法》第二十七条）；

——合规绩效考核机制（《中央企业合规管理办法》第二十八条）；

——合规培训机制（《中央企业合规管理办法》第三十条）；等等。

（4）合规要求融入业务管理制度和流程

《中央企业合规管理办法》第二十一条要求，中央企业应当将合规审查作为必经程序嵌入经营管理流程。第三十四条要求，中央企业应当定期梳理业务流程，查找合规风险点，运用信息化手段将合规要求和防控措施嵌入流程，针对关键节点加强合规审查，强化过程管控。

发改委等七部委《企业境外经营合规管理指引》第十五条规定："企业可结合境外经营实际，就合规行为准则和管理办法制定相应的合规操作流程，进一步细化标准和要求。也可将具体的标准和要求融入到现有的业务流程当中，便于员工理解和落实，确保各项经营行为合规。"

（二）借鉴参考：国际标准 ISO 37301：2021《合规管理体系 要求及使用指南》

按照国际标准 ISO 37301：2021《合规管理体系 要求及使用指南》第 5.2 条、附录 A 第 A.5.2 条以及其他相关条款的规定：

1. 企业的治理机构和最高管理者制定的合规政策应包括以下内容：

——合规目标和任务；

——遵守合规义务的合规承诺，以及持续改进合规管理体系的承诺；

——合规管理体系的适用范围，并与企业的规模、性质、复杂性和运营环境相适应；

——合规管理策略，以及合规管理职责和资源的分配；

——合规管理部门及其职责，赋予合规管理部门合规管理的授权、独立性和能力，并能够接触到治理机构；

——标准且充分的合规流程；

——合规管理与公司治理、风险管理、审计、法务等部门的协同运作；

——违规的后果；

——鼓励违规举报，并充分保护举报人和禁止任何形式的报复；

——确保及时报告临时发生的重大事件。

2. 制定合规政策时，应充分考虑以下几个方面：

——适用于企业的国际、地区及本地合规义务；

——企业的战略、目标、文化和治理机制；

——与企业目标、策略和价值观相适应；

——企业的组织机构；

——合规风险的性质和层级；

——企业制定的标准、准则、内部制度和流程；

——行业准则。

3. 合规政策应当符合以下要求：

——由治理机构正式批准；

——用简洁语言书写，确保通俗易懂；

——确保企业员工知晓合规政策以及合规政策与其管理职责之间的关系，新员工到岗后收到一份合规政策的副本并接受合规政策培训；

——确保适当履行；

——确保对可能导致不遵守合规政策或者违反合规义务的业务流程进行运行控制；

——可以文件形式提供；

——在企业内部进行沟通；

——提供给合适的利益相关方。

（三）在美国上市的企业，还应参考美国司法部刑事处《公司合规管理评价指引》

美国司法部刑事处《公司合规管理评价指引》在第一部分（公司合规管理方案是否设计良好）B款中，对合规管理政策和程序（Policies and Procedures）作了专门规定，并关注以下几点：

1. 公司是否制定了承诺全面遵守联邦法律、适用于所有员工的行为准则。

2. 公司是否制定了政策和程序，将合规文化融入日常运营。

3. 公司是否将政策和程序提供给所有员工和相关第三方，并对他们进行培训。

4. 谁来负责整合政策和程序。

5. 公司评审政策和程序的频次如何？公司是否进行了合规管理缺陷分析，以确定合规管理政策不能应对特别领域的合规风险，或者在特别业务领域或子公司是否适用。

6. 公司接受教训后，是否对政策和程序进行修改。

7. 政策和程序未能防止不当行为，是否要求这些政策程序的主管部门承担责任。

8. 公司是否制定了在新的子公司执行合规政策和程序的流程。

三、合规管理资源的充分性

（一）我国有关合规管理指引

1. 国务院国资委《中央企业合规管理办法》第六条要求中央企业应当在机构、人员、经费、技术等方面为合规管理工作提供必要条件，保障相关工作有序开展。

2. 发改委等七部委《企业境外经营合规管理指引》。

我国发改委等七部委《企业境外经营合规管理指引》第十条（合规治理结构）第二款，要求企业的高级管理层应分配充足的资源建立、制定、实施、评价、保持和改进合规管理体系。

3. 我国证监委《证券公司和证券投资基金管理公司合规管理办法》。

按照我国证监委《证券公司和证券投资基金管理公司合规管理办法》规定：

（1）证券基金经营机构的高级管理人员应配备充足、适当的合规管理人员，并为其履行职责提供充分的人力、物力、财力、技术支持和保障（第九条第一款）；

（2）证券基金经营机构应当为合规部门配备足够的、具备与履行合规管理职责相适应的专业知识和技能的合规管理人员（第二十二条）；

（3）证券基金经营机构应为合规负责人提供充足的履职保障（第二十九条）；

（4）证券公司应当为合规总监及合规部门履职提供充足的资金支持，合规总监和合规部门可以根据需要聘请会计师事务所、律师事务所、专业咨询机构、信息系统服务商等协助开展合规检查、调查、咨询和系统建设等方面的工作（第三十四条）。

4. 有些省（如湖北省、浙江省）、自治区（如新疆维吾尔自治区）合规管理指引还要求企业建立经费保障机制，根据企业业务规模，健全合规管理工作预算资金管理制度，充分保障合规管理各项工作经费。

（二）借鉴参考：国际标准 ISO 37301：2021《合规管理体系 要求及使用指南》

按照国际标准 ISO 37301：2021《合规管理体系 要求及使用指南》规定，合规管理资源的充分性体现在以下几个方面：

1. 最高管理层应分配充分适当的资源，用以建立、发展、实施、评价、保持和改进合规管理体系（第 A.5.3.1 条第 4 款、第 7.1 条）；

2. 企业应分配适当和充分的资源来管理识别出的合规风险（第 A.3.6 条）；

3. 治理机构和最高管理层应承诺分配充分的资源，用以通过提高合规意识的活动以及对所有员工和利益相关方进行合规培训，建立、发展、实施、评价、保持和改进良好的合规文化（第 A.5.1.1 条第 5 款）；

4. 给予企业合规管理部门充分的资源，以使企业能够在没有限制的情况下完成合规管理体系的必要工作和职责，有效支持企业实现合规目标（第 A.5.1.3 条最后一款）。

（三）在美国上市的企业，还应参考美国司法部刑事处《公司合规管理评价指引》

美国司法部刑事处《公司合规管理评价指引》在第二部分（公司合规管理方案是否有效实施）B 款（Autonomy and Resources）及其他相关条款中，要求对合规管理部门提供充分的人员和资源，包括：

1. 在组织中处于足够高的职务级别；

2. 充分的资源，即：有充分的人员和资金来有效从事合规审核、制作文件和分析；

3. 来自管理层的充分授权（例如，能够直接向董事会或者其审计委员会汇报等）和独立性，并具有合规管理能力；

4. 公司是否提供足够的资金，支持违规举报和调查机制；

5. 公司是否分配更多资源来关注高风险的防控。

当然，合规管理资源的充分性，取决于公司的规模、结构和风险状况。

四、合规风险评估的充分性

合规风险是企业不遵守合规义务可能带来的不利后果，包括法律责任、经济损失和声誉损失。企业合规管理的目的是防范和管控合规风险。合规风险管理是企业合规管理的核心，基本流程包括合规义务识别、合规风险评估、合规风险应对。合规风险评估包括合规风险识别、分析和评价。通过合规风险评估，企业能够甄别出主要的合规风险（高、中等级的合规风险）以及需要遵守的主要合规义务，对于典型性、普遍性和可能产生较严重后果的风险及时发布预警，对于重大或反复出现的合规风险和违规问题深入查找根源，完善相关制度，堵塞管理漏洞，强化过程管控，持续改进提升。

（一）我国有关部委的合规管理指引

国务院国资委《中央企业合规管理办法》第二十条以及我国各省、自治区、直辖市国资委的有关合规管理指引要求，中央企业和地方国有企业应当建立合规风险识别预警机制，全面系统梳理经营管理活动中的合规风险，建立并定期更新合规风险数据库，对风险发生的可能性、影响程度、潜在后果等进行分析，对典型性、普遍性或者可能产生严重后果的风险及时预警。

我国发改委等七部委《企业境外经营合规管理指引》第二十四条对合规

风险评估作了专门规定，要求企业：

1. 可通过分析违规或可能造成违规的原因、来源、发生的可能性、后果的严重性等进行合规风险评估。

2. 企业可根据企业的规模、目标、市场环境及风险状况确定合规风险评估的标准和合规风险管理的优先级。

3. 企业进行合规风险评估后应形成评估报告，供决策层、高级管理层和业务部门等使用。评估报告内容包括风险评估实施概况、合规风险基本评价、原因机制、可能的损失、处置建议、应对措施等。

（二）借鉴参考：国际标准 ISO 37301：2021《合规管理体系 要求及使用指南》

国际标准 ISO 37301：2021《合规管理体系 要求及使用指南》第 A.4.6 条规定，合规风险评估是实施合规管理体系的基础。企业合规风险评估应做好以下工作：

1. 企业应分析不合规发生的根本原因及其不利后果；

2. 合规风险识别包括定期对合规风险源进行识别并对合规风险进行定义。企业应按照各部门、功能领域的部门职责、岗位职责以及不同业务活动种类，对合规风险源进行识别，并制定合规风险源清单与合规风险清单。

3. 在发生下列任何情况时，应进行合规风险再评估：

——开展新的活动、生产新的产品或提供新的服务，或者改变活动、产品、服务；

——企业架构或战略发生改变；

——外部环境（如财务经济环境、市场条件、责任和客户关系等）发生重大变化；

——合规义务发生变化时；

——发生并购重组；

——发生不合规或潜在合规风险时。

4. 合规风险评估的详细程度取决于企业面临的风险环境以及企业的经营内容、规模和目标，并可能在不同领域（如环保、财务等）存在差别。

5. 以风险为导向的合规管理，帮助企业重点关注和优先分配资源来应对高风险，但并不意味着对于较低合规风险企业就可以接受不合规。最终目标是覆盖所有合规风险，即对于识别出来的所有合规风险都应进行监测和应对。

6. 进行合规风险评估，应注意采取 IEC31010（《风险管理—风险评估技术》，我国国家标准 GB/T 27921—2011）规定的风险评估技术。

（三）在美国上市的企业，还应参考美国司法部刑事处《公司合规管理评价指引》

美国司法部刑事处《公司合规管理评价指引》在第一部分（公司合规管理方案是否有效实施）A 款（Risk Assessment）及其他相关条款中，对合规风险评估作了专门规定，包括：

1. 公司如何识别、评估和应对合规风险；

2. 合规风险评估是否是最近进行的，是否进行定期的合规风险评估，以及是否据此修改合规政策和程序；

3. 合规风险评估的有效性，以及基于合规风险评估、合规风险的变化以及吸取的教训对公司合规管理方案进行调整；

4. 公司是否针对以下领域分析和应对不同的风险：经营地点、所处行业、市场的复杂性、法律管辖领域、潜在客户和商业伙伴、与外国政府间交易、向外国政府官员付款、使用第三方、礼品、差旅、招待费用、慈善捐款和政治捐献等。

5. 公司是否分配更多资源来关注高风险的防控。

当然，合规管理资源的充分性，取决于公司的规模、结构和风险状况。

五、合规管理充分性评价

（一）合规管理充分性评价权重

对合规管理评价进行打分来评定是否合格、良好或者优秀多被诟病，但如果辅之以缺陷评定和整改，仍不失为反映评价结果的方法之一。

对于我国中央企业和地方国有企业，对合规管理体系的充分性进行评价，建议的权重分数（总计 100 分）如下：

1. 合规要求全面覆盖：25 分；
2. 合规政策的充分性：25 分；
3. 合规管理资源的充分性：25 分；
4. 合规风险评估的充分性：25 分。

对于其他所有制性质的企业，对合规管理体系的充分性进行评价，建议的权重分数（总计 100 分）如下：

1. 合规政策的充分性：30 分；
2. 合规管理资源的充分性：35 分；
3. 合规风险评估的充分性：35 分。

（二）合规管理充分性评价表单

企业可根据本企业实际情况，分解、细化合规管理充分性的评价颗粒度。

评价点		是否适用	自评结果	评价意见	备考文件	权重	得分	合规缺陷	整改建议
序号	内容								
1. 合规要求全覆盖									
1.1	合规要求覆盖企业经营管理各领域各环节								
1.2	合规要求落实到各部门								
1.3	合规要求落实到各单位（包括各级子企业）								
1.4	合规要求贯穿决策、执行、监督全过程								
1.5	合规要求落实到全体员工								
2. 合规政策充分性									
2.1	合规管理制度制定（基本制度、具体制度、重点领域专项合规指引、合规要求融入业务管理制度流程、海外经营合规管理制度流程）								
2.2	合规管理基本制度内容（总体目标、机构职责、运行机制、考核评价、监督问责等）								
2.3	合规管理制度制定考量（合规义务，企业战略、目标文化，治理机制、价值观，组织结构，合规风险性质和层级等）								
2.4	合规管理制度制定要求（由有权的机构批准，通俗易懂，员工知晓并接受培训，充分沟通，提供给利益相关方）								
3. 合规管理资源充分性									

续表

评价点		是否适用	自评结果	评价意见	备考文件	权重	得分	合规缺陷	整改建议
序号	内容								
3.1	企业应分配充足资源（包括机构、人员、经费和技术等）建立、制定、发展、实施、评价、保持和改进合规管理体系								
3.2	建立适当的合规管理机构（包括合规委员会、合规管理部门等）								
3.3	配备充足、适当的与履行合规管理职责相适应的专业知识和技能的合规管理人员								
3.4	为合规管理负责人及部门提供充足的资金支持，聘请外部专业机构协助开展合规检查、调查、咨询和系统建设等方面的工作								
3.5	为合规管理信息化、合规风险监测预警等提供必要的信息技术支持等								
3.6	对于识别出的合规风险，分配充分资源进行应对、整改、监测和预警								
3.7	治理机构和最高管理层分配充分资源，用以培育员工合规意识并对员工和利益相关方进行合规培训								
4. 合规风险评估充分性									
4.1	定期开展合规风险评估								
4.2	按照各部门、功能领域的部门职责、岗位职责以及不同业务活动种类进行合规风险评估								

续表

评价点		是否适用	自评结果	评价意见	备考文件	权重	得分	合规缺陷	整改建议
序号	内容								
4.3	开展合规风险评估，对风险发生的原因、可能性、影响程度、潜在后果等进行系统分析								
4.4	根据企业的经营范围、规模、目标、市场环境、风险状况及不同部门领域，确定合规风险评估的详细程度以及评估的标准								
4.5	重点关注和优先分配资源应对较高风险，但不能忽视较低合规风险。企业合规风险管理应覆盖识别出来的所有合规风险								
4.6	合规风险评估技术，按照国际标准 IEC31010 暨我国国家标准 GB/T 27921—2011《风险管理—风险评估技术》确定								
4.7	在下列情况下进行新的合规风险评估： ——开展新的活动、生产新的产品或提供新的服务，或调整活动、产品、服务； ——企业架构或战略发生改变； ——外部环境（如财务经济环境、市场条件、责任和客户关系等发生重大变化； ——合规义务发生变化时； ——发生并购重组； ——发生不合规或潜在合规风险时								
4.8	企业完成合规风险评估后，应提交合规风险评估报告（内容包括风险评估实施概况、合规风险基本评价、原因机制、可能的损失、处置建议、应对措施等）								

备注：以上表单仅为格式。企业宜使用 Excel 表格制作合规管理评价表单，以确保因内容

繁多而能够横向无限扩展。下同。

【合规管理充分性】评价方法：问卷调查、个别访谈、文件审查、质询解答、实地考察、专题讨论、抽样检查、功能演示、穿行测试。每一评价方法的具体内容，详见第二章。

【合规管理充分性】评价补充知识点：

1. 合规要求全覆盖

（1）此点主要针对中央企业、地方国有企业、商业银行、保险公司、证券公司和证券投资基金管理公司，以及选择建立全面合规管理体系的其他企业；

（2）对这类企业全面合规管理评价，只有在其合规要求嵌入经营管理各领域各环节，贯穿决策、执行、监督全过程，落实到各部门、各单位和全体员工并有效运行后才能进行；

（3）这类企业在建立全面合规管理体系过程中，可以开展阶段性或专项合规管理评价。

2. 合规政策充分性最重要的是：

（1）如何将合规要求、合规风险管控融入业务流程；

（2）重点领域专项合规管理指引；

（3）合规管理运行机制各构成要素的具体操作指引。

3. 合规管理资源充分性

这是合规管理实务中存在的最大问题和难点之一，表现为：

（1）领导层重视不够，总体上提供的资源不足；

（2）专业合规管理人员缺乏，合规管理能力不足；

（3）对合规管理的专业性、工作的复杂性和工作量估计不足，导致人员、资金、时间等预算严重不足；

（4）聘请外部专业机构的专业能力参差不齐，预算严重不足；

（5）企业管理信息系统基础差，不足以立即开展合规管理信息化；等等。

4. 合规风险评估充分性

（1）合规管理的核心是合规风险管理。合规风险管理的核心是合规风险评估。

（2）合规风险处于变动之中，应根据需要定期评估、临时评估和再评估。

（3）合规风险评估需要使用专业评估技术以及法律专业知识和经验，宜由具有法律知识背景和管理经验的合规管理人员组织、外部律师参与。

（4）企业每个部门领域所适用的外法内规存在诸多区别。宜从合规管理重点领域开始，再扩展到其他部门领域。

（5）合规风险评估在于识别、分析和评价业务部门、职能部门领域存在的合规风险，需要有丰富经验的业务人员积极配合与参与。

第七节　合规管理有效性评价

一、合规管理的有效性

合规管理的有效性在英文中称为“compliance management effectiveness”。按照国际标准 ISO 37301：2021《合规管理体系 要求及使用指南》第 3.13 条，有效性（effectiveness）是指完成策划的活动并实现策划的结果的程度（extent to which planned activities are realized and planned results are achieved）。

按照国务院国资委《中央企业合规管理办法》第三条第三款的规定，合规管理是指企业以有效防控合规风险为目的，以提升依法合规经营管理水平为导向，以企业经营管理行为和员工履职行为为对象，开展的包括建立合规制度、完善运行机制、培育合规文化、强化监督问责等有组织、有计划的管理活动。

因此，合规管理的有效性是指合规管理的目标得以实现，即通过建立和有效运行合规管理体系，合规风险得到有效防控。

二、合规管理有效性评价的内容

关于合规管理有效性评价的内容，我国国务院有关部委的规范性文件未做专门规定。现简要介绍以下几个文件对合规管理有效性评价内容的规定，以供借鉴参考。

（一）国际标准 ISO 37301：2021《合规管理体系 要求及使用指南》

按照国际标准 ISO 37301：2021《合规管理体系 要求及使用指南》第 9.3.2 条第 2 款的规定：

1. 合规管理评价应考虑：合规政策的充分性，合规职能的独立性，合规目标实现的程度，资源的充分性，合规风险评估的充分性，现有控制和绩效指标的有效性，人员（包括利益相关方）提出的关切（包括反馈和举报），违规调查以及报告机制的有效性。

2. 合规管理评价还应包括：前一次管理评价提出的整改措施的实施情况，与合规管理体系相关的内外部环境变化，与合规管理体系相关的利益相关方需求和期望的变化，合规绩效方面的信息（包括不合规及其整改措施，监测和评价结果、审计结果等），以及持续改进的机会。

3. 合规管理评价还应包括以下几个方面的建议：调整合规政策的必要性以及与之相关的目标、制度、组织结构和人员，调整合规流程以确保与运行实践和运行机制相融合，哪些领域须予以监测以防范潜在违规行为，针对不合规须采取的整改措施，现有合规体系的缺陷和长期持续改进建议，对组织中模范合规行为的认可等。

（二）中国证券业协会《证券公司合规管理有效性评估指引》（2021 年修订）

按照中国证券业协会《证券公司合规管理有效性评估指引》（2021 年修订）合规管理有效性评估，应当涵盖以下几个方面；

1. 合规管理环境，应当重点关注合规文化建设是否到位、合规管理制度是否健全、合规经营基本要求是否能被遵循（第十条）。

2. 合规管理职责履行情况，应当重点关注各层级合规管理职责履行情况，合规审查、合规检查、合规咨询、合规培训、合规监测、合规考核、合规问责、合规报告、监管沟通与配合、信息隔离墙管理、反洗钱等合规管理职能是否有效履行（第十一条）。

3. 合规管理保障，应当重点关注合规总监任免及缺位代行、合规部门设立和职责、合规人员配备、子公司合规管理、合规人员履职保障等机制是否健全并实际得到执行（第十二条）。

4. 经营管理制度与机制的建设及运行状况，应当重点关注各项经营管理制度和操作流程是否健全，是否与外部法律、法规和准则相一致，是否能够根据外部法律、法规和准则的变化及时修订、完善；如外部法律、法规和准则实施超过半年仍未修订完善的，证券公司应当详细说明理由和修订的进展程度（第十三条）。还应当重点关注能否严格执行经营管理制度和操作流程，能否及时发现并纠正有章不循、违规操作等问题。

（三）中国中小企业协会团体标准《中小企业合规管理体系有效性评价》

中国中小企业协会团体标准《中小企业合规管理体系有效性评价》（T/CASMES 19__2022）规定的合规管理体系有效性评价内容包括对合规管理机构设置和职责配置、合规风险识别、合规风险应对和持续改进、合规文化建设等方面的评价。

（四）在美国上市的企业，还应参考美国司法部刑事处《公司合规管理评价指引》（Evaluation of Corporate Compliance Programs）

按照美国司法部刑事处《公司合规管理评价指引》，对企业进行合规管理评价的主要内容包括：

1. 合规管理的设计是否完善；

2. 合规政策和制度是否得到有效实施；

3. 公司的合规管理在实践中是否充分有效。具体详见本书第一章第二节。

（五）总结

综合上述文件规定，结合合规管理体系的结构和构成要素，合规管理有效性评价的内容应包括：

1. 合规目标；

2. 合规管理组织；

3. 合规管理制度；

4. 合规管理运行机制，包括合规风险管理、合规管理计划与合规报告、合规审查、违规整改、违规举报、违规追责、合规管理评价、合规绩效考核以及法务、合规、内控、风险管理协同运作等；

5. 合规文化；

6. 合规管理信息化；

7. 监督问责；

8. 合规管理资源，包括机构、人员、经费、技术等；

9. 重点领域合规管理；

10. 子公司合规管理。

企业可根据应当适用的合规管理指引以及本企业实际情况，确定本企业合规管理评价的具体内容。

三、合规管理有效性评价

（一）合规管理有效性评价权重

对合规管理评价进行打分来评定是否合格、良好或者优秀多被诟病，但如果辅之以缺陷评定和整改，仍不失为反映评价结果的方法之一。

对企业合规管理体系的有效性进行评价，建议的权重分数（总计 100 分）如下：

序号	评审内容	权重
1	合规目标	5 分
2	合规管理组织及其合规管理职责	10 分
3	合规管理制度	10 分
4	合规管理运行机制	20 分
5	合规管理信息化	5 分
6	合规文化	5 分
7	监督问责	5 分

续表

序号	评审内容	权重
8	合规管理资源	10 分
9	重点领域合规管理	20 分
10	子公司合规管理	10 分

（二）合规管理有效性评价表单

企业可以根据本企业实际情况，分解、细化合规管理有效性评价的颗粒度。

1. 合规目标

评价点		是否适用	自评结果	评价意见	备考文件	权重	得分	合规缺陷	整改建议
序号	内容								
1.1	企业制定明确的总体合规目标，包括合规管理体系的范围、实现合规目标的计划、资源、责任人员、过程控制、评价指标等								
1.2	各部门、各单位制定合规目标，包括合规目标的内容、实现合规目标的计划、资源、责任人员、过程控制、评价指标等								
1.3	合规目标应当可以衡量和监视								
1.4	合规目标应按内部程序经过批准，并有效传达给合规目标的执行单位和员工								
1.5	合规目标根据实际情况的变化和需要及时、适当地予以修正								
1.6	合规目标完成时给予验收和评价								

【合规目标】评价方法：问卷调查、个别访谈、文件审查、质询解答、抽样检查等。

【合规目标】评价补充知识要点：

1.1 合规目标的策划、执行和评价，源自于国际标准化组织 ISO 37301：2021《合规管理体系 要求及使用指南》第 6.2 条的规定。

1.2 合规目标的种类，包括企业的总体合规目标，各部门及各单位的具体合规目标，还包括合规管理体系建设总目标及其阶段性目标。

1.3 企业宜强化合规目标执行的过程控制以及完成后的验收和评价。

2. 合规组织

评价点		是否适用	自评结果	评价意见	备考文件	权重	得分	合规缺陷	整改建议
序号	内容								
2.1	党委（党组）								
2.1.1	明确党委（党组）作为第一层级的合规管理组织，发挥把方向、管大局、促落实的领导作用								
2.2	治理机构								
2.2.1	董事会、监事会、经理层：合规管理职责明晰，纳入企业章程规定，并有效实际履职								
2.3	推进法治建设第一责任人								
2.3.1	明确主要负责人作为推进法治建设第一责任人，切实履行依法合规经营管理重要组织者、推动者和实践者的职责，积极推进合规管理各项工作								
2.4	合规管理组织								

续表

评价点		是否适用	自评结果	评价意见	备考文件	权重	得分	合规缺陷	整改建议
序号	内容								
2.4.1	合规委员会：由董事会授权成立，单独设立或者与其他专委会合署，合规管理职责明确，成员组成合理，制定运作机制并有效实际履职								
2.4.2	合规管理负责人（首席合规官）：由董事会任命，合规管理职责明确并有效实际履职，具有合规管理的专业知识和能力，不存在管理职责冲突								
2.4.3	合规管理部门：单独设立或者与其他相关部门合署（不存在职责或利益冲突），设专职合规管理员，合规管理职责明确并有效实际履职								
2.4.4	合规管理组织的建立具有适当性，并独立履职								
2.5	业务部门和职能部门：日常合规管理职责明晰并实际有效履职，对本部门领域合规负首要责任，部门负责人以身作则并提供资源支持合规，指定兼职合规管理员								
2.6	监督部门								
2.6.1	明确纪检监察机构、审计、巡视巡察、监督追责等监督部门，对合规要求落实情况的进行监督的职责权限								
2.6.2	监督部门按规定对违规行为进行调查								
2.6.3	监督部门按规定开展责任追究								

续表

评价点		是否适用	自评结果	评价意见	备考文件	权重	得分	合规缺陷	整改建议
序号	内容								
2.7	全体员工								
2.7.1	合规要求覆盖全体员工								
2.7.2	落实员工合规责任								
2.7.3	签署合规承诺，积极参加合规培训与本部门合规管理工作，熟知企业合规要求与合规制度，熟知本岗位合规义务、合规职责并有效履职，熟知并有效防控、监测本岗位合规风险								

【合规组织及其合规管理职责】评价方法和评价补充知识要点：

2.1 治理机构

——评价方法：问卷调查、个别访谈、文件审查、质询解答、抽样检查。

——评价补充知识要点：

（1）董事会成员中应有合规专业人士，或者接受了专业的合规培训；

（2）治理机构的各项合规管理职责明确并已实际履行；

（3）董事会、经理层为合规管理分配充分资源（授权、人员、资金、时间等）。

2.2 合规管理组织

——评价方法：问卷调查、个别访谈、文件审查、质询解答、抽样检查。

——评价补充知识要点：

（1）合规管理组织的组织架构。

合规管理委员会应是董事会授权设立的机构，可以单设或者与董事会下设的其他专委会合署。如果单设，其组成应遵从不相容职责相分离原则，宜由董事、监事、总经理、总法律顾问、纪检监察领导、审计部门负责人等组成。制定并执行合规管理委员会运行制度流程。

合规管理负责人（首席合规官）应由董事会任免。如果由其他人员兼任，应遵从不相容职责相分离原则，与合规管理职责不存在职责利益冲突。宜由总法律顾问或者主管法务、内控、风险管理条线的分管领导兼任。我国证监委《证券公司和证券投资基金管理公司合规管理办法》对合规管理负责人的职级、任职资格条件有特别要求，须特别注意。

合规管理部门如果合署，宜与法务、内控、风险管理部门合署，而不应与第一道防线（业务部门、其他职能部门）或第三道防线（纪检监察、审计）合署。

（2）合规管理组织的合规管理职责明确。

特别是，按照有关合规管理指引，中央企业、地方国有企业合规管理部门受理职责范围内的违规举报，提出分类处置意见，组织或者参与对违规行为的调查，须与纪检监察部门的职责作出明确的界定。

（3）合规管理部门的各项合规管理职责已经实际履行。例如，合规委员会已定期举行合规管理会议等。

（4）合规负责人、合规管理部门、合规管理人员履行合规管理职责的独立性得到保障。例如，合规管理负责人可以向董事长、董事会直接汇报重要合规管理工作和重大合规风险事件，合规管理负责人、合规管理人员独立履行合规管理职责且不受其他部门、人员干预等。我国证监委《证券公司和证券投资基金管理公司合规管理办法》对此特别关注，须特别注意。

（5）合规管理部门的人员、资金等资源得到保障。

合规管理应有足够的预算，包括聘请外部专业机构提供合规管理服务的费用预算。

合规管理部门应有专职的合规管理人员（企业合规师），他们有专业的合规管理知识（懂法律、晓管理、精合规、熟业务）和经验。

我国证监委《证券公司和证券投资基金管理公司合规管理办法》对合规管理人员的人数、任职资格条件、待遇等有特别要求对此特别关注，须特别注意。

2.3 业务部门、职能部门

——评价方法：问卷调查、个别访谈、文件审查、质询解答、实地考察、抽样检查。

——评价补充知识要点：

（1）业务部门、职能部门提高合规意识，认同本部门是合规风险第一道防线，对合规管理负首要职责，并支持合规管理。

（2）业务部门、职能部门的合规管理职责明确并实际履行，包括按合规要求完善本部门业务管理制度和流程，开展本部门合规风险管理（识别本部门领域合规义务、开展本部门领域合规风险评估、建立分等级合规风险清单、制定并实施应对整改措施，开展合规风险监测预警），组织本部门日常合规审查，及时报告合规风险并组织或者配合开展应对处置，组织或配合进行违规问题调查和整改等。

（3）指定了兼职合规管理员，并明确其合规管理职责。部门负责人和兼职合规管理员通过参加合规培训等，具备本部门领域合规管理能力，并实际有效履行合规管理职责。兼职合规管理员由业务骨干担任，接受合规管理部门业务指导和培训。

2.4 全体员工

（1）落实员工合规责任；

（2）都签署了合规承诺；

（3）都参加了合规培训；

（4）清楚本岗位合规义务、合规职责与合规风险；

（5）具备本岗位合规管理基本知识和能力；

（6）支持、参与本部门合规管理工作。

3. 合规管理制度

评价点		是否适用	自评结果	评价意见	备考文件	权重	得分	合规缺陷	整改建议
序号	内容								
3.1	合规管理制度种类：基本制度、运行机制具体指引、重点领域专项合规指引、合规要求融入业务管理制度流程等								
3.2	合规管理基本制度内容：明确总体目标、机构职责、运行机制、合规文化、监督问责等内容								
3.3	合规管理制度制定考量：合规义务、企业战略、目标文化、治理机制、价值观、组织结构、合规风险性质和层级等								
3.4	合规管理制度制定要求：由有权的机构批准，通俗易懂，员工知晓并接受培训，充分沟通，提供给利益相关方								
3.5	合规管理制度按企业内部程序经过合规审查、审批和生效								
3.6	合规管理制度根据内外部环境变化进行修改和补充								

续表

评价点		是否适用	自评结果	评价意见	备考文件	权重	得分	合规缺陷	整改建议
序号	内容								
3.7	合规管理制度制定后，有效传达到相关部门和员工，并开展适当培训								
3.8	合规管理制度得到有效实施								

【合规管理制度】评价方法：问卷调查、个别访谈、文件审查、质询解答、专题讨论、穿行测试。

【合规管理制度】评价补充知识要点：

（1）合规管理制度的充分性：详见本章第六节。

（2）各项合规管理制度实际有效履行。

4. 合规管理运行机制

【合规管理运行机制】评价方法：问卷调查、个别访谈、文件审查、质询解答、实地考察、专题讨论、抽样检查、功能演示、穿行测试。

4.1 合规风险管理

评价点		是否适用	自评结果	评价意见	备考文件	权重	得分	合规缺陷	整改建议
序号	内容								
4.1	合规风险管理								

续表

评价点		是否适用	自评结果	评价意见	备考文件	权重	得分	合规缺陷	整改建议
序号	内容								
4.1.1	制定合规风险管理机制操作指引，包括重大风险的危机处理流程，并实际有效执行								
4.1.2	明确合规管理部门合规风险管理的职责和范围，并实际有效履职								
4.1.3	明确业务部门、职能部门的日常合规风险管理职责，并实际有效履职								
4.1.4	完成重点领域合规风险评估（建立合规义务库、合规风险库）								
4.1.5	完成重点领域合规风险应对整改								
4.1.6	完成重点领域业务制度流程合规审查、修改，融入合规要求与合规风险管控节点								
4.1.7	完成重点领域部门、岗位职责合规审查，融入合规要求与合规风险管控点								
4.1.8	建立重点领域专项合规指引								
4.1.9	完成其他各部门领域重大合规风险识别及应对整改								
4.1.10	建立合规风险监测预警机制								
4.1.11	在内外部环境发生变化、进入新的业务领域、开展并购重组等情况下，开展新的合规风险评估								
4.1.12	定期（至少每三年一次）开展合规风险再评估								
4.1.13	合规风险管理与全面风险管理协同运作								

【合规风险管理】评价补充知识要点：

合规风险管理是合规管理的核心和主要工作。

（1）如果企业集团及其各级子公司建立了全面合规管理体系，企业集团是否建立了集团合规风险库，运用管理信息系统进行合规风险分析、监测预警。

（2）重点领域初次合规风险管理是否已经完成。

（3）是否将初次合规风险管理，从重点领域扩展到各业务部门和其他职能管理部门。

（4）企业重大风险是否得到有效预防？是否制定了重大风险的危机处理机制流程。

（5）持续改进方面，是否建立定期合规风险评估机制？是否开展定期合规风险评估？在内外部环境发生变化、进入新的业务领域、开展并购重组等情况下，是否开展新的合规风险评估。

（6）合规风险管理与全面风险管理协同运作：合规风险管理纳入全面风险管理制度流程及具体工作。

4.2 合规管理计划与合规报告

评价点		是否适用	自评结果	评价意见	备考文件	权重	得分	合规缺陷	整改建议
序号	内容								
4.2	合规管理计划与合规报告								
4.2.1	合规管理计划与合规报告								
4.2.1.1	制定合规管理计划与报告具体指引，并实际有效执行								
4.2.1.2	经理层将年度合规管理计划与报告，纳入向董事会提交的年度经营计划和年度经营报告								
4.2.2	合规管理计划								

续表

评价点		是否适用	自评结果	评价意见	备考文件	权重	得分	合规缺陷	整改建议
序号	内容								
4.2.2.1	各部门、各级子公司制定并按时提交并实际执行年度合规管理计划								
4.2.2.2	合规管理计划得到执行，对其执行情况进行合规检查，将其执行情况纳入年度绩效考核								
4.2.3	合规报告								
4.2.3.1	各部门、各级子公司按时提交完整、真实的年度合规报告								
4.2.3.2	各部门按规定及时向合规管理部门报告合规风险								
4.2.3.3	各级子公司按规定及时提交重大风险报告								
4.2.3.4	中央企业、国有企业发生重大合规风险，及时向国资委报告								

4.3 合规审查

评价点		是否适用	自评结果	评价意见	备考文件	权重	得分	合规缺陷	整改建议
序号	内容								
4.3	合规审查								
4.3.1	制定合规审查机制具体指引并实际有效执行								
4.3.2	实现重要决策、规章制度、经济合同 100% 的法律合规审查率，明确未经合规审查，不得提交决策或实施的原则								
4.3.3	明确合规管理部门合规审查的职责和范围，并实际有效履职								

续表

评价点		是否适用	自评结果	评价意见	备考文件	权重	得分	合规缺陷	整改建议
序号	内容								
4.3.4	明确业务部门、职能部门的日常合规审查职责，并实际有效履职								
4.3.5	合规审查人员充足并具备合规审查的专业能力和经验								
4.3.6	实现法律审查、合规审查协同运作								
4.3.7	通过管理信息系统实现线上合规审查								

4.4 合规联席会议

评价点		是否适用	自评结果	评价意见	备考文件	权重	得分	合规缺陷	整改建议
序号	内容								
4.4	合规联席会议								
4.4.1	制定合规联席会议议事规则并实际有效执行								
4.4.2	明确合规联席会议职责及成员组成								
4.4.3	定期举行会议，协调解决跨部门合规管理问题								

【合规联席会议】评价补充知识要点：

（1）合规联席会议一般由合规管理负责人召集和主持。

合规联席会议一般由各部门负责人、兼职合规管理员及各子公司合规管理负责人组成。

合规联席会议的办公室设在合规管理部门。

（2）合规联席会议主要职责为沟通培训、讨论和解决跨部门合规管理问题。

（3）合规联席会议应召集定期会议。特别和紧急情况下，应召集临时会议。

合规管理部门制作会议纪要和记录，督促和检查其执行。

4.5 合规咨询

评价点		是否适用	自评结果	评价意见	备考文件	权重	得分	合规缺陷	整改建议
序号	内容								
4.5	合规咨询								
4.5.1	制定合规咨询机制具体指引并实际有效执行								
4.5.2	明确强制咨询范围								
4.5.3	员工具有合规咨询意识								

【合规咨询】评价补充知识要点：

（1）鼓励员工进行合规咨询。

员工开展业务时，应时刻自问：我的行为是否合规？是否遵循了合规制度流程？如果不合规，会给企业带来什么不利影响？如果员工对此有疑问，应进行合规咨询。

（2）在下列情况下，员工必须进行合规咨询：

——开展新业务、进入新市场时；

——发布新的法律法规，或者企业出台新的制度流程时；

——开展并购重组或其他重大项目时；

——制定重要规章制度、签署重大经济合同时；

——存在发生中等或重大合规风险的可能性时；

——对外法、内规存在合规疑问时；

——发现疑似违规线索，需要咨询澄清，或者犹豫是否举报；等等。

（3）员工合规咨询，应向本部门兼职合规管理员提出。本部门兼职合规管理员不能解答的，应向合规管理部门提出。合规管理部门解答不了的，应咨询外部合规专家。

（4）合规咨询应制作合规咨询记录，并妥善存档备查。

4.6 违规整改

评价点		是否适用	自评结果	评价意见	备考文件	权重	得分	合规缺陷	整改建议
序号	内容								
4.6	违规整改								
4.6.1	制定违规问题整改机制，并实际有效执行								
4.6.2	采取具体措施：健全规章制度、优化业务流程								
4.6.3	违规问题与合规管理缺陷得到有效整改								

4.7 违规举报

评价点		是否适用	自评结果	评价意见	备考文件	权重	得分	合规缺陷	整改建议
序号	内容								
4.7	违规举报								
4.7.1	制定违规举报机制具体指引并实际有效执行								
4.7.2	建立违规举报平台，公布举报电话、邮箱或者信箱								
4.7.3	明确违规举报受理部门及职责权限								

续表

评价点		是否适用	自评结果	评价意见	备考文件	权重	得分	合规缺陷	整改建议
序号	内容								
4.7.4	对举报属实的举报人可以给予适当奖励								
4.7.5	对举报人的身份和举报事项严格保密								
4.7.6	对以任何形式对举报人进行打击报复的行为进行严肃处理和追责								
4.7.7	就举报问题进行调查和处理								
4.7.8	就举报问题进行调查和处理								

4.8 违规追责与合规尽职免责

评价点		是否适用	自评结果	评价意见	备考文件	权重	得分	合规缺陷	整改建议
序号	内容								
4.8	违规追责与合规尽职免责								
4.8.1	违规追责								
4.8.1.1	建立违规行为追责问责机制并有效运行								
4.8.1.2	明确责任范围								
4.8.1.3	细化问责标准								
4.8.1.4	开展违规调查								
4.8.1.5	严肃追究违规人员责任								

续表

评价点		是否适用	自评结果	评价意见	备考文件	权重	得分	合规缺陷	整改建议
序号	内容								
4.8.1.6	建立违规行为记录制度：对所属单位经营管理和员工履职违规行为进行记录，将违规行为性质、发生次数、危害程度等作为考核评价、职级评定等工作的重要依据								
4.8.2	合规尽职免责								
4.8.2.1	建立合规尽职免责机制并有效运行								
4.8.2.2	制定合规尽职免责清单								

【违规追责】评价补充知识要点：

（1）中央企业、地方国有企业与民营企业、欧美跨国企业的违规管理存在差异。前者主要由纪检监察部门负责或者主导，合规管理部门为辅或者提供专业支持。后者多由合规管理部门负责。

（2）中央企业、地方国有企业，应妥善处理违规管理与违规投资经营责任追究的关系，须明确职责，建立协同运作机制。前者多由纪检监察部门负责或者为主，后者多由审计部门负责或者为主。

（3）欧美跨国企业注重建立畅通、便捷的违规举报渠道，以便及时发现和纠正违规情况。

（4）合规尽职免责，是企业合规管理的功能、目的之一，本身也是合规奖励措施之一。我国大多企业强调违规问责的多，对合规典范奖励者少。这是合规管理的不足。

4.9 合规检查

评价点		是否适用	自评结果	评价意见	备考文件	权重	得分	合规缺陷	整改建议
序号	内容								
4.9	合规检查								
4.9.1	制定合规检查机制制度流程并实际有效执行								
4.9.2	合规管理组织定期开展合规检查								
4.9.3	揭发合规管理缺陷，提交合规检查报告，进行合规整改								
4.9.4	制作合规检查记录并妥善存档备查								

【合规检查】评价补充知识要点：

合规检查是合规管理组织的日常性工作，可以由治理机构、合规管理委员会、合规管理负责人或者合规管理部门发起进行。

4.10 合规管理评价

评价点		是否适用	自评结果	评价意见	备考文件	权重	得分	合规缺陷	整改建议
序号	内容								
4.10	合规管理评价								
4.10.1	制定合规管理评价机制具体指引，明确合规管理评价的范围、组织、流程、方法和频次，并实际有效执行								
4.10.2	已按要求定期开展全面合规管理评价								

续表

评价点		是否适用	自评结果	评价意见	备考文件	权重	得分	合规缺陷	整改建议
序号	内容								
4.10.3	专项合规管理项目完成并运行一段时间后，开展专项合规管理评价								
4.10.4	合规管理评价独立、客观、公正								
4.10.5	向合规管理委员会提交评价报告，充分揭发合规管理缺陷并提出后续整改建议								
4.10.6	后续整改建议得到落实，合规管理缺陷得到整改								

【合规管理评价】补充知识要点：

（1）全面合规管理评价，宜在全面合规管理体系完成建设并运行一段时间（六个月以上）后开展。前三年，宜每年开展一次。之后，宜至少每三年开展一次，且聘请外部专业机构进行。

专项合规管理评价，宜在专项合规管理项目完成后一段时间（六个月以上）后开展。

（2）合规管理评价，重在发掘管理缺陷，提出合规管理整改措施建议，制定合规整改技术，有效实施合规整改并进行检查验收。

4.11 合规绩效考核

评价点		是否适用	自评结果	评价意见	备考文件	权重	得分	合规缺陷	整改建议
序号	内容								
4.11	合规绩效考核								
4.11.1	制定合规考核评价机制具体指引，并有效执行								
4.11.2	明确考核权重与考核指标								
4.11.3	将合规管理纳入对各部门和各单位负责人的年度业绩考核，并占有适当考核权重								
4.11.4	人力资源部将合规管理纳入对员工的年度绩效考核，并占有适当考核权重								
4.11.5	将对员工的合规考核结果作为员工考核、干部任用、评先选优等工作的重要依据								

【合规绩效考核】补充知识要点：

（1）对各部门、各单位的合规考核前提是，各单位明确合规管理职责与合规管理目标，合规管理绩效占本单位绩效（业绩）的一定权重比例。我们建议的权重比例为10%。

（2）对员工的合规考核前提是，员工岗位合规职责得到明确，合规管理绩效占员工绩效的一定权重比例。我们建议的权重比例为15%。

（3）合规考核须融入各部门、各单位业绩考核以及员工绩效考核，因此需要与人力资源部及其他负责绩效考核的部门协同运作，需要将合规考核流程融入现有绩效（业绩）考核流程。

4.12 合规审计

评价点		是否适用	自评结果	评价意见	备考文件	权重	得分	合规缺陷	整改建议
序号	内容								
4.12	合规审计								
4.12.1	合规审计纳入内部审计部门职责								
4.12.2	定期对公司合规管理的有效性进行审计								
4.12.3	合规审计发现的合规管理缺陷，及时呈报合规管理委员会并通知合规管理部门、相关业务部门和职能部门								
4.12.4	向合规管理委员会提交一份合规审计报告								
4.12.5	合规审计建议和整改措施建议得到有效落实								

【合规审计】补充知识要点：

（1）合规审计的种类、方法、步骤等，与合规管理评价类似，由企业内部审计部门负责。

（2）合规审计属于内部控制评价的一部分，因此可以纳入内部控制评价，由内部审计部门一同开展。

（3）合规审计发现及结果，是合规风险、合规缺陷等的重要信息源。

4.13 合规记录与合规档案（文件化信息）

评价点		是否适用	自评结果	评价意见	备考文件	权重	得分	合规缺陷	整改建议
序号	内容								
4.13	合规记录与合规档案（文件化信息）								

续表

评价点		是否适用	自评结果	评价意见	备考文件	权重	得分	合规缺陷	整改建议
序号	内容								
4.13.1	制定合规记录与合规档案的管理规定和要求								
4.13.2	合规记录								
4.13.2.1	保留各项合规活动（合规组织建立、合规制度制定、合规培训、合规会议、合规宣传、合规计划、合规报告等）准确且实时的记录								
4.13.2.2	合规记录清晰、容易辨认和检索								
4.13.2.3	合规记录得到妥善保管和保密，防止被修改、删除或未经授权的使用在需要时可以追溯、方便取用								
4.13.2.4	合规记录可以追溯，在需要时方便取用								
4.13.3	合规档案（文件化信息）								
4.13.3.1	文件化信息的范为包括合规管理体系的所有文件								
4.13.3.2	确定合规管理文件化信息的形式、制作标准以及制定、变更、审批和发布的程序和要求，并实际有效执行								
4.13.3.3	制定合规管理文件化信息的使用、保密、存储、保管和处置的程序并实际有效执行								
4.13.3.4	准确、实时地反映文件化信息的变更，确保它们是现行最新版本								
4.13.3.5	在需要时方便取用								

【合规记录与合规档案】补充知识要点：

（1）合规记录与合规档案，源自于国际标准化组织 ISO 37301：2021《合规管理体系 要求及使用指南》第 9.1.5 条和第 7.5 条的规定。

（2）合规记录与合规档案，是企业建立合规管理体系、开展合规管理的基本信息和证据，对合规检查、违规调查和追责、合规管理评价等具有重要意义。

（3）合规记录形式包括书面文件和其他媒介（照片、录音、视频等）。

（4）不同企业的合规管理文件化信息的范围，引起性质、规模、业务条线、监管部门的要求不同而存在差别。

4.14 法务、合规、内控、风险管理协同运作

评价点		是否适用	自评结果	评价意见	备考文件	权重	得分	合规缺陷	整改建议
序号	内容								
4.14	法务、合规、内控、风险管理协同运作								
4.14.1	制定法务、合规、内控、风险管理协同运作的总体方案并实际推动实施								
4.14.2	法务、合规、内控、风险管理部门协同融合，以避免交叉重复，提高管理效能								
4.14.3	法务、合规、内控、风险管理部门之外，其他层级的相关管理组织有效整合，以避免交叉重复，提高管理效能								
4.14.4	法务、合规、内控、风险管理人员协同融合，以避免交叉重复，提高管理效能								
4.14.5	审计委员会保持其独立性								

续表

评价点		是否适用	自评结果	评价意见	备考文件	权重	得分	合规缺陷	整改建议
序号	内容								
4.14.6	专业性法律实务、违规管理、内部控制活动保持其专业性								
4.14.7	以内部控制为基础，风险为导向，法务合规为重点，审查、梳理、修改现有制度流程								
4.14.8	整合法律风险管理、合规风险管理、全面风险管理、内部控制中的风险评估和风险应对，建立分类、分层风险管理机制								
4.14.9	整合重要决策、重要规章制度、重大事项和重大经济合同等的法律审核、合规审核、风险评估								
4.14.10	整合绩效评价								
4.14.11	整合管理有效性评价，可以融入内部控制评价机制								
4.14.12	整合违规管理与反舞弊管理机制								
4.14.13	整合计划与报告机制								
4.14.14	整合管理信息化								
4.14.15	将法治文化、合规文化、风险管理文化融入企业文化								

5. 合规文化

评价点		是否适用	自评结果	评价意见	备考文件	权重	得分	合规缺陷	整改建议
序号	内容								
5.1	总体要求								
5.1.1	将合规文化纳入企业文化建设								
5.1.2	提炼并宣传企业合规价值观								
5.1.3	培育全员守法诚信、合规经营意识，自觉践行合规理念，遵守合规要求								
5.1.4	与监管部门、利益相关方有效互动，积极参与合规管理联合行动								
5.1.5	建立并有效实施与员工合规沟通的畅通渠道								
5.2	纳入党委（党组）法治专题学习								
5.2.1	将合规管理纳入党委（党组）法治专题学习								
5.2.2	推动企业领导人员强化合规意识，带头依法依规开展经营管理活动								
5.3	领导合规承诺								
5.3.1	明确的领导合规承诺								
5.3.2	领导的合规承诺传递到各部门、各单位和全体员工								
5.3.3	领导支持合规，并分配充分资源（机构、人员、经费、技术等）								
5.3.4	领导带头合规，且没有因为经济利益而作出合规让步								
5.4	合规培训								

续表

评价点		是否适用	自评结果	评价意见	备考文件	权重	得分	合规缺陷	整改建议
序号	内容								
5.4.1	建立常态化合规培训机制并实际有效运行								
5.4.2	将合规培训作为员工年度合规考核的指标之一								
5.4.3	领导层带头参加合规培训								
5.4.4	将合规培训作为管理人员、重点岗位人员和新入职人员培训必修内容								
5.4.5	进行合规培训考核，制作培训记录								
5.4.6	开展全员合规培训								
5.4.7	开展各重点领域专门合规培训								
5.4.8	定期开展合规管理人员合规管理能力培训								
5.4.9	已启动线上合规培训								
5.5	合规宣传教育								
5.5.1	制定合规宣传教育方案，并有效执行								
5.5.2	通过及时发布合规手册，组织签订合规承诺等方法								

【合规文化】评价方法：问卷调查、个别访谈、文件审查、质询解答、抽样检查。

【合规文化】补充知识要点：

（1）国务院国资委《中央企业合规管理办法》单设第五章，对合规文化作出专章规定，使之与合规管理的组织、制度、运行机制、信息化建设、监督问责共同构成合规管理的六大模块，彰显合规文化在合规管理体系建设中的重要性。

（2）企业宜提炼合规价值观与合规理念，将其作为企业核心价值观的重要组成部分。

（3）合规文化是企业文化的组成部分。合规管理部门应与企业文化建设主管部门协同运作，将合规文化建设融入企业文化建设当中。

（4）合规培训重在全员合规基础培训，培育员工合规意识；

（5）合规培训重在对专兼职合规管理人员合规管理能力的培训；

（6）合规培训重在业务部门、职能部门日常合规管理能力培训。

6. 合规管理信息化

评价点		是否适用	自评结果	评价意见	备考文件	权重	得分	合规缺陷	整改建议
序号	内容								
6.1	将合规管理信息系统嵌入企业现有管理信息系统，与法务管理、风险管理信息系统等协同融合								
6.2	按合规管理体系构成要素建立合规管理信息系统模块，实现合规管理运行机制线上运行								
6.3	将合规制度、典型案例、合规培训、违规行为记录等纳入信息系统								
6.4	运用信息化手段将合规要求和防控措施嵌入流程，针对关键节点加强合规审查，强化过程管控								
6.5	加强合规管理信息系统与财务、投资、采购等其他信息系统的互联互通，实现数据共用共享								

续表

评价点		是否适用	自评结果	评价意见	备考文件	权重	得分	合规缺陷	整改建议
序号	内容								
6.6	利用大数据等技术，加强对重点领域、关键节点的实时动态监测，实现合规风险即时预警、快速处置								

【合规管理信息化】评价方法：问卷调查、个别访谈、质询解答、抽样检查、功能测试。

【合规管理信息化】补充知识要点：

（1）国有企业数据化转型，是国务院国资委对中央企业、地方国有企业的总体要求。应将合规管理信息化纳入其中，作为其工作的重要组成部分。

国务院国资委《中央企业合规管理办法》单设第六章，对合规管理信息化建设作出专章规定，使之与合规管理的组织、制度、运行机制、合规文化、监督问责共同构成合规管理的六大模块，彰显合规文化在合规管理体系建设中的重要性。

（2）企业的管理信息系统很多，如何实现各管理信息系统之间的兼容贯通，是一重要课题。因此，合规管理信息系统没有必要另行叠床架屋、单独另设，应搭建在企业现有管理信息系统之上。

（3）合规管理信息化的步骤是，合规管理制度化、制度流程化、流程表单化、表单信息化。

（4）建立企业法律、合规、内部控制、风险管理的一体化管理信息系统，是建立企业法律、合规、内部控制、风险管理协同运作机制的重要组成部分。

（5）企业管理信息化的程度不一。可以统一规划、分阶段实施。建立合规管理初期体系，管理信息化程度较低的企业，宜在法律合规知识管理、法律合规审查等方面先行实现信息化管理。

7. 监督问责

评价点		是否适用	自评结果	评价意见	备考文件	权重	得分	合规缺陷	整改建议
序号	内容								
7.1	接受国资委监督问责								
7.1.1	中央企业、地方国有企业违反合规管理办法、指引的规定，因合规管理不到位引发违规行为的，接受国资委约谈								
7.1.2	中央企业、地方国有企业违反合规管理办法、指引的规定，因合规管理不到位引发违规行为的，接受国资委约谈								
7.1.3	中央企业、地方国有企业违反合规管理办法、指引的规定，因合规管理不到位引发违规行为，造成损失或者不良影响的，接受国资委根据相关规定开展责任追究								
7.1.4	中央企业、地方国有企业违反合规管理办法、指引的规定，因合规管理不到位引发违规行为，造成损失或者不良影响的，接受国资委根据相关规定开展责任追究								
7.2	中央企业、地方国有企业对违规管理中的渎职行为开展责任追究								

续表

评价点		是否适用	自评结果	评价意见	备考文件	权重	得分	合规缺陷	整改建议
序号	内容								
7.2.1	中央企业、地方国有企业对在履职过程中因故意或者重大过失应当发现而未发现违规问题，给企业造成损失或者不良影响的单位和人开展责任追究								
7.2.2	中央企业、地方国有企业对发现违规问题存在失职渎职行为，给企业造成损失或者不良影响的单位和人开展责任追究								

【监督问责】评价方法：个别访谈、质询解答、文件审查、抽样检查、实地考察等。

【监督问责】补充知识要点：

（1）相比《中央企业合规管理指引（试行）》，国务院国资委在《中央企业合规管理办法》中增加并单设第七章，对监督问责作出专章规定，使之与合规管理的组织、制度、运行机制、合规文化等共同构成合规管理的六大模块，彰显监督问责在中央企业、地方国有企业合规管理体系建设中的重要性。

（2）按照国务院国资委《中央企业合规管理办法》第七章的规定，监督问责包括两个层面。一是国资委作为监管机构，对中央企业、地方国有企业合规管理不到位引发违规行为的进行监督、约谈、责成整改和开展责任追究。二是中央企业、地方国有企业对在履职过程中因故意或者重大过失应当发现而未发现违规问题，或者发现违规问题存在失职渎职行为，给企业造成损失或者不良影响的单位和人开展责任追究。

（3）合规管理运行机制中也包括违规整改。但是，按照国务院国资委

《中央企业合规管理办法》第二十三条的规定，建立违规问题整改机制，是中央企业、地方国有企业堵塞管理漏洞、提升依法合规经营管理水平的途径之一，是中央企业自我整改并提升合规管理水平。

合规管理运行机制中也包括违规追责。但是，按照国务院国资委《中央企业合规管理办法》第二十五条的规定，完善对违规行为的追责问责机制，旨在针对问题和线索开展调查并按照有关规定严肃追究违规人员责任。

而国务院国资委《中央企业合规管理办法》第七章规定的监督问责，是监管机构（国资委）对企业合规管理不到位引发违规行为的监督和追责，以及企业对违规管理中存在故意、重大过失或失职渎职行为时开展责任追究。

8. 合规管理资源

评价点		是否适用	自评结果	评价意见	备考文件	权重	得分	合规缺陷	整改建议
序号	内容								
8.1	机构：设立合规委员会、首席合规官、合规管理部门，明确合规管理职责，保障有效履职								
8.2	人员： （1）合规管理部门配备与经营规模、业务范围、风险水平相适应的专职合规管理人员，加强业务培训，提升专业化水平 （2）业务及职能部门设置合规管理员，由业务骨干担任，接受合规管理部门业务指导和培训								
8.3	经费：合规管理所需费用纳入预算，专款专用								

续表

评价点		是否适用	自评结果	评价意见	备考文件	权重	得分	合规缺陷	整改建议
序号	内容								
8.4	技术： （1）IT 部门等提供管理信息化支持 （2）必要时，聘请第三方机构提供专业支持								

【合规管理资源】评价方法：个别访谈、质询解答、文件审查、抽样检查、实地考察等。

【合规管理资源】补充知识要点：

（1）合规管理资源的规定，源自国务院国资委《中央企业合规管理办法》在总则（第六条）的规定："中央企业应当在机构、人员、经费、技术等方面为合规管理工作提供必要条件，保障相关工作有序开展。"

（2）合规管理资源，涉及合规管理的机构、人员、经费和技术等，分属于合规管理组织、合规管理保障、合规管理信息系统建设等模块。因此，国务院国资委《中央企业合规管理办法》把它单独放在总则（第六条）之中。笔者认为，它可以作为合规管理体系的一个主要管理模块来定位。

（3）合规管理资源保障，是建立企业合规管理体系及其有效落地运行的基本前提和保障。

9. 重点领域合规管理

评价点		是否适用	自评结果	评价意见	备考文件	权重	得分	合规缺陷	整改建议
序号	内容								
9.1	识别合规管理重点领域，并在内外部环境发生变化（尤其是业务条线、市场领域发生变化，开展并购重组等情况）时，进行合规管理重点领域再评价								
9.2	开展重点领域合规风险管理								
9.2.1	识别重点领域合规义务								
9.2.2	开展重点领域合规风险评估，建立分等级合规风险清单								
9.2.3	制定并实施合规风险应对策略，制定重大、中等合规风险应对整改计划，有效执行并验收								
9.2.4	建立合规风险监测预警机制								
9.2.5	制定重点领域专项合规指引								
9.2.6	对重点领域业务部门、职能部门职责及员工岗位职责进行合规审查、修改，增补合规管理职责要求与合规风险管控节点								
9.2.7	对重点领域业务部门、职能部门业务制度流程进行合规审查、修改，增补合规要求与合规风险管控节点								
9.3	其他部门领域按上述要求开展合规风险管理								

【重点领域合规管理】评价方法：问卷调查、个别访谈、文件审查、质询解答、实地考察、抽样检查、功能演示、穿行测试。

【重点领域合规管理】评价补充知识要点：

（1）识别合规管理重点领域

①合规管理重点领域，一般具备下列特点之一：

——是企业的主要业务领域；

——是行政强监管领域；

——是合规风险比较集中、突出或者合规风险事件发生较多的领域；

——是新的法律法规陆续出台的领域；

——是企业领导关注的领域。

以上特点发生变化，可能导致合规管理重点领域清单发生变化。

②公司内外部环境变化，可能导致产生新的合规管理重点领域，例如：

——企业进入新的业务领域；

——企业进入新的市场领域（如进入海外市场等）；

——企业投资并入新的企业，等等。

（2）重点领域专项合规管理

①企业每个部门领域（如财务、劳动人事、生产、销售等）适用的外法内规存在诸多区别，所应遵守的合规义务以及相应的合规风险也存在诸多区别。因此，合规风险评估，难以使企业各部门齐头并进、不分主次来开展，宜按部门领域或者法律部门领域逐个地、分阶段地进行。

②重点领域专项合规管理的目的包括：

——识别重点领域高、中等级风险，并进行重点防控；

——通过对重点领域相关部门职责及其员工岗位职责进行合规审查，增补合规管理职责；对重点领域业务制度流程进行合规审查，增补合规管理要求及合规风险管控节点，将合规管理融入重点领域部门管理职责及重点领域部门业务流程，实现合规管理的有效落地。

（3）其他部门开展专项合规管理

在中央企业与地方国有企业，按照合规管理的全面性原则，需要将合规要求覆盖各部门领域、各分支机构和各级子公司。因此，完成重点领域专项合规管理后，须继续对其他部门领域开展专项合规管理。

10. 子公司合规管理

评价点		是否适用	自评结果	评价意见	备考文件	权重	得分	合规缺陷	整改建议
序号	内容								
10.1	制定并实施集团合规管理体系建设总体规划和完成时间要求，推动各级子公司在规定时间内完成合规管理体系建设并有效落地运行								
10.2	全资、控股子公司								
10.2.1	按计划推动各级全资子公司、控股子公司建立合规管理体系，开展合规管理。子公司合规负责人向本公司与上级单位合规管理部门双线汇报，接受他们共同合规考核								
10.2.2	对各子公司合规管理体系建设进行指导、监督、检查，定期进行合规管理评价								
10.2.3	将合规考核纳入对各子公司经营业绩、各子公司领导人年度绩效考核								
10.2.4	将合规检查纳入对子公司的巡视巡察内容								
10.3	对于非控股子公司，通过非控股子公司的治理机构，宣传合规，推动批准建立合规管理体系议案，推动非控股子公司建立合规管理体系，开展合规管理								

【子公司合规管理】评价方法：问卷调查、听取汇报、个别访谈、质询解答、文件审查、实地考察、抽样检查、合规管理评价。

【子公司合规管理】评价补充知识要点：

（1）合规管理体系建设总体规划

①国务院国资委于 2021 年 10 月 17 日发布《关于进一步深化法治央企建设的意见》，要求中央企业集团在 2025 年完成全面合规管理体系建设。

国际标准 ISO 37301：2021《合规管理体系 要求及使用指南》第 A.4.3 条第 2 款也规定，对于企业集团而言，应在整个组织建立合规管理体系，以避免道德行为及合规的双重标准。

企业集团子公司较少的话，可以与集团总部同步推动合规管理体系建设。但是，如果子公司数量和 / 或层级较多的话，企业集团宜制定建立合规管理体系的总体规划，自上而下、步步为营、稳步推进。

②企业集团的每个子公司，可能因其所处内外部环境、业务条线、企业规模等，其合规管理体系的范围、合规管理重点领域等可能存在诸多差别。

（2）控股子公司建设合规管理体系

①对于控股子公司，企业集团应推动按集团总部要求建立合规管理体系。

②欧美跨国企业集团往往在集团及各层级子公司（尤其是境外合并报表的子公司）的财务、法务、合规、内控、风险管理、审计等领域实行穿透式管理，取得了较好的集团管控效果。欧美跨国企业集团对各级子公司（尤其是海外子公司）进行集团管控的成熟经验，值得我国企业集团在加强对各级子公司（尤其是海外子公司）的管控方面对标学习。

我国一些中央企业和地方国有企业也在尝试在法务、合规、内控、风险管理、审计、纪检监察等领域实行穿透式管理。这是一个好的开端。

（3）非控股子公司建设合规管理体系

企业集团不能直接推动非控股子公司建设合规管理体系。但是，企业集团可以通过以下方式予以推动：

①通过非控股子公司的股东大会、董事会、监事会、经理层等治理机构，开展合规宣传，提出建立合规管理体系议案；

②如果非控股子公司是企业集团的商业伙伴，从商业伙伴合规管理角度，推动非控股子公司建立合规管理体系；

③如果企业集团对非控股子公司拥有股东审计权，可以通过揭示非控股子公司的合规缺陷，推动非控股子公司建立合规管理体系；

④欧美跨国企业集团在中国设立合资企业时，大多坚持在合资合同里设置一个合规管理条款，要求合资企业建立合规管理体系以及合资各方及其委派的董事、监事、高管等给予支持等。这一点，也值得我国企业集团学习。

第八节　合规管理缺陷及其整改

合规管理评价的直接目的是，全面、客观揭示合规管理存在的问题和缺陷，对缺陷产生的原因进行研究分析，提出纠正缺陷的整改措施，持续改进合规管理体系。

按照巴塞尔银行监管委员会《合规与银行内部合规部门》第三十九条规定，合规部门应该评估银行各项合规程序和指引的适用性，深入调查已识别的缺陷，如有必要，系统地提出修改建议。

按照我国原银监会《商业银行合规风险管理指引》第十条的规定，商业银行董事长的合规管理职责包括对商业银行管理合规风险的有效性作出评价，以使合规缺陷得到及时有效的解决。

中国证券业协会《证券公司合规管理有效性评估指引》(2021年修订)第三条规定:“证券公司开展合规管理有效性评估,应当以合规风险为导向,覆盖合规管理各环节,重点关注可能存在合规管理缺失、遗漏或薄弱的环节,全面、客观地反映合规管理存在的问题,充分揭示合规风险。”

国务院国资委《中央企业合规管理办法》第二十七条要求中央企业定期开展合规管理体系有效性评价,针对重点业务合规管理情况适时开展专项评价,强化评价结果运用。

我国发改委等七部委《企业境外经营合规管理指引》第十一条第三款要求合规管理部门实施充分且具有代表性的合规风险评估和测试,查找规章制度和业务流程存在的缺陷,并进行相应的调查。对已发生的合规风险或合规测试发现的合规缺陷,应提出整改意见并监督有关部门进行整改。第十七条规定,合规管理部门应当定期向决策层和高级管理层汇报合规管理情况。汇报内容应包括已识别的合规漏洞或缺陷、建议采取的纠正措施等。

一、合规管理缺陷的定义和分类

美国COSO(美国全国虚假财务报告委员会下属的发起人委员会——The Committee of Sponsoring Organizations of The National Commission of Fraudulent Financial Reporting)将内部控制缺陷定义为“那些被觉察到的潜在或已实际发生的缺点,可以通过强化内部控制措施帮助组织实现目标”。

按照《中国注册会计师审计准则第1152号—向治理层和管理层通报内部控制缺陷》(2010年11月1日修订)第五条,内部控制缺陷是指在下列任一情况下内部控制存在的缺陷:(1)某项控制的设计、执行或运行不能及时防止或发现并纠正财务报表错报;(2)缺少用以及时防止或发现并纠正财务报表错报的必要控制。

按照我国财政部等五部委《企业内部控制评价指引》第十六条，从缺陷的成因划分，内部控制缺陷包括设计缺陷和运行缺陷。该指引没有对设计缺陷和运行缺陷进行定义，但一般认为，内部控制的设计缺陷是指企业缺少为实现控制目标的必须控制，或现存的控制并不合理及未能满足控制目标；内部控制的运行缺陷是指虽然有设计合理及有效的内部控制，但在运作上没有被正确地执行。

按照我国财政部等五部委《企业内部控制评价指引》第十七条的规定，按其影响程度划分，内部控制缺陷可以划分为重大缺陷、重要缺陷和一般缺陷。

如前文所述，合规管理是内部控制的组成部分，合规管理评价也可以纳入企业内部控制评价，因此，有关企业内部控制缺陷的相关规定也应当被合规管理评价所借鉴。

（一）合规管理缺陷的定义

从内部控制缺陷的定义和分类来看，合规管理缺陷可以定义为企业缺少适当充分的合规管理体系，或者虽然有适当充分的合规管理体系，但没有有效运行，从而不能实现合规管理的目标。

（二）合规管理缺陷的分类

1. 设计缺陷和运行缺陷

参考美国司法部刑事处《公司合规管理评价指引》，美国检察官在评价一家公司的合规管理方案时，应提出三个方面的基本问题：（1）公司合规管理方案是否设计合理？（2）公司合规管理方案是否有效实施？（3）公司合规管理方案是否实际运行？从反方向进行梳理，实际就是两个问题：（1）公司合规管理方案是否存在设计缺陷？（2）公司合规管理方案是否实际有效运行？因此，从合规管理缺陷产生的成因划分，应包括合规管理体系的设计缺陷和运行缺陷。

合规管理的设计缺陷，是指企业缺少为实现合规管理目标所必需的合规管理体系，或者现有的合规管理体系不适当、不充分，未能帮助企业实现合规管理目标。

合规管理的运行缺陷是指，企业虽然有设计良好的合规管理体系，但是其全部或者部分没有得到有效实施或运行。

2. 重大缺陷、重要缺陷和一般缺陷

借鉴内部控制缺陷的分类，按其影响程度，合规管理缺陷可以划分为重大缺陷、重要缺陷和一般缺陷。

重大缺陷是指一个或多个合规管理缺陷的组合，可能导致企业严重偏离合规管理目标。

重要缺陷是指一个或多个合规管理缺陷的组合，其严重程度和经济后果低于重大缺陷，但仍有可能导致企业偏离合规管理目标。

一般缺陷，指除重大缺陷、重要缺陷之外的其他缺陷。

二、合规管理缺陷的识别

（一）按不同合规管理领域识别合规管理缺陷

国务院国资委《中央企业合规管理办法》及我国各省、自治区、直辖市国资委的有关合规管理指引，将合规管理体系架构分为合规管理组织、合规管理制度、合规管理运行机制、合规文化、合规管理信息化与监督问责等六个领域，并对六个领域的合规管理提出了指引。中央企业和地方国有企业可以基于这四个领域的合规管理指引，对合规管理缺陷进行识别。本章第七节主要基于这四个领域提出了合规管理有效性评价的评价表单，其中包括了对合规缺陷的识别。

国际标准 ISO 37301：2021《合规管理体系 要求及使用指南》从七个方面提出了合规管理指南。适用该标准建立合规管理体系或者提请合规管理体系认证的企业，可以基于这七个方面对合规管理缺陷进行识别。这七个方面包括：（1）组织环境（了解组织内外部环境、了解利益相关方的需求和期望、确定合规管理体系的范围、合规管理体系、合规义务、合规风险评估）；（2）领导者（领导的合规承诺、合规文化、合规政策、合规管理组织及其合规管理职责）；（3）计划（应对风险和机会的行动、合规目标及实现合规目标的计划、有计划地调整合规管理体系）；（4）支持（合规管理资源、合规管理能力、合规意识、沟通、合规记录与合规档案）；（5）运行（运行计划与控制、实施控制、违规举报和调查）；（6）绩效评价（监测、评价、分析和评价，内部审计，管理评审）；（7）持续改进（持续改进、违规整改）。

（二）按合规管理体系的适用性、充分性和有效性识别合规管理缺陷

本章第五节、第六节、第七节对合规管理体系适用性、充分性和有效性的评价作了阐述，提出了评价表单，其中包括对合规缺陷的识别。

（三）按不同部门领域识别合规管理缺陷

按照我国财政部等五部委《企业内部控制评价指引》第四章，企业对内部控制缺陷的认定，应当以日常监督和专项监督为基础，结合年度内部控制评价来进行。

梳理总结有关合规管理体系建设的标准和指引的规定，合规管理缺陷的识别途径包括：

1. 合规监督：行政监管部门、治理机构、合规委员会和利益相关方在对企业合规管理的监督中，提出企业合规管理的缺陷。

2. 合规检查：合规管理部门在合规检查中发现合规管理缺陷。

3. 合规审查：合规管理部门在对重要决策、规章制度、经济合规进行合规审查时，发现合规管理缺陷。

4. 合规管理评价：企业开展合规管理评价，其重要步骤、内容和目的之一就是识别合规管理缺陷。

5. 内部控制评价与合规审计：企业审计部门开展内部控制评价与合规审计，其重要步骤、内容和目的之一就是识别内部控制缺陷，包括合规管理缺陷。

6. 纪检监察：中央企业和地方国有企业纪检监察部门在处理违规事件时，发现合规管理缺陷。

7. 巡视巡察：中央企业和地方国有企业在开展巡视巡察时，发现合规管理缺陷。

8. 违规举报和调查：员工和第三方的违规举报以及企业进行违规调查时，发现合规管理缺陷。

三、合规管理缺陷的认定

（一）合规管理缺陷认定标准

按照我国财政部等五部委《企业内部控制评价指引》第十七条，内部控制评价工作组应当根据现场测试获取的证据，对内部控制缺陷进行初步认定，并按其影响程度分为重大缺陷、重要缺陷和一般缺陷，具体认定标准由企业根据上述要求自行确定。

因此，企业在制定合规管理评价的具体指引时，应确定合规管理缺陷的认定标准，作为合规管理重大缺陷、重要缺陷和一般缺陷的认定依据。

（二）合规管理缺陷认定程序

按照我国财政部等五部委《企业内部控制评价指引》第十九条，企业内部控制评价部门应当编制内部控制缺陷认定汇总表，结合日常监督和专项监督发现的内部控制缺陷及其持续改进情况，对内部控制缺陷及其成因、表现形式和影响程度进行综合分析和全面复核，提出认定意见，并以适当的形式向董事会、监事会或者经理层报告。重大缺陷应当由董事会予以最终认定。

据此，企业合规管理缺陷的认定程序梳理总结如下：

1. 企业合规管理部门通过合规管理缺陷识别的各种渠道，收集合规管理缺陷信息。

2. 企业合规管理部门对合规管理缺陷及其成因、表现形式和影响程度进行综合分析和全面复核，提出初步认定意见，编制合规管理缺陷认定汇总表，呈报企业合规管理负责人及合规管理委员会。

3. 重大合规管理缺陷、重要合规管理缺陷由合规管理委员会最终认定，一般合规管理缺陷由合规管理负责人最终认定。

四、合规管理缺陷的整改和追责

按照我国财政部等五部委《企业内部控制评价指引》第十九条，企业对于认定的重大缺陷，应当及时采取应对策略，切实将风险控制在可承受度之内，并追究有关部门或相关人员的责任。《企业内部控制评价指引》第五章进一步规定，内部控制评价工作组完成内部控制评价后，应提交内部控制评价报告，对内部控制缺陷认定及拟采取的整改措施等进行披露。

（一）合规管理缺陷整改

就合规管理评价而言，负责企业合规管理评价的部门完成合规管理评价后，应提出合规管理评价报告，披露识别的合规管理缺陷，提出合规管理缺陷的应对整改措施建议。

对于认定的合规管理缺陷，企业合规管理部门应制定合规管理缺陷整改计划，按合规管理缺陷发生的领域和环节以及合规管理的职责权限，落实整改责任部门，并对合规管理缺陷的整改进行检查监督和验收。合规管理缺陷整改完成验收后，企业合规管理部门应责成整改责任部门提交合规管理缺陷整改报告，经复核同意后，呈报合规管理负责人与合规管理委员会。

合规管理缺陷整改的责任部门应制作合规管理缺陷整改记录，作为重要的合规管理档案妥善存放备查。

（二）合规管理缺陷追责

对于合规管理重大缺陷和重要缺陷负有责任的有关部门或相关人员，企业合规管理部门应提出违规追责建议，报合规管理委员会或其他相关机构批准后执行。

第五章　企业合规审计

企业合规审计属于企业内部控制审计范畴。

按照我国财政部等五部委 2010 年 4 月 15 日发布实施的《企业内部控制审计指引》第二条，内部控制审计是指会计师事务所接受委托，对特定基准日内部控制设计与运行的有效性进行审计。

根据中国内部审计协会第 2201 号《内部审计具体准则——内部控制审计》（2019 版）第二条规定，内部控制审计是指内部审计机构对组织内部控制设计和运行的有效性进行的审查和评价活动。

因此，企业合规审计是企业内部审计部门和 / 或其委托的外部审计机构对企业合规管理体系设计和运行的有效性进行的审计。

第一节　概述

一、合规审计是企业合规管理体系的基本构成要素

企业合规审计是企业合规管理体系的重要的、基本的构成要素，有关企业合规管理的国际组织文件、国际标准以及我国有关国家标准、指引和办法

对此进行了规定。列表如下：

巴塞尔银行监管委员会《合规与银行内部合规部门》引言9	合规部门的职责应予以明确规定，合规部门的工作应受到内部审计部门定期和独立的复查。该文件原则8对合规管理与内部审计的关系作了规定，要求合规部门与审计部门分离，以确保合规部门的各项工作受到独立的复查
原银监会《商业银行合规风险管理指引》第二十二条	商业银行内部审计部门应负责商业银行各项经营活动的合规性审计。内部审计方案应包括合规管理职能适当性和有效性的审计评价
原保监会《保险公司合规管理办法》第二十三条	将合规审计作为企业合规风险的第三道防线，要求保险公司内部审计部门履行合规管理的第三道防线职责，定期对公司的合规管理情况进行独立审计
国务院国资委《中央企业合规管理办法》第十五条	将企业内部审计部门确定为企业合规组织之一，要求纪检监察机构和审计、巡视巡察、监督追责等部门依据有关规定，在职权范围内对合规要求落实情况进行监督，对违规行为进行调查，按照规定开展责任追究。
发改委等七部委《企业境外经营合规管理指引》第二十六条	企业审计部门应对企业合规管理的执行情况、合规管理体系的适当性和有效性等进行独立审计。企业应根据合规审计和体系评价情况，进入合规风险再识别和合规制度再制定的持续改进阶段，保障合规管理体系全环节的稳健运行

国际标准 ISO 37301：2021《合规管理体系 要求及使用指南》第 9.2 条对 Internal Audit 做了专门规定。

我国国家标准化委员会在将国际标准化组织的有关国际标准转化为我国国家标准时，统一将“internal audit”翻译确定为内部审核。例如，国际标准

ISO 9001：2008 暨我国国家标准 GB/T19001　2008《质量管理体系要求》第 7.1.2 条就规定：

“8.2.2 内部审核

组织应按策划的时间间隔进行内部审核，以确定质量管理体系是否：

a）符合策划的安排（见 7.1）、本标准的要求以及组织所确定的质量管理体系的要求；

b）得到有效实施与保持。

组织应策划审核方案，策划时应考虑拟审核的过程和区域的状况和重要性以及以往审核的结果。应规定审核的准则、范围、频次和方法。审核员的选择和审核的实施应确保审核过程的客观性和公正性。审核员不应审核自己的工作。

应编制形成文件的程序，以规定审核的策划、实施、形成记录以及报告结果的职责和要求。

应保持审核及其结果的记录（见 4.2.4）

负责受审核区域的管理者应确保及时采取必要的纠正和纠正措施，以消除所发现的不合格及其原因。后续活动应包括对所采取措施的验证和验证结果的报告（见 8.5.2）。"

我们认为，"internal audit" 作 "合规审计" 来翻译和解释更为准确。主要原因有四：

1. 百度翻译及《英汉经济贸易词典》（2002 年 5 月第 1 版）第 547 页，"Internal audit" 都被直接且唯一地翻译为 "内部审计"。

2. 在企业经营管理实践中，"internal audit" 通常被理解和运用为 "内部审计"。

3. 国际标准 ISO 37301：2021《合规管理体系 要求及使用指南》第 9 条对绩效评价（performance evaluation）做了规定，包括：

（1）第 9.1 条监视、测量、分析和评价（monitoring，measurement，analysis and evaluation），用以监视合规管理体系，评价合规绩效与合规管理体系的有效性。

（2）第 9.2 条 internal audit：组织应按计划的时间间隔进行 internal audits，以确定合规管理体系是否：

a）符合组织自身对合规管理体系的要求和本标准的规定；

b）得到有效实施与维护。

（3）第 9.3 条管理评审（management review）：治理机构和最高管理层应按计划的时间间隔对组织的合规管理体系进行评价，以确保其持续的适用性、充分性和有效性。

从组织职责上分析，第 9.3 条对管理评审的组织者及内容都有清楚的规定。但是，该标准并未规定具体由组织的哪一部门来分别履行第 9.1 条和第 9.2 条所述职责。而且，从内容上分析，第 9.1 条和第 9.2 条接近且部分重复，都对合规管理体系的有效性审核进行了规定。因此，如果第 9.2 条所述“internal audit”不是合规审计的话，势必由另外两个不同部门来负责重复的合规管理体系有效性审核，这就徒增管理环节和管理成本。

4. 如上所述，有关企业合规管理的国际组织文件、国际标准以及我国有关国家标准、指引和办法对合规审计都做了规定。国际标准 ISO 37301：2021《合规管理体系 要求及使用指南》第 9.2 条所述“internal audit”作“合规审计”翻译和解读，更能与这些国际组织文件、国际标准以及我国有关国家标准、指引和办法相一致。

因此，就企业合规管理体系建设而言，从职责安排及内容两方面来看，第 9.2 条所述“internal audit”以翻译为“合规审计”为宜。即使不作“合规审计”翻译，而作“内部审核”翻译，也以企业内部审计部门来履行为宜，以避免管理环节和内容的重复。

二、企业合规审计与合规管理

（一）分属两个独立部门的职责

合规管理与内部审计属于两个独立部门的职责。

1. 分属合规风险的两道防线

企业合规管理与内部审计分属企业合规风险的第二道防线与第三道防

线，共同为企业合规风险的防控发挥作用。

2. 分属两个不同部门的职责

合规管理负责合规管理体系的建设、运行和保障，是企业内部控制的核心组成部分，由企业合规管理部门负责。合规审计属于企业内部审计的重要组成部分，由企业内部审计部门负责。两者属于不同部门之职责。

3. 两者相互独立

巴塞尔银行监管委员会《合规与银行内部合规部门》原则 8、我国原银监会《商业银行合规风险管理指引》第二十二条、发改委等七部委《企业境外经营合规管理指引》第二十六条，都要求合规部门应与审计部门分离，以确保合规部门的各项工作受到独立的复查。

我国原保监会《保险公司合规管理办法》将合规管理与合规审计分属合规风险防范的第二道防线和第三道防线加以规定。

国务院国资委《中央企业合规管理办法》第十五条将企业内部审计部门确定为合规管理监督部门，要求纪检监察机构和审计、巡视巡察、监督追责等部门依据有关规定，在职权范围内对合规要求落实情况进行监督，对违规行为进行调查，按照规定开展责任追究。

（二）合规管理是合规审计的对象

有关企业合规管理的国际组织文件、国际标准以及我国有关国家标准、指引和办法都确定了合规管理是合规审计的对象和范围。

按照巴塞尔银行监管委员会《合规与银行内部合规部门》原则 8 的规定，合规部门应与审计部门分离，以确保合规部门的各项工作受到独立的审查。

按照我国原银监会《商业银行合规风险管理指引》第二十二条的规定，合规管理职能的履行情况应受到内部审计部门定期的独立评价。内部审计方案应包括合规管理职能适当性和有效性的审计评价，内部审计的风险评估方法应包括对合规风险的评估。

按照我国发改委等七部委《企业境外经营合规管理指引》第二十六条的规定，企业审计部门应对企业合规管理的执行情况、合规管理体系的适当性和有效性等进行独立审计。

（三）企业审计规章制度是合规审查的对象

合规审查是企业合规管理运行机制的构成要素之一。国务院国资委《中央企业合规管理办法》第十四条规定，中央企业合规管理部门的合规管理职责包括对规章制度、经济合同、重大决策的合规审查。我国各省、自治区、直辖市国资委的有关合规管理指引都有类似规定。

因此，合规审查包括对企业规章制度（含企业审计规章制度和流程）的审查。企业审计规章制度流程是合规审查的对象。

（四）合规管理与内部审计的协作联动

协同性原则是企业合规管理的基本原则之一，这同样反映在合规管理与内部审计方面。

1. 统筹衔接

国务院国资委《中央企业合规管理办法》第二十二条要求中央企业发生重大合规风险时，由首席合规官牵头，合规管理部门统筹协调，相关部门协同配合，及时采取措施妥善应对。

我国发改委等七部委《企业境外经营合规管理指引》第十二条对合规管理协调做了专门规定，第二款要求合规管理部门与其他监督部门分工协作，与其他具有合规管理职能的监督部门（如审计部门、监察部门等）应建立明确的合作和信息交流机制，加强协调配合，形成管理合力。

2. 信息沟通

有关合规管理的国际组织标准、指南以及我国国家标准、办法和指引都要求，合规管理部门应与审计部门相互沟通信息：

（1）审计部门应该将与合规有关的任何审计情况和调查结果通报合规管理部门。合规审计结果，是企业合规风险识别和评估的重要信息来源，也是揭示企业合规管理缺陷和持续改进的重要信息来源。

（2）合规管理部门也可以根据合规风险的监测情况主动向内部审计部门提出开展审计工作的建议。

3. 联席会议

多个地方国资委合规管理指引都要求建立合规联席会议机制，通过定期会议等形式研究、指导、协调、部署合规管理各项工作。合规联席会议是合规管理与合规审计协同联动的重要形式和平台。

三、企业合规审计与合规管理评价

（一）自我评价与外部监督

企业合规管理评价是企业合规组织（主要是企业治理机构和企业合规管理部门）对企业合规管理体系的适当性、有效性和充分性进行自我评价。合规审计是对企业合规管理体系运行的适当性和有效性进行的内部审计。在企业内部，就合规管理与合规管理组织而言，合规审计是来自外部的审查和监督，而合规管理评价是合规管理组织内部自我监督、纠错与持续改进的制度。

（二）合规管理评价可以纳入内部控制评价

国务院国资委 2019 年 10 月 19 日《关于加强中央企业内部控制体系建

设与监督工作的实施意见》第四款（健全监督评价体系）明确要求，统筹推进内控、风险和合规管理的监督评价工作，将风险、合规管理、制度建设及实施情况纳入内控体系监督评价范畴。

中国证券业协会《证券公司合规管理有效性评估指引》第二条第二款也规定："证券公司将合规管理有效性评估纳入内部控制评价的，其合规管理有效性评估工作应当符合本指引的要求，并单独出具合规管理有效性评估报告。"

因此，合规管理评价还可以纳入企业内部控制评价一同开展。而企业内部控制评价一般由企业内部审计来实施。

（三）相辅相成

合规管理评价一般先于合规审计，并为合规审计奠定基础、提供合规管理的基础信息。

合规审计发现的合规管理缺陷、提出的合规整改措施建议，是企业识别合规风险、持续改进的重要信息源，也是后续合规管理评价的重要关注内容。

（四）工作程序、方法和内容趋同

企业合规管理评价与合规审计除了分属不同部门职责外，两者在工作程序、方法、内容等方面都趋于一致。

第二节　合规审计依据

企业合规审计所依据的规范性文件，受企业的所有制性质及所处行业的影响。不同所有制、不同行业的企业，其合规审计适用的法律法规及其他规范性文件不尽相同。

从企业合规审计所依据的规范性文件的内容不同，可分为实体法依据和程序法依据。其中，合规审计的实体法依据主要规定合规管理体系的实体性内容，包括合规管理组织、合规管理制度、合规管理运行机制、合规管理信息化、合规文化、监督问责、合规管理资源、重点领域合规管理、子公司合规管理等。合规审计的程序法依据，主要规定合规审计的目的、范围、组织、程序、方法和结果处置等。

一、合规审计的实体法依据

合规审计的实体法依据与合规管理评价的实体法依据相同。前文第四章第二节对我国中央企业、地方国有企业、民营企业和外商投资企业合规管理评价的实体法依据做了详细分析介绍，在此不再赘述。

二、合规审计的程序法依据

（一）审计署《关于内部审计工作的规定》

我国审计署于 2018 年 3 月 1 日修订的《关于内部审计工作的规定》，对属于审计机关审计监督对象的单位的内部审计工作作出了规定。

按照该规定，内部审计是指对本单位及所属单位财政财务收支、经济活动、内部控制、风险管理实施独立、客观的监督、评价和建议，以促进单位完善治理、实现目标的活动。国有企业内部审计机构应当在企业党组织、董事会（或者主要负责人）直接领导下开展内部审计工作，向其负责并报告工作。内部审计的实施程序，应当依照内部审计职业规范和本单位的相关规定执行。

就企业内部合规审计而言，该规定主要适用于国有企业和金融机构（第二条），其他企业则可以参考适用。

（二）中央企业内部审计管理暂行办法

2004年4月23日，国务院国资委发布《中央企业内部审计管理暂行办法》。其规定的内部审计内容包括对中央企业及其子企业内部控制系统的健全性、合理性和有效性进行检查、评价和意见反馈，对企业有关业务的经营风险进行评估和意见反馈。

（三）地方政府有关企业内部审计规定

我国各省、自治区、直辖市人民政府及其委、办、局制定了适用于当地国有企业和金融机构的内部审计规定，如《上海市企业内部审计制度规定》《上海市国有企业内部审计管理暂行办法》《北京市内部审计规定》《北京市内部审计工作实施办法》《广东省内部审计工作规定》《广东省省属企业内部审计工作规定》《江苏省内部审计工作规定》《浙江省内部审计工作规定》《辽宁省内部审计工作规定》等。

（四）企业内部控制审计指引

我国财政部等五部委于2010年4月15日发布实施《企业内部控制审计指引》。按照第二条的规定，内部控制审计是指会计师事务所接受委托，对特定基准日内部控制设计与运行的有效性进行审计。

因此,《企业内部控制审计指引》适用于对所有企业的外部审计。

（五）中国内部审计协会《中国内部审计准则》

中国内部审计协会于2003年4月12日发布《中国内部审计准则》，并于之后不断完善修订。在本书中使用的是2019年6月1日发布的2019版。

1.《第1101号—内部审计基本准则》，是内部审计准则的总纲，是内部审计机构和人员进行内部审计时应当遵循的基本规范，是制定内部审计具体准则、内部审计实务指南的基本依据。

2.《第1201号—内部审计人员职业道德规范》规定了内部审计人员在开展内部审计过程中应当具有的职业品德、应当遵守的职业纪律和应当承担的责任。

3. 第2101号至第2309号—内部审计具体准则，是内部审计机构和人员在进行内部审计时应当遵循的具体规范。

适用于企业内部合规审计的内部审计具体准则包括《第2201号内部审计具体准则—内部控制审计》以及第2101号至第2109号内部审计具体准则，分别为审计计划、审计通知书、审计证据、审计工作底稿、结果沟通、审计报告、后续审计、审计抽样和分析程序。

上述内部审计基本准则、内部审计具体准则是内部审计机构和人员进行内部审计的执业规范，内部审计机构和人员在进行内部审计时应当遵照执行。

（六）中国证券业协会《证券公司合规管理有效性评估指引》（2021年修订）

我国有关部委、国家标准化委员会并未就合规审计制定专门的程序性指引。但是，如前文第四章第三节所述，《证券公司合规管理有效性评估指引》（2021 年修订）系中国证券业协会为我国证券公司合规管理有效性评估专门制定的程序性指引。该指引虽然仅适用于对证券公司和证券投资基金管理公司的合规管理评估，但在缺乏专门的合规审计程序性规范指引的情况下，《证券公司合规管理有效性评估指引》（2021 年修订）不失为一个很好的可参照依据。

（七）中国中小企业协会团体标准《中小企业合规管理体系有效性评价》

中国中小企业协会于 2022 年 5 月 23 日发布的团体标准《中小企业合规管理体系有效性评价》，可以用作中小企业合规审计的重要参考依据。

（八）企业内部审计制度规定

企业根据适用的法律法规，自身制定的内部审计规定，如内部审计办法等，也是企业合规审计的重要和直接的依据。

关于企业合规审计的程序法依据，梳理总结如下：

序号	依据名称	发布部门	适用
1	《关于内部审计工作的规定》	审计署	国有企业和金融机构的内部审计
2	《中央企业内部审计管理暂行办法》	国务院国资委	中央企业
3	地方政府有关企业内部审计规定	地方政府	地方国有企业、金融机构
4	《企业内部控制审计指引》	财政部等五部委	所有企业的内部审计
5	《中国内部审计准则》	中国内部审计协会	所有企业的内部审计

续表

序号	依据名称	发布部门	适用
6	《证券公司合规管理有效性评估指引》	中国证券业协会	所有企业可参照适用
7	《中小企业合规管理体系有效性评价》	中国中小企业协会	中小企业
8	企业内部审计制度规定	本企业	本企业

第三节　内部审计具体准则—内部控制审计

适用于企业内部合规审计的程序法依据，内部审计具体准则《第2201号—内部控制审计》是与企业内部合规审计最为接近的一个内部审计准则，对企业内部合规审计具有重要和实际的指导意义。在此做简单介绍。

一、内部控制审计的定义（第二条）

内部控制审计，是指内部审计机构对组织内部控制设计和运行的有效性进行的审查和评价活动。

二、一般原则

内部控制审计应当遵循的原则包括：

（一）客观公正原则（第四条、第七条）

内部控制审计应当真实、客观地揭示经营管理的风险状况，如实反映内部控制设计和运行的情况，并出具客观、公正的审计报告。

（二）风险为导向原则（第五条）

内部控制审计应当以风险评估为基础，根据风险发生的可能性和对组织单个或者整体控制目标造成的影响程度，确定审计的范围和重点。

（三）全面覆盖、突出重点原则（第六条）

内部控制审计应当在对内部控制全面评价的基础上，关注重要业务单位、重大业务事项和高风险领域的内部控制。

三、内部控制审计的分类（第八条）

内部控制审计按其范围划分，分为全面内部控制审计和专项内部控制审计。全面内部控制审计，是针对组织所有业务活动的内部控制，包括内部环境、风险评估、控制活动、信息与沟通、内部监督五个要素所进行的全面审计。专项内部控制审计，是针对组织内部控制的某个要素、某项业务活动或者业务活动某些环节的内部控制所进行的审计。

四、内部控制审计的内容

内部审计机构可以参考《企业内部控制基本规范》及配套指引的相关规定，根据组织的实际情况和需要，通过审查内部环境、风险评估、控制活动、信息与沟通、内部监督等要素，对组织层面内部控制的设计与运行情况进行审查和评价。

（一）审计企业内部环境情况（第十条）

关注组织架构、发展战略、人力资源、组织文化、社会责任等内部环境情况。

（二）审计风险评估情况（第十一条）

对日常经营管理过程中的风险识别、风险分析、应对策略等进行审查和评价。

（三）审计控制活动情况（第十二条）

对相关控制活动的设计和运行情况进行审查和评价。

（四）审计信息与沟通情况（第十三条）

对信息收集处理和传递的及时性、反舞弊机制的健全性、财务报告的真实性、信息系统的安全性，以及利用信息系统实施内部控制的有效性进行审查和评价。

（五）审计内部监督情况（第十四条）

对内部监督机制的有效性进行审查和评价，重点关注监事会、审计委员会、内部审计机构等是否在内部控制设计和运行中有效发挥监督作用。

五、内部控制审计的具体程序（第十六条）

内部控制审计主要包括下列程序：

1. 编制项目审计方案；

2. 组成审计组；

3. 实施现场审查；

4. 认定控制缺陷；

5. 编制审计报告。

六、内部控制审计的方法（第十九条）

内部控制审计主要包括下列方法：

1. 访谈；

2. 问卷调查；

3. 专题讨论；

4. 穿行测试；

5. 实地查验；

6. 抽样；

7. 比较分析。

第四节　企业合规审计的原则、分类和方法

一、合规审计原则

我国《中央企业内部审计管理暂行办法》（国务院国资委 2004 年 8 月 30 日）第十四条和《中国内部审计准则》（2019 版）都规定了内部审计的独立

性原则、客观性原则、公正性以及全面覆盖突出重点原则。这些原则同样适用于合规审计。

（一）独立原则

独立性是合规审计的首要和最基本的原则，要求企业内部审计部门独立开展合规审计，不受其他部门或个人干预。有关企业合规管理的国际组织文件、国际标准以及我国有关国家标准、指引和办法，我国《中央企业内部审计管理暂行办法》（国务院国资委 2004 年 8 月 30 日）和《中国内部审计准则》都确认了合规审计的独立性原则。

（二）客观原则

《中国内部审计准则》（2019 版）《第 1201 号—内部审计人员职业道德规范》第四章对审计的客观性做了专章规定，同样适用于合规审计。

合规审计应当真实、客观地揭示合规风险状况，如实反映合规管理体系设计和运行的情况。

企业内部审计人员实施内部审计业务时，应当实事求是，不得由于评估偏见、利益冲突而影响职业判断。

企业内部审计人员实施内部审计业务，应当采取步骤对客观性进行评估，识别可能影响客观性的因素，并采取措施保障内部审计的客观性。

当内部审计人员的客观性受到严重影响，且无法采取适当措施降低影响时，应停止实施有关业务，并及时向董事会或者最高管理层报告。

（三）公正原则

企业合规审计的公正性原则要求：企业内部审计人员公正、不偏不倚地作出审计职业判断，出具客观、公正的审计报告，不得滥用职权、徇私舞弊、泄露秘密、玩忽职守。企业内部审计人员与审计事项有利害关系的，应当回避。这些规定同样适用于合规审计。

（四）全面覆盖，突出重点

合规审计应当在对审计对象全面审计的基础上，关注合规管理重点领域和重点环节的合规审计。

二、合规审计分类

（一）外部合规审计与内部合规审计

外部合规审计是指会计师事务所接受企业委托，对企业合规管理体系设计的适当性与运行的有效性进行审计。

内部合规审计是指企业内部审计部门对合规管理体系设计的适当性和运行的有效性进行审计。

（二）全面合规审计与专项合规审计

中国内部审计协会《第2201号内部审计具体准则—内部控制审计》（2019版）第八条将内部控制审计从范围上划分为全面内部控制审计和专项内部控制审计。同样，合规审计可以划分为全面合规审计与专项合规审计。

全面合规审计是针对企业全面合规管理体系的建立和运行的适当性和有效性进行全面审计。

专项合规审计是针对企业合规管理体系的某个构成要素、某一业务领域或者某一业务部门（包括合规管理部门）的合规管理所进行的审计。

（三）定期合规审计、临时合规审计和后续合规审计

按照合规审计的频率，可以划分为定期、临时和后续合规审计。

1. 定期合规审计

定期合规审计主要是指年度合规审计，由企业内部审计部门按照年度审计计划开展年度合规审计。

2. 临时合规审计

对某一突发合规风险事件，或者按照治理机构的指示，或者依照自我决定，企业内部审计部门可以进行临时合规审计。

3. 后续合规审计

中国内部审计协会《第 2107 号内部审计具体准则—后续审计》（2019 版）对后续审计做了专门规定，这同样适用于合规管理的后续审计。

后续审计是指内部审计机构为跟踪检查被审计单位针对审计中发现的问题所采取的纠正措施及其改进效果而进行的后续审查和评价活动。

三、合规审计方法

按照中国内部审计协会《第 2201 号内部审计具体准则—内部控制审计》（2019 版）、中国证券业协会《证券公司合规管理有效性评估指引》以及合规管理实践，合规审计方法包括：个别访谈、问卷调查、专题讨论、文件审查、质询解答、实地考察、专题讨论、抽样检查、功能演示、穿行测试等。合规审计方法的具体内容和运用，在第二章已做详细介绍，在此不再赘述。

第五节　企业合规审计的内容

按照中国内部审计协会内部审计具体准则《第 2201 号—内部控制审计》第二条（内部控制审计是指内部审计机构对组织内部控制设计和运行的有效性进行的审查和评价活动），内部控制审计的范围限于对企业内部控制设计和运行的有效性进行审查和评价。但是，我们认为，对于合规管理体系，合规审计内容还应包括对合规管理体系设计的适用性和充分性的审查和评价。

按照中国内部审计协会《第 2201 号内部审计具体准则—内部控制审计》（2019 版），企业合规审计从内容和范围上划分，可以分为全面合规审计和专项合规审计。

一、全面合规审计

全面合规审计的内容涵盖企业全面合规管理体系的设计适用性、充分性以及运行有效性的全面审计。

（一）按照内部控制要素，开展合规审计

中国内部审计协会《第 2201 号内部审计具体准则—内部控制审计》（2019 版）第九条的规定，就内部控制审计而言，内部审计机构可以参考《企业内部控制基本规范》及配套指引的相关规定，根据组织的实际情况和需要，通过审查内部环境、风险评估、控制活动、信息与沟通、内部监督等要素，对内部控制的设计与运行情况进行审查和评价。

企业合规管理是企业内部控制的组成部分。开展合规审计，可以通过审查企业合规管理的内部环境、风险评估、控制活动、信息与沟通、内部监督

等要素，对企业合规管理体系设计的适用性、充分性以及运行的有效性进行全面审计。

1. 审计合规管理内部环境情况：关注合规管理组织架构及其职责、合规管理人员配备及其职责、合规文化建设等内部环境情况；

2. 审计合规管理风险评估情况：对日常经营管理过程中的合规风险识别、风险分析、应对策略等进行审查和评价；

3. 审计合规管理运行情况：对合规管理制度、合规审查、合规管理评价、合规咨询、合规联席会议、违规管理、合规报告等合规管理运行机制情况进行审查和评价；

4. 审计信息与沟通情况：对合规管理组织与业务部门、职能部门的合规管理沟通以及企业合规管理体系的建设及运行的有效性进行审查和评价；

5. 审计内部监督情况：对内部监督机制（包括合规检查、合规考核评价、合规培训、合规计划与报告等）的有效性进行审查和评价，重点关注监事会、合规委员会、内部审计机构等是否在合规管理体系设计和运行中有效发挥监督作用。

（二）按照合规管理体系构成要素，开展合规审计

本书第一章对企业合规管理体系的架构及构成要素进行了分析介绍。综合梳理并列表如下：

序号	评审内容
1	合规目标
2	合规管理组织
3	合规管理制度
4	合规管理运行机制
5	合规管理信息化

续表

序号	评审内容
6	合规文化
7	监督问责
8	合规管理资源
9	重点领域合规管理
10	子公司合规管理

对合规管理体系进行全面合规审计，可以从企业合规管理体系的合规承诺、合规管理组织、合规管理运行机制、合规管理信息化、合规文化、监督问责、合规管理资源、合规管理重点领域以及企业各级子公司的合规管理等领域，通过审查企业合规管理体系的各构成要素，对企业合规管理体系的设计与运行情况进行审查和评价。

（三）审计合规管理体系设计的适用性和充分性

我国发改委等七部委《企业境外经营合规管理指引》将适用性确立为企业合规管理的一项基本原则，要求确保企业合规管理的适用性。合规管理的适用性包括合规规范的适用性、兼顾成本和效率、可操作性和持续适用。

本书第四章第五节、第六节对合规管理适用性和充分性评价做了详细分析介绍，同样可以用于对合规管理体系设计适用性和充分性的审计。此处不再赘述。

（四）审计合规管理的有效性

合规管理的有效性在英文中称为“compliance management effectiveness”，是指合规管理体系得到有效运行，合规风险得到有效防范和应对，企业经营管理的稳健和安全性得到有效保障。

本书第四章第七节对合规管理的有效性评价做了详细分析介绍，同样可以用于对合规管理体系运行有效性的审计。此处不再赘述。

二、专项合规审计

按照中国内部审计协会《第 2201 号内部审计具体准则—内部控制审计》（2019 版），专项内部控制审计是针对组织内部控制的某个要素、某项业务活动或者业务活动某些环节的内部控制所进行的审计。其第十五条进一步规定，内部审计人员根据管理需求和业务活动的特点，可以针对采购业务、资产管理、销售业务、研究与开发、工程项目、担保业务、业务外包、财务报告、全面预算、合同管理、信息系统等，对业务层面内部控制的设计和运行情况进行审查和评价。

因此，专项合规审计主要针对企业合规管理体系的某个构成要素、企业的某项业务活动、某个部门领域或者某个业务领域，对其合规管理体系的设计及运行有效性进行审计。

第六节　企业合规审计的程序

中国内部审计协会《第 2201 号内部审计具体准则—内部控制审计》（2019 版）第十六条规定的内部控制审计主要程序包括：

1. 编制项目审计方案；

2. 组成审计组；

3. 实施现场审查；

4. 认定控制缺陷；

5. 汇总审计结果；

6. 编制审计报告。

一、审计计划和审计方案

按照中国内部审计协会《第2101号内部审计具体准则—审计计划》（2019版），审计计划是指内部审计机构和内部审计人员为完成审计业务，达到预期的审计目的，对审计工作或者具体审计项目作出的安排。审计计划一般包括年度审计计划和项目审计方案。

（一）年度审计计划

年度审计计划是企业对年度预期要完成的审计任务所作出的工作安排，是组织年度工作计划的重要组成部分。

企业内部审计机构应当在本年度编制下年度审计计划，并报经组织董事会或者最高管理层批准。年度审计计划应当包括下列基本内容：

1. 年度审计工作目标；

2. 具体审计项目及实施时间；

3. 各审计项目需要的审计资源；

4. 后续审计安排。

（二）项目审计方案

项目审计方案是对实施具体审计项目所需要的审计内容、审计程序、人员分工、审计时间等作出的安排。

审计项目负责人应当在审计项目实施前编制项目审计方案，并报经内部审计机构负责人批准。项目审计方案应当包括以下内容：

1. 被审计单位、项目的名称；

2. 审计目标和范围；

3. 审计内容和重点；

4. 审计程序和方法；

5. 审计组成员的组成及分工；

6. 审计起止日期；

7. 对专家和外部审计工作结果的利用；

8. 其他有关内容。

二、审计通知书

审计通知书是指内部审计机构在实施审计之前，告知被审计单位或者人员接受审计的书面文件。

审计通知书应当包括下列内容：

1. 审计项目名称；

2. 被审计单位名称或者被审计人员姓名；

3. 审计范围和审计内容；

4. 审计时间；

5. 需要被审计单位提供的资料及其他必要的协助要求；

6. 审计组组长及审计组成员名单；

7. 内部审计机构的印章和签发日期。

一般情况下，内部审计机构应当在实施审计三日前，向被审计单位或者被审计人员送达审计通知书。必要时，抄送企业内部其他相关部门。

三、被审计单位提交自评报告

内部审计人员在实施现场审查之前，可以要求被审计单位提交最近一次的内部控制自我评价报告。内部审计人员应当结合内部控制自我评价报告，确定审计内容及重点，实施内部控制审计。

四、收集审计证据

审计证据是指内部审计人员在实施内部审计业务中，通过实施审计程序所获取的，用以证实审计事项，支持审计结论、意见和建议的各种事实依据。

审计证据主要包括下列种类：

1. 书面证据；

2. 实物证据；

3. 视听证据；

4. 电子证据；

5. 口头证据；

6. 环境证据。

审计证据应当具备相关性（即与审计事项及其具体审计目标之间具有实质性联系）、可靠性（即真实可靠）和充分性（在数量上足以支持审计结论、意见和建议）。内部审计人员在获取审计证据时，应当考虑下列基本因素：

1. 具体审计事项的重要性。

2. 可以接受的审计风险水平。证据的充分性与审计风险水平密切相关。可以接受的审计风险水平越低，所需证据的数量越多。

3. 成本与效益的合理程度。获取审计证据应当考虑成本与效益的对比，但对于重要审计事项，不应当将审计成本的高低作为减少必要审计程序的理由。

4. 适当的抽样方法。

搜集审计证据的方法包括：审核、观察、监盘、访谈、调查、函证、计算、分析程序等。

内部审计人员应当将获取的审计证据名称、来源、内容、时间等完整、清晰地记录于审计工作底稿中。

内部审计人员获取的审计证据，如有必要，应当由证据提供者签名或者盖章。如果证据提供者拒绝签名或者盖章，内部审计人员应当注明原因和日期。

五、制作审计底稿

审计工作底稿是指内部审计人员在审计过程中所形成的工作记录。

编制审计底稿的目的包括为编制审计报告提供依据、证明审计目标的实现程度、为检查和评价内部审计工作质量提供依据、证明内部审计机构和内部审计人员是否遵循内部审计准则以及为以后的审计工作提供参考。

审计工作底稿主要包括下列要素：被审计单位的名称，审计事项及其期间或者截止日期，审计程序的执行过程及结果记录，审计结论、意见及建议，审计人员姓名和审计日期，复核人员姓名、复核日期和复核意见，索引号及页次，审计标识与其他符号及其说明等。

审计工作底稿应当内容完整、记录清晰、结论明确，客观地反映项目审计方案的编制及实施情况，以及与形成审计结论、意见和建议有关的所有重要事项。

内部审计人员在审计项目完成后，应当及时对审计工作底稿进行分类整理，按照审计工作底稿相关规定进行归档、保管和使用。

六、认定合规管理缺陷

合规管理缺陷包括设计缺陷和运行缺陷。内部审计人员应当根据获取的证据，对合规管理缺陷进行初步认定，并按照其性质和影响程度分为重大缺陷、重要缺陷和一般缺陷。

重大缺陷是指一个或者多个控制缺陷的组合，可能导致组织严重偏离控制目标。重要缺陷，是指一个或者多个控制缺陷的组合，其严重程度和经济后果低于重大缺陷，但仍有可能导致组织偏离控制目标。一般缺陷，是指除重大缺陷、重要缺陷之外的其他缺陷。

内部审计人员应当编制内部控制缺陷认定汇总表，对内部控制缺陷及其成因、表现形式和影响程度进行综合分析和全面复核，提出认定意见，并以适当的形式向组织适当管理层报告。重大缺陷应当及时向组织董事会或者最高管理层报告。

七、审计结果沟通

审计结果沟通是指在审计报告正式提交之前，内部审计机构与被审计单位、企业适当管理层，就审计概况、审计依据、审计发现、审计结论、审计意见和审计建议进行的讨论和交流，并取得被审计单位、组织适当管理层的理解和认同，以提高审计结果的客观性、公正性。

内部审计机构负责人应当与组织适当管理层就审计过程中发现的重大问题及时进行沟通。

结果沟通主要包括下列内容：审计概况、审计依据、审计发现、审计结论、审计意见和审计建议。

如果被审计单位对审计结果有异议，审计项目负责人及相关人员应当进行核实和答复。

八、合规审计报告

审计报告是指内部审计人员根据审计计划对被审计单位实施必要的审计程序后，就被审计事项作出审计结论，提出审计意见和审计建议的书面文件。

审计实施结束后，内部审计人员以经过核实的审计证据为依据，形成审计结论、意见和建议，出具审计报告。如有必要，可以在审计过程中提交期中报告，以便及时采取有效的纠正措施改善业务活动与合规管理。

审计报告的结构包括标题、收件人、正文、附件、签章、报告日期及其他。审计报告的正文主要包括下列内容：

1. 审计概况，包括审计目标、审计范围、审计内容及重点、审计方法、审计程序及审计时间等；

2. 审计依据，即实施审计所依据的相关法律法规、内部审计准则等规定；

3. 审计发现，即对被审计单位的业务活动、内部控制和风险管理实施审计过程中所发现的主要问题的事实；

4. 审计结论，即根据已查明的事实，对被审计单位业务活动、内部控制和风险管理所作的评价；

5. 审计意见，即针对审计发现的主要问题提出的处理意见；

6. 审计建议，即针对审计发现的主要问题，提出的改善业务活动、内部控制和风险管理的建议。

审计报告的附件应当包括针对审计过程、审计中发现问题所作出的具体说明，以及被审计单位的反馈意见等内容。

审计报告的编制应当符合下列要求：实事求是、不偏不倚地反映被审计事项的事实；要素齐全、格式规范，完整反映审计中发现的重要问题；逻辑清晰、用词准确、简明扼要、易于理解；充分考虑审计项目的重要性和风险水平，对于重要事项应当重点说明；针对被审计单位业务活动、内部控制和风险管理中存在的主要问题或者缺陷提出可行的改进建议，以促进组织实现目标。

内部审计机构应当将审计报告提交被审计单位和企业适当管理层，并要求被审计单位在规定的期限内落实纠正措施，然后将审计报告及时归入审计档案并妥善保存。

九、后续审计

后续审计是指内部审计机构为跟踪检查被审计单位针对审计发现的问题所采取的纠正措施及其改进效果而进行的后续审查和评价活动。

内部审计机构可以在规定期限内，或者与被审计单位约定的期限内实施后续审计。

审计项目负责人应当编制后续审计方案，对后续审计作出安排。编制后续审计方案时应当考虑下列因素：审计意见和审计建议的重要性；纠正措施的复杂性；落实纠正措施所需要的时间和成本；纠正措施失败可能产生的影响；被审计单位的业务安排和时间要求。

内部审计人员应当根据后续审计的实施过程和结果编制后续审计报告。

第六章　涉案企业合规第三方监督评估

第一节　概述

一、企业合规改革

自2020年3月起，最高人民检察院在上海浦东、金山，江苏张家港，山东郯城，广东深圳南山、宝安6家基层人民检察院开展企业合规改革第一期试点工作。试点人民检察院对民营企业负责人涉经营类犯罪，依法能不捕的不捕、能不诉的不诉、能不判实刑的提出适用缓刑的量刑建议。

2021年3月，最高人民检察院下发《关于开展企业合规改革试点工作方案》正式启动第二期企业合规改革试点工作，将企业合规改革试点扩大到全国十个省市。该方案指出，开展企业合规改革试点工作，是指检察机关对于办理的涉企刑事案件，在依法作出不批准逮捕、不起诉决定或者根据认罪认罚从宽制度提出轻缓量刑建议等的同时，针对企业涉嫌具体犯罪，结合办案实际，督促涉案企业作出合规承诺并积极整改落实，促进企业合规守法经营，减少和预防企业犯罪，实现司法办案政治效果、法律效果、社会效果的有机统一；是检察机关对于办理的涉企刑事案件，在依法作出不批准逮捕、不起诉决定或者根据认罪认罚从宽制度提出轻缓量刑建议的同时，督促涉案企业作出合规承诺并积极整改，促进企业合规守法经营，预防和减少企业违法犯罪的改革举措。

2021年6月3日，最高人民检察院、司法部、财政部、生态环境部、国务院国有资产监督管理委员会、国家税务总局、国家市场监督管理总局、中华全国工商业联合会、中国国际贸易促进委员会联合发布《关于建立涉案企业合规第三方监督评估机制的指导意见（试行）》（以下简称九部委局《第三方监督评估机制指导意见》），为在依法推进企业合规改革试点工作中建立健全涉案企业合规第三方监督评估机制提供了直接的规范性依据。

截至2022年4月，企业合规改革试点地区办理涉案企业合规改革试点案件766件，其中适用第三方监督评估机制的案件达到503件。

2022年4月2日，最高人民检察院会同全国工商联专门召开会议，正式宣布涉案企业合规改革试点在全国检察机关全面推开。

2022年4月19日，最高人民检察院等九部委局联合发布《涉案企业合规建设、评估和审查办法（试行）》，对涉案企业合规建设、评估和审查提出了具体要求。

二、企业合规改革的目的

按照《最高人民检察院关于开展企业合规改革试点工作方案》，开展企业合规改革试点，旨在加大对民营经济的平等保护，更好落实依法不捕不诉、不提出判实刑量刑建议等司法政策，既给涉案企业以深刻警醒和教育，防范今后可能再发生违法犯罪，也给相关行业企业合规经营提供样板和借鉴。在此基础上，促进市场主体健康发展，营造良好法治化营商环境，推动形成新发展格局，促进经济社会高质量发展。

三、企业合规改革的主要内容

按照《最高人民检察院关于开展企业合规改革试点工作方案》，对涉企案件，在依法贯彻相关检察政策的同时，督促企业建立合规制度，履行合规承诺；提出企业合规建设意见和建议，包括整改方向和意见，依法平等保护企业合法权益；对符合刑事诉讼法规定的不起诉案件，做到应听证尽听证。

四、企业合规改革适用的案件类型和企业范围

按照2022年4月2日最高人民检察院会同全国工商联的专门会议精神：

1. 涉案企业合规改革适用的案件类型，包括公司、企业等市场主体在生产经营活动涉及的各类犯罪案件，既包括公司、企业等实施的单位犯罪案件，也包括公司、企业实际控制人、经营管理人员、关键技术人员等实施的与生产经营活动密切相关的犯罪案件。

2. 企业合规改革适用的企业范围：无论是民营企业还是国有企业，无论是中小微企业还是上市公司，只要涉案企业认罪认罚，能够正常生产经营、承诺建立或者完善企业合规制度、具备启动第三方机制的基本条件，自愿适用的，都可以适用。

五、企业合规试点流程

我国最高人民检察院及各级地方人民检察院没有对企业合规试点流程制定专门的规范性文件。九部委局《第三方监督评估机制的指导意见》对涉及第三方监督评估机制流程做了具体规定。最高人民检察院于2021年6月3日、2021年12月8日、2022年8月10日分别发布了三批企业合规典型案

例，大都对涉案企业合规试点流程进行了简要介绍。

结合九部委局《第三方监督评估机制的指导意见》、企业合规典型案例，将企业合规试点的流程简要梳理如下。涉及第三方监督评估组织评估监督的，请详见本章第二节。

（一）评估调查，听取意见

查阅最高人民检察院于 2021 年 6 月 3 日、2021 年 12 月 8 日、2022 年 8 月 10 日分别发布的三批企业合规典型案例，检察机关经审查认为受理的涉企案件可以进行合规改革试点的，事先对涉案企业的经营状况、纳税就业、技术创新、社会贡献度情况等开展社会调查，并听取侦查（调查）机关、案件当事人及其辩护人、代理人和有关行政机关意见。

（二）提出企业合规改革试点动议

按照九部委局《第三方监督评估机制的指导意见》第十条的规定，针对符合条件的涉案企业提出企业合规试点动议的方式有两种。

1. 由检察机关征询意见

人民检察院在办理涉企犯罪案件时，应当注意审查是否符合企业合规试点以及第三方监督评估机制的适用条件，并及时征询涉案企业、个人的意见。

从最高人民检察院于 2021 年 6 月 3 日、2021 年 12 月 8 日、2022 年 8 月 10 日分别发布的三批企业合规典型案例来看，这是提出企业合规试点动议的主要方式：由办理涉企犯罪案件的检察机关告知涉案企业、个人有关企业合规改革试点政策，征求其意见或者由其提出申请。

2. 由涉案企业、个人提出

按照九部委局《第三方监督评估机制的指导意见》第十条第二款，涉案企业、个人及其辩护人、诉讼代理人或者其他相关单位、人员提出适用企业合规试点以及第三方监督评估机制申请的，人民检察院应当依法受理并进行审查。

查阅最高人民检察院 2021 年 12 月 8 日发布的第二批企业合规典型案例，案例六【海南文昌市 S 公司、翁某某掩饰、隐瞒犯罪所得案】中，经 S 公司申请并提交合规整改承诺书，由公司董事会审核通过，并经检察机关审查同意，企业按照要求进行合规整改。

建立第三方监督评估机制后，行政监管和工商联等部门可以向审判、检察、侦查（调查）机关提出适用企业合规改革试点的意见和建议。这一方式可以在企业合规改革试点中尝试并积累经验。

（三）涉案企业和人员作出合规承诺，检察机关作出决定

查阅最高人民检察院于 2021 年 6 月 3 日、2021 年 12 月 8 日、2022 年 8 月 10 日分别发布的三批企业合规典型案例，在启动合规改革试点前，涉案企业和人员应提交合规承诺书，作出合规承诺。

办理案件的人民检察院在审查调查报告、听取有关行政机关意见并对涉案企业应提交的合规承诺书进行审查后，作出适用企业合规改革试点（合规考察）决定。

（四）建立第三方监督评估组织，启动第三方监督评估机制

（五）制定企业合规计划，确定合规考察期限

（六）涉案企业认真履行合规计划，第三方监督评估组织、检察机关等进行检查监督

（七）合规考察

合规考察期间，涉案企业应当接受检察机关、第三方监督评估组织的考察和监督。

在最高人民检察院于2021年12月8日发布的第二批企业合规典型案例三【山东沂南县Y公司、姚某明等人串通投标案】中，沂水县第三方监督评估机制管委会制定《沂水县企业合规改革试点巡回检查小组工作方案》，结合本案案情，选取6名熟悉企业经营和法律知识的人大代表、政协委员、人民监督员组成巡回检查小组。巡回检查小组和办案检察官通过不预先告知的方式，深入两个企业进行实地座谈，现场抽查Y公司近期中标的招标项目，对第三方监督评估组织履职情况以及企业合规整改情况进行“飞行监管”。这一“巡回检查”“飞行监管”机制，取得了很好的效果。

（八）完成合规计划，进行评估考核

合规考察期届满后，第三方监督评估组织对涉案企业的合规计划完成情况进行全面检查、评估和考核，并制作合规考察书面报告，报送负责选任第三方监督评估组织的第三方监督评估机制管委会和负责办理案件的人民检察院。

负责办理案件的人民检察院对第三方监督评估组织合规考察书面报告进行审查，向第三方监督评估机制管委会提出意见建议，必要时开展调查核实工作。

（九）涉案企业合规审查

最高人民检察院等九部委局《涉案企业合规建设、评估和审查办法（试行）》第四章增加了涉案企业合规审查环节并规定：第三方监督评估机制管理委员会和人民检察院收到第三方监督评估组织报送的合规考察书面报告后，应当及时进行审查；认为第三方监督评估组织已经完成监督评估工作的，由第三方监督评估管委会宣告第三方监督评估组织解散。

（十）公开听证

合规考察期满后，检察机关对合规考察案件作出处理决定前，可以组织公开听证；对于拟作出相对不起诉的案件，应当组织公开听证，全面审查听证第三方监督评估组织提交的合规考察书面报告。

（十一）提出检察处理意见

合规考察期满后，检察机关依法决定起诉或不起诉。

（十二）后续回访跟踪

在最高人民检察院于2021年12月8日发布的第二批企业合规典型案例中，办理案件的人民检察院大多建立了合规改革试点回访机制。

例如，在最高人民检察院于2021年12月8日发布的第二批企业合规典型案例五【深圳X公司走私普通货物案】中，为了确保合规整改的持续性，考察结束后，第三方工作组继续对X集团进行为期一年的回访考察。

又例如，在最高人民检察院于2021年6月3日发布的第一批企业合规典型案例二【上海市A公司、B公司、关某某虚开增值税专用发票案】中，法院判决后，检察机关联合税务机关上门回访，发现涉案企业的合规建设仍需进一步完善，遂向其制发检察建议并公开宣告，建议进一步强化合法合规经营意识，严格业务监督流程，提升税收筹划和控制成本能力。检察机关在收到涉案企业对检察建议的回复后，又及时组织合规建设回头看。

六、企业合规从宽制度的沿革

企业合规从宽制度起源于美国。19世纪，美国在刑事司法改革中引入了辩诉交易制度。美国联邦量刑委员会（U.S. Sentencing Committee）于1987年制定了《联邦量刑指南》。1991 年美国联邦量刑委员会制定《组织量刑指南》并将其并入《联邦量刑指南》。按照该指南，如果企业建立了有效的合规体系，就可以在出现刑事犯罪时减轻刑事处罚。美国司法部在此基础上制定了《联邦检察官手册》（就适用合规不起诉或者合规暂缓起诉的具体准则作出规定）和《联邦商业组织起诉原则》（要求检察官综合考虑企业涉罪行为的性质、合规计划的有效性、起诉企业的后果等相关因素，决定是否对企业适用合规不起诉制度）。

美国企业合规从宽制度包括暂缓起诉制度，即检察机关与涉案企业合规不起诉制度达成“暂缓起诉协议”（DPA – Deferred Prosecution Agreement），与合规不起诉制度，即检察机关与涉案企业达成“不起诉协议”（NPA – Non-Prosecution Agreement）。

美国纽约联邦地区检察官办公室于 1992 年对所罗门兄弟公司（Salomon Brothers）证券欺诈一案，第一次适用了不起诉协议制度。1994 年，该联邦检察官办公室对于普鲁顿特证券公司（Prudential Securities）虚报投资收益一案，则第一次适用了暂缓起诉协议制度。

美国司法部刑事处于 2017 年 2 月 8 日发布了《公司合规管理评价指引》（Evaluation of Corporate Compliance Programs，该指引于 2019 年 4 月、2020 年 6 月分别进行了两次修订），对涉案企业制定和执行合规计划的考核评价提供详细指引。

英国于 2013 年颁布的《犯罪与法院法》直接借鉴了美国刑事合规暂缓起诉制度。法国于 2016 年制定的《萨宾第二法案》中确立了控辩协商机制，建立了“基于公共利益的司法协议”（CJIP）制度。此后，加拿大、澳大利亚、新加坡等国也相继确立了暂缓起诉制度。

我国于 2015 年出现“合规不起诉第一案”，即浙江省岱山县人民检察院办理的某公司伪造增值税专用发票、虚构抵押物案。在该案中，涉案企业因资金短缺急需银行贷款，便购买了大量伪造的增值税专用发票来证明抵押物的价值，向银行骗得贷款400余万元。岱山县人民检察院受理该案后对该公司和贷款银行进行走访并了解到，如果提起公诉，将影响涉案该公司经营及融资、员工也将面临失业，于是要求该公司进行合规整改。该公司同意并提交了《自查及整改承诺书》，然后进行合规整改。岱山县人民检察院经考核评估后认为该公司完成了合规整改并召开了拟不起诉公开听证会，邀请了人民监督员参与案件评议，之后对涉案企业与涉案人员作出相对不起诉决定并公开宣告。

第二节　涉案企业合规第三方监督评估

最高人民检察院等九部委局于2021年6月3日联合发布的《第三方监督评估机制的指导意见》以及于2022年4月19日联合发布《涉案企业合规建设、评估和审查办法（试行）》，为在依法推进企业合规改革试点工作中建立健全涉案企业合规第三方监督评估机制，提供了直接的规范性依据。

一、第三方监督评估机制的定义和原则

（一）定义

根据《第三方监督评估机制指导意见》第一条，第三方监督评估机制是指人民检察院在办理涉企犯罪案件时，对符合企业合规改革试点适用条件的，交由第三方监督评估机制管理委员会选任组成的第三方监督评估组织，对涉案企业的合规承诺进行调查、评估、监督和考察。考察结果作为人民检

察院依法处理案件的重要参考。

（二）原则

根据《第三方监督评估机制指导意见》第二条，第三方监督评估机制的建立和运行，应当遵循依法有序、公开公正、平等保护、标本兼治的原则。

二、第三方监督评估涉及的组织

第三方监督评估主要涉及三个方面的组织。一是负责办理案件的人民检察院，二是涉案企业和个人，三是第三方监督评估组织。

（一）负责办理案件的人民检察院

根据九部委局《第三方监督评估机制的指导意见》第十六条的规定，负责办理案件的人民检察院应当履行下列职责：

1. 对第三方监督评估组织组成人员名单进行备案审查，发现组成人员存在明显不适当情形的，及时向第三方监督评估机制管委会提出意见建议；

2. 对涉案企业合规计划、定期书面报告进行审查，向第三方监督评估组织提出意见建议；

3. 对第三方监督评估组织合规考察书面报告进行审查，向第三方监督评估机制管委会提出意见建议，必要时开展调查核实工作；

4. 依法办理涉案企业、个人及其辩护人、诉讼代理人或者其他相关单位、人员在第三方监督评估机制运行期间提出的申诉、控告或者有关申请、要求；

5.《刑事诉讼法》《人民检察院刑事诉讼规则》等法律、司法解释规定的其他法定职责。

（二）涉案企业和个人（及其外部服务机构）

根据九部委局《第三方监督评估机制指导意见》第三条，第三方监督评估机制适用于公司、企业等市场主体在生产经营活动中涉及的经济犯罪、职务犯罪等案件，既包括公司、企业等实施的单位犯罪案件，也包括公司、企业实际控制人、经营管理人员、关键技术人员等实施的与生产经营活动密切相关的犯罪案件。

根据该指导意见第四条，适用第三方监督评估机制的涉企犯罪案件须符合以下条件：

1. 涉案企业、个人认罪认罚；

2. 涉案企业能够正常生产经营，承诺建立或者完善企业合规制度，具备启动第三方监督评估机制的基本条件；

3. 涉案企业自愿适用第三方监督评估机制。

而具有下列情形之一的涉企犯罪案件，则不适用企业合规试点以及第三方监督评估机制（第五条）：

1. 个人为进行违法犯罪活动而设立公司、企业的；

2. 公司、企业设立后以实施犯罪为主要活动的；

3. 公司、企业人员盗用单位名义实施犯罪的；

4. 涉嫌危害国家安全犯罪、恐怖活动犯罪的；

5. 其他不宜适用的情形。

就涉案企业和个人而言，还应包括为其提供合规整改服务的服务机构。企业合规计划的制定和实施涉及管理学与法学的专业内容，具有很强的专业性。涉案企业如果没有现存的企业管理部门（内控部门）与法务部门支撑，宜聘请外部专业机构（如律师事务所）来协助其制定和实施合规计划。

（三）第三方监督评估组织

根据九部委局《第三方监督评估机制指导意见》第二章的规定，第三方监督评估的组织主要包括第三方监督评估机制管理委员会及其巡回检查小组和第三方监督评估组织。在实务中，有些试点地方第三方监督评估机制管理委员会还设立了第三方监督评估专家小组。

1. 第三方监督评估机制管理委员会

试点地方的人民检察院和国资委、财政部门、工商联应当结合本地实际，参照九部委局《第三方监督评估机制指导意见》第六条、第七条规定，组建本地区的第三方监督评估机制管委会并建立联席会议机制。

试点地方第三方监督评估机制管委会履行下列职责：

（1）建立本地区第三方监督评估机制专业人员名录库，并根据各方意见建议和工作实际进行动态管理；

（2）负责本地区第三方监督评估组织及其成员的日常选任、培训、考核工作，确保其依法依规履行职责；

（3）对选任组成的第三方监督评估组织及其成员开展日常监督和巡回检查；

（4）对第三方监督评估组织的成员违反本指导意见的规定，或者实施其他违反社会公德、职业伦理的行为，严重损害第三方监督评估组织形象或公信力的，及时向有关主管机关、协会等提出惩戒建议，涉嫌违法犯罪的，及时向公安司法机关报案或者举报，并将其列入第三方监督评估机制专业人员名录库黑名单；

（5）统筹协调本地区第三方监督评估机制的其他工作。

2. 巡回小组

按照九部委局《第三方监督评估机制指导意见》第九条，第三方监督评估机制管委会应当组建巡回检查小组，按照该指导意见第六条第五项、第八条第三项的规定，对相关组织和人员在第三方监督评估机制相关工作中的履职情况，开展现场抽查和跟踪监督。

巡回检查小组成员可以由人大代表、政协委员、人民监督员、退休法官、检察官以及会计、审计等相关领域的专家学者担任。

3. 第三方监督评估组织

按照九部委局《第三方监督评估机制指导意见》第十条，人民检察院经审查认为涉企犯罪案件符合第三方监督评估机制适用条件的，可以商请本地区第三方监督评估机制管委会启动第三方监督评估机制。第三方监督评估机制管委会应当根据案件具体情况以及涉案企业类型，从专业人员名录库中分类随机抽取人员组成第三方监督评估组织，并向社会公示。

第三方监督评估组织组成人员名单应当报送负责办理案件的人民检察院备案。人民检察院或者涉案企业、个人、其他相关单位、人员对选任的第三方监督评估组织组成人员提出异议的，第三方监督评估机制管委会应当调查核实并视情况作出调整。

第三方监督评估组织组成人员系律师、注册会计师、税务师（注册税务师）等中介组织人员的，在履行第三方监督评估职责期间不得违反规定接受可能有利益关系的业务；在履行第三方监督评估职责结束后一年以内，上述人员及其所在中介组织不得接受涉案企业、个人或者其他有利益关系的单位、人员的业务。

涉案企业或其人员在第三方监督评估机制运行期间，认为第三方监督评估组织或其组成人员存在行为不当或者涉嫌违法犯罪的，可以向负责选任第三方监督评估组织的第三方监督评估机制管委会反映或者提出异议，或者向负责办理案件的人民检察院提出申诉、控告。

第三方监督评估组织的义务包括：

（1）遵纪守法，勤勉尽责，客观中立；

（2）不得泄露履职过程中知悉的国家秘密、商业秘密和个人隐私；

（3）不得利用履职便利，索取、收受贿赂或者非法侵占涉案企业、个人的财物；

（4）不得利用履职便利，干扰涉案企业正常的生产经营活动。

根据九部委局《第三方监督评估机制指导意见》第十一条至第十五条，第三方评估监督组织的主要职责包括：

（1）要求涉案企业提交专项或者多项合规计划、明确合规计划的承诺完成时限。

（2）对涉案企业合规计划的可行性、有效性与全面性进行审查，提出修改完善的意见建议，并根据案件具体情况和涉案企业承诺履行的期限，确定合规考察期限。

（3）在合规考察期内，定期或者不定期对涉案企业合规计划履行情况进行检查和评估，要求涉案企业定期书面报告合规计划的执行情况，同时抄送负责办理案件的人民检察院。

第三方监督评估组织发现涉案企业或其人员尚未被办案机关掌握的犯罪事实或者新实施的犯罪行为，应当中止第三方监督评估程序，并向负责办理案件的人民检察院报告。

（4）合规考察期届满后，对涉案企业的合规计划完成情况进行全面检查、评估和考核，并制作合规考察书面报告，报送负责选任第三方监督评估组织的第三方监督评估机制管委会和负责办理案件的人民检察院。

（5）人民检察院对于拟作不批准逮捕、不起诉、变更强制措施等决定的涉企犯罪案件召开听证会时，按要求到会发表意见并接受质询。

三、第三方监督评估程序

按照九部委局《第三方监督评估机制指导意见》第十二条至第十五条以及《涉案企业合规建设、评估和审查办法（试行）》第三章、第四章的规定，第三方监督评估组织开展监督评估的程序包括：

（一）期前：制定合规计划，确定合规考察期限

按照九部委局《第三方监督评估机制指导意见》第十一条、第十二条的规定，第三方监督评估组织应当要求涉案企业提交专项或者多项合规计划，并明确合规计划的承诺完成时限。第三方监督评估组织应当对涉案企业合规计划的可行性、有效性与全面性进行审查，提出修改完善的意见建议，并根据案件具体情况和涉案企业承诺履行的期限，确定合规考察期限。

查阅最高人民检察院于 2021 年 6 月 3 日、2021 年 12 月 8 日、2022 年 8 月 10 日分别发布的三批企业合规典型案例，合规整改考察期限多为三个月或六个月。我们认为，由于涉案企业需要在涉罪业务领域进行合规管理体系建设，合规考察期限应以不少于六个月为宜。涉罪较严重、案情较复杂或者牵涉多个业务领域的，可以设置为期一年甚至更长的合规考察期限。

（二）期内：检查和评估监督

按照九部委局《第三方监督评估机制指导意见》第十二条的规定，在合规考察期内，第三方监督评估组织可以定期或者不定期对涉案企业合规计划履行情况进行检查和评估，可以要求涉案企业定期书面报告合规计划的执行情况，同时抄送负责办理案件的人民检察院。

（三）期后：全面检查、评估和考核

按照九部委局《第三方监督评估机制指导意见》第十三条的规定，合规考察期届满后，第三方监督评估组织对涉案企业的合规计划完成情况进行全面检查、评估和考核，并制作合规考察书面报告，报送负责选任第三方监督评估组织的第三方监督评估机制管委会和负责办理案件的人民检察院。

按照九部委局《涉案企业合规建设、评估和审查办法（试行）》第十四条的规定，第三方监督评估组织对涉案企业专项合规整改计划和相关合规管理体系有效性的评估，重点包括以下内容：

1. 对涉案合规风险的有效识别、控制；

2. 对违规违法行为的及时处置；

3. 合规管理机构或者管理人员的合理配置；

4. 合规管理制度机制建立以及人力、物力的充分保障；

5. 监测、举报、调查、处理机制及合规绩效评价机制的正常运行；

6. 持续整改机制和合规文化已经基本形成。

（四）涉案企业合规审查

《涉案企业合规建设、评估和审查办法（试行）》第四章增加了涉案企业合规审查环节并规定，第三方监督评估机制管理委员会和人民检察院收到第三方监督评估组织报送的合规考察书面报告后，应当及时进行审查；认为第三方监督评估组织已经完成监督评估工作的，由第三方监督评估管委会宣告第三方监督评估组织解散。

（五）参与听证并发表意见

合规考察期满后，如果检察机关对合规考察案件组织公开听证，第三方监督评估组织应按要求参加听证会并发表意见和接受质询。

四、第三方监督评估方法

九部委局《第三方监督评估机制指导意见》并未就第三方监督评估组织开展监督评估的方法作出任何规定。

根据最高人民检察院于2021年6月3日、2021年12月8日、2022年8月10日分别发布的三批企业合规典型案例，第三方监督评估方法可以作以下梳理：

（一）期内监督检查方法

最高人民检察院于2021年6月3日、2021年12月8日、2022年8月10日分别发布的三批企业合规典型案例对第三方监督评估组织在合规考察期内开展监督检查的方法都有列举介绍，包括电话联系、书面审查、查阅资料、听取汇报、主动约谈、针对性提问、座谈会议、联席会议、实地走访调查、实地检查、会商制度、飞行检查、全面清查、巡回检查、现场验收、公开听证评议等。

（二）评估考核

按照九部委局《第三方监督评估机制指导意见》第十三条的规定，合规考察期届满后，第三方监督评估组织对涉案企业的合规计划完成情况进行全面检查、评估和考核，并制作合规考察书面报告，报送负责选任第三方监督评估组织的第三方监督评估机制管委会和负责办理案件的人民检察院。

九部委局《第三方监督评估机制指导意见》没有规定合规计划实施验收的环节，但最高人民检察院于2021年6月3日、2021年12月8日、2022年8月10日分别发布的三批企业合规改革典型案例中，有个别案例经过了验收流程。

如下文第三节所述，我们认为，涉案企业制定并按照合规计划进行整改，可以按照项目管理方式来推动和进行验收。因此，可以参照使用本书第三章关于合规管理项目验收以及第四章关于合规管理体系评估的程序和方法。

五、评估考核的依据

九部委局《第三方监督评估机制指导意见》没有对评估考核的依据作出明确规定。根据该指导意见以及本书其他章节的阐述，就第三方监督评估组织对涉案企业合规计划实施完成的评估考核依据，可以作以下梳理：

（一）通用依据

适用于对所有涉案企业合规计划实施完成进行评估考核的通用依据包括：

1. 我国《刑法》及有关司法解释对涉案企业和个人有关涉嫌违法犯罪的规定；

2. 九部委局《第三方监督评估机制指导意见》《涉案企业合规建设、评估和审查办法（试行）》；

3. 涉案企业合规承诺；

4. 涉案企业合规监督协议；

5. 涉案企业合规计划等。

（二）我国中央企业、地方国有企业、商业银行、保险公司、证券公司和证券投资基金管理公司

这些企业应当按照我国有关部委或者地方国资委的有关合规管理指引，

建立全面合规管理体系。因此，对他们合规计划实施完成的评估考核依据，还应包括我国有关部委或地方国资委的有关合规管理指引。

（三）我国民营企业

我国民营企业合规计划实施完成的评估考核依据，可以参考国际标准ISO 37301：2021《合规管理体系 要求及使用指南》（等同转换为我国国内标准后，我国民营企业应当可以选择适用）和中国中小企业协会团体标准《中小企业合规管理体系有效性评价》。

（四）我国外商投资企业

我国外商投资企业合规计划实施完成的考核评估，可以参考国际标准ISO 37301：2021《合规管理体系 要求及使用指南》和中国中小企业协会团体标准《中小企业合规管理体系有效性评价》。如系美资企业，还可以参照美国司法部刑事处《公司合规管理评价指引》。

第三节　涉案企业合规计划

在企业合规改革中，涉案企业合规计划的制定、内容、执行和监督评估是关键。

一、涉案企业合规计划的内容

九部委局《第三方监督评估机制的指导意见》《涉案企业合规建设、评估和审查办法（试行）》对企业合规计划的内容作出了规定。此外，最高人民检察院于 2021 年 6 月 3 日、2021 年 12 月 8 日、2022 年 8 月 10 日分别发布了三批企业合规改革典型案例，其中有些案例对涉案企业合规计划的内容作了简要介绍。

（一）九部委局的《第三方监督评估机制指导意见》《涉案企业合规建设、评估和审查办法（试行）》

九部委局《第三方监督评估机制的指导意见》第十一条要求，涉案企业提交的合规计划，主要围绕与企业涉嫌犯罪有密切联系的企业内部治理结构、规章制度、人员管理等方面存在的问题，制定可行的合规管理规范，构建有效的合规组织体系，健全合规风险防范报告机制，弥补企业制度建设和监督管理漏洞，防止再次发生相同或者类似的违法犯罪。按照该指导意见，合规计划的内容主要由以下几方面构成：

1. 对企业内部治理结构、规章制度、人员管理等进行合规审查，发掘其中存在的合规缺陷，进行修改补充；

2. 构建合规组织体系；

3. 制定合规管理规范；

4. 建立合规风险防范报告机制；

5. 对企业监督管理机制进行合规审查和完善。

我们注意到，该指导意见对合规计划的主要内容提出了指导意见，但没有对合规计划的详细内容提出细化要求。亦即，其对合规计划内容的规定，没有明确要求涉案企业建立合规管理体系，也未涵盖合规管理体系应具备的各基本构成要素。

2022 年 4 月 19 日，最高人民检察院等九部委局联合发布《涉案企业合规建设、评估和审查办法（试行）》，明确要求涉案企业建立有效合规管理体系。

该办法第一条规定：“涉案企业合规建设，是指涉案企业针对与涉嫌犯罪有密切联系的合规风险，制定专项合规整改计划，完善企业治理结构，健全内部规章制度，形成有效合规管理体系的活动。”

根据该办法第二章（涉案企业合规建设），涉案企业合规管理体系框架由以下要素构成：

1. 合规目标；

2. 合规组织体系，包括合规建设领导小组、合规管理机构或者管理人员；

3. 合规管理制度体系，即合规管理规范；

4. 人力物力保障（包括人员、培训、宣传、场所、设备和经费等）；

5. 合规风险识别、控制和监测机制；

6. 违规行为举报、调查、处理机制；

7. 合规绩效评价；

8. 定期报告机制；

9. 持续改进；

10. 合规文化。

《涉案企业合规建设、评估和审查办法（试行）》所述合规管理体系涵盖了合规管理的十大基本要素，但尚未明确包括合规审查、合规考核、合规培训等要素。

（二）参考文件：岱山县人民检察院《涉企案件刑事合规办理规程（试行）》

岱山县人民检察院于 2020 年 9 月 27 日发布《涉企案件刑事合规办理规程（试行）》，其第五条对涉案企业合规整改方案的要求作出了规定。按照该规程，合规整改方案应重点围绕合规风险因素展开并及时修正，包括且不限于以下内容：

1. 确定整改内容，建立合规部门、具体确定人员。

2. 合规整改期限。

3. 协助合规监管。为合规监督员开展尽职调查、内部调查、反舞弊调查、证据保全等行为积极提供便利，严格执行合规监督员提出的要求建议。

4. 改善经营工作。对违规行为进行自查整改（如经营是否遵循相应标准、账目是否完备等），根据合规风险因素调整生产、就业、纳税等方案。

5. 监管风险部门（如税务、财务、信贷、知识产权、市场运营、后勤等）。

6. 强化内部处分、加强合规考核培训。对违法违规行为的发生负有责任的员工或管理者作出处分（涉嫌违法犯罪的移交相关部门）。

7. 持续配合调查。为监管部门办理案件提供便利，协助配合监管部门找寻了解情况的员工。

8. 参与公益事业。根据经营状况，向与犯罪矫治有关的公益组织提供资助，鼓励管理者与员工积极参与公益活动。

9. 承诺禁止作出与整改方案宗旨相矛盾的行为。合规整改方案及合规整改考察报告应及时抄送相关监管部门。

我们注意到，该工作规程对合规整改方案作出了更详细的要求，包括整改内容、时限（合规整改期限）和一些具体措施。但是，其对合规整改方案内容的规定，没有明确要求涉案企业建立合规管理体系，也未涵盖合规管理体系应当具备的所有构成要素。

（三）参考文件：上海市浦东新区人民检察院和中国信息通信研究院知识产权与创新发展中心《企业知识产权合规标准指引（试行）》

上海市浦东新区人民检察院和中国信息通信研究院知识产权与创新发展中心于 2021 年 12 月联合发布了《企业知识产权合规标准指引（试行）》。按照其第一条，该指引根据《关于建立涉案企业合规第三方监督评估机制的指导意见（试行）》，参照《企业知识产权管理规范》，结合企业合规改革试点工作经验制定。

按照该指引第五条，企业知识产权合规体系应当涵盖组织体系、制度体系、运行体系和风险识别处置体系等。

1. 组织体系

（1）组织保障：企业董事会、监事会、高级管理人员应当履行必要的合规管理职责，对知识产权合规计划制定与执行给予支持，确保合规部门（人员）行使职权的独立，保障资源充足（第七条）。

（2）合规职责：企业可根据自身行业性质、经营规模等合理选择和设置知识产权合规部门或合规人员，组织、协调和监督合规管理工作（第六条）。

（3）内部配合：企业各部门在职权范围内配合落实合规管理的日常工作，可在本部门设置合规联络员，进行合规风险信息收集和报送，配合合规部门就相关问题进行调查并及时整改（第八条）。

2. 制度体系

（1）合规审查：企业应建立健全规范化的知识产权事务管理和决策流程，将知识产权合规审查作为规章制度制定、重大事项决策、重要合同签订、重大项目运营等经营管理行为的必经程序，及时对不合规的内容提出修改建议，未经合规审查不得实施（第九条）。

（2）合规监察：企业应定期对知识产权合规体系进行合规监察，由合规管理部门人员落实实施，并形成合规监察报告（第十条）。

（3）合规举报（第十一条）。

（4）绩效评估（第十二条）。

（5）不合规调查（第十三条）。

（6）文件信息化管理：企业应建立文件信息化管理制度，确保对企业管理中形成的相关知识产权的重要过程予以记录、标识、贮存、保护、检索、保存和处置；对行政决定、司法判决、律师函等外来文件进行有效管理，确保其来源与取得时间的准确性。外来文件和记录文件应当完整，明确保管方式和保存期限。文件管理体系的载体，不限于纸质文件，也包括电子文件（第十四条）。

（7）资源配置（第十五条）。

（8）保密管理（第十六条）。

（9）合规文化：企业应建立对技术人员、知识产权管理人员、全体员工分层级合规培训制度。从增强知识产权保护意识、知识产权价值观、营造崇尚创新尊重知识产权的氛围、重视知识产权宣传教育等方式进行知识产权文化建设；结合知识产权管理制度建设和人才建设，构建有利于调动企业员工知识产权工作积极性的激励机制，树立尊重和保护知识产权的企业形象（第十七条）。

3. 运行体系

企业知识产权合规运行体系包括获取合规、维护合规、运用合规、上市合规审查、涉外业务合规等。

4. 合规风险识别处置体系

（1）识别与预警：完善合规风险收集机制，开展合规风险评估，建立合规风险清单，对有典型意义、普遍存在的以及可能造成严重后果的风险应及时发布预警（第二十三条）。

（2）风险检查：定期开展合规风险检查，提出整改建议，落实解决方案（第二十四条）。

（3）风险分级：企业可将所识别的知识产权合规风险分为三类：重大知识产权风险、中等知识产权风险、一般知识产权风险（第二十五条）。

（4）风险应对（第二十六条）。

（5）合规激励与问责机制（第二十七条）。

5. 评估体系

该指引规定的评估体系限于第三方监督评估体系，包括：

（1）设计评估：违规风险的识别和评估，政策和程序安排，培训和沟通安排，举报和调查机制，执行和保障机构，第三方监管机制（第二十八条）。

（2）执行评估：资源配置、职责权限、合规意识、合规管理能力、奖惩机制、文件化信息管理（第二十九条）。

（3）质效评估：合规文化、合规目标、可持续发展能力、违规事件及其处理（第三十条）。

上述《企业知识产权合规标准指引（试行）》是为规范涉及知识产权领域犯罪案件的企业进行合规整改而专门量身定做，对知识产权这一重点领域合规管理体系建设极具指导意义。但是，我们注意到，该指引第三条定义的合规风险主要列明了涉及知识产权的法律风险，而对违反知识产权领域的企业内部规章制度风险及违反知识产权领域的道德风险等没有提及。

二、企业合规典型案例对合规计划内容的介绍

最高人民检察院于2021年6月3日、2021年12月8日、2022年8月10日分别发布了三批企业合规改革典型案例，其中有些案例对涉案企业合规计划的内容做了简要介绍。

案例一：深圳Y公司员工对非国家工作人员行贿案

【最高人民检察院于2021年6月3日发布的第一批企业合规典型案例三】

Y公司与深圳市南山区人民检察院签署合规监管协议后，围绕与商业贿赂犯罪有密切联系的企业内部治理结构、规章制度、人员管理等方面存在的问题：

1. 制定可行的合规管理规范；

2. 构建有效的合规组织体系；

3. 健全合规风险防范报告机制；

4. 弥补企业制度建设和监督管理漏洞，防止再次发生相同或者类似的违法犯罪；

5. 对企业内部架构和人员进行重整，制定企业内部反舞弊和防止商业贿赂指引等一系列规章制度；

6. 增加企业合规的专门人员。

案例二：上海J公司、朱某某假冒注册商标案

【最高人民检察院于2021年12月8日发布的第二批企业合规典型案例一】

浦东新区人民检察院结合办案中发现的经营管理不善情况，向J公司制发《合规风险告知书》，从合规风险排查、合规制度建设、合规运行体系及合规文化养成等方面提出整改建议，引导J公司作出合规承诺。第三方监督评估组织结合风险告知内容指导企业制定合规计划，明确合规计划的政策性和程序性规定，从责任分配、培训方案到奖惩制度，确保合规计划的针对性和实效性。同时，督促企业对合规计划涉及的组织体系、政策体系、程序体系和风险防控体系等主题进行分解，保证计划的可行性和有效性。

J公司制定了递进式合规计划，并严格按照时间表扎实推进：

1. 修改公司章程，强化管理责任；

2. 健全基层党组织；

3. 建立合规组织体系；

4. 制定知识产权专项合规政策体系，先后制定知识产权管理、合同审批、保密管理、员工培训、风险控制等多项合规专项制度；

5. 设定合规专岗；

6. 建立合规举报途径；

7. 定期对企业法律风险进行全面体检；

8. 提升企业合规意识，连续开展刑事合规、民事合规及知识产权保护专项培训。

案例三：随州市Z公司康某某等人重大责任事故案（涉企危害生产安全犯罪）

【最高人民检察院于2021年12月8日发布的第二批企业合规典型案例四】

第三方监督评估组织指导涉案企业结合事故调查报告和整改要求，按照合规管理体系的标准格式制定、完善合规计划：

1. 建立以法定代表人为负责人、企业部门全覆盖的合规组织架构；

2. 健全企业经营管理需接受合规审查和评估的审查监督、风险预警机制；

3. 完善安全生产管理制度和定期检查排查机制，从制度上预防安全事故再发生，初步形成安全生产领域“合规模板”。

Z公司通过开展合规建设，逐步建立起完备的生产经营、安全防范、合规内控的管理体系。

案例四：深圳X公司走私普通货物案

【最高人民检察院于2021年12月8日发布的第二批企业合规典型案

例五】

X公司制定的合规计划主要针对与走私犯罪有密切联系的企业内部治理结构、规章制度、人员管理等方面存在的问题：

1. 制定可行的合规管理规范；

2. 构建有效的合规组织体系，在集团层面设立了合规管理委员会，合规部、内控部与审计部形成合规风险管理的三道防线；

3. 完善相关业务管理流程和内控制度；

4. 建立合规风险识别、合规培训、合规举报调查、合规绩效考核、合规风险防范报告等合规体系运行机制；

5. 加强商业伙伴（代理报关公司）合规管理，明确在合同履行时的责任划分；

6. 积极开展合规文化建设；

7. 制定专项预算，为企业合规体系建设和维护提供持续的人力和资金保障。

合规建设期间，X公司被宝安区促进企业合规建设委员会列为首批合规建设示范企业。鉴于该公司积极开展企业合规整改，建立了较为完善的合规管理体系，实现合规管理对所有业务及流程的全覆盖，取得阶段性良好效果。深圳市人民检察院于2020年9月9日对X公司及涉案人员作出相对不起诉处理，X公司被不起诉后继续进行合规整改。

案例五：海南文昌市S公司、翁某某掩饰、隐瞒犯罪所得案

【最高人民检察院于2021年12月8日发布的第二批企业合规典型案例五】

文昌市人民检察院经审查认为，S公司在合规经营方面主要存在两个方面的明显漏洞，首先是合同签订履行存在违法风险，其次是财务管理存在违规漏洞。鉴此，有针对性地指导企业重点围绕建立健全内部监督管理制度进行整改，在业务审批流程中增加合规性审查环节，建立起业务流程审批—法律事务审核（合规性审查）—资金收支规范—集团公司审计等四个方面全流程监管体系，有效防控无书面合同交易、坐支现金等突出问题。

案例六：江苏F公司、严某某、王某某提供虚假证明文件案

【最高人民检察院于2022年8月10日发布的第三批企业合规典型案例三】

涉案企业从业人员39人，系小微企业。涉嫌提供虚假《房屋征收分户估价报告》，造成国家经济损失2576万余元。

检察机关开展办案影响评估，充分论证合规必要性、可行性，确定为期六个月的合规考察期。

1. 立足小微企业实际、发挥检察主导作用，在保证合规计划制定、实施、验收评估等基本环节的同时，积极探索开展简式合规监管。

检察机关结合案件办理中暴露出的问题，指导企业修订合规计划；围绕13个风险点，制发检察建议，督促企业查漏补缺。涉案企业依据指导设立合规部门、修订员工手册、制定《评估业务合规管理制度》、委托研发线上审批的OA系统、组织开展业务技术规范培训和合规管理制度培训。

2. 有的放矢，检察机关在简式合规计划的审查、监管、评估过程中应发挥主导作用。针对小微企业的合规整改，根据《涉案企业合规建设、评估和审查办法（试行）》的规定，由检察机关对其提交的合规计划和整改报告进行审查，主导合规监管和验收评估。

3. 区别对待、分别处理涉案民营企业和责任人，对两名责任人以提供虚假证明文件罪提起公诉。对涉案企业开展合规工作和监管验收，依法作出不起诉决定。

案例七：福建省三明市X公司、杨某某、王某某串通投标案

【最高人民检察院于2022年8月10日发布的第三批企业合规典型案

例五】

涉案企业在投标中与其他公司串通并成功中标。

检察机关深入社会调查启动企业合规，给予三个月的合规考察期。

1. 推动多方协作优化合规计划，严格督促企业逐条对照落实。依托第三方监督评估机制向相关行业领域的专家“借智借力”，立足涉案企业自身问题，结合相关领域的合规标准，指导企业优化合规计划，对合规体系运行涉及的组织架构、事项流程、内控机制、风险整改、文化培塑等进行分解细化，从提升合规意识、规范投标业务操作到健全配套内部资金流向监管审计等层面，严格按照时间表监督落实，做到点面衔接，实现“合规入心”。

2. 扎实开展第三方监督评估。

3. 公开听证后作出不起诉决定。

4. 持续做好不起诉后跟踪回访，要求涉案企业对已整改到位部分加强常态监管，较为薄弱环节持续整改，并邀请第三方监管人员围绕企业已整改问题及关联持续建设领域进行跟踪回访，继续为企业依法合规经营提供普法服务，确保合规整改效果能够“长效长治”。

三、涉案企业合规计划的编制和生效

（一）合规计划的编制

企业合规计划涉及管理学与法学的专业内容，具有很强的专业性。涉案企业如果没有现存的企业管理部门（内控部门）与法务部门支撑，宜聘请外部服务机构（如律师事务所）来协助制定合规计划。

（二）合规计划的生效

九部委局《第三方监督评估机制指导意见》没有对合规计划的生效作

明确规定。但其第十二条要求第三方监督评估组织应当对涉案企业合规计划的可行性、有效性与全面性进行审查，提出修改完善的意见建议，并根据案件具体情况和涉案企业承诺履行的期限，确定合规考察期限。其第十六条规定，负责办理案例的人民检察院应当对涉案企业合规计划进行审查，向第三方监督评估组织提出意见建议。

因此，可以推论出，涉案企业合规计划须经第三方监督评估组织以及办理案件的人民检察院审查同意后方能生效。

四、涉案企业合规计划的执行和评估验收

（一）合规计划的执行

九部委局《第三方监督评估机制指导意见》第十八条要求，涉案企业及其人员应当按照时限要求认真履行合规计划，不得拒绝履行或者变相不履行合规计划、拒不配合第三方监督评估组织合规考察或者实施其他严重违反合规计划的行为。

按照九部委局《第三方监督评估机制指导意见》第十二条的规定，在合规考察期内，第三方监督评估组织可以定期或者不定期对涉案企业合规计划履行情况进行检查和评估，可以要求涉案企业定期书面报告合规计划的执行情况，同时抄送负责办理案件的人民检察院。

按照九部委局《第三方监督评估机制指导意见》第十六条的规定，负责办理案例的人民检察院应当对涉案企业的定期书面报告进行审查，向第三方监督评估组织提出意见建议。

由此可以推论出，涉案企业应当：

1. 在合规考察期内按期认真执行合规计划；

2. 接受、配合第三方监督评估组织的定期或者不定期检查和评估；

3. 按照第三方监督评估组织的要求定期书面报告执行情况，同时抄送负责办理案件的人民检察院；

4. 接受、配合负责办理案件的人民检察院对定期书面报告进行审查。

（二）合规计划的评估考核

按照九部委局《第三方监督评估机制指导意见》第十三条的规定，第三方监督评估组织在合规考察期届满后，应当对涉案企业的合规计划完成情况进行全面检查、评估和考核，并制作合规考察书面报告，报送负责选任第三方监督评估组织的第三方监督评估机制管委会和负责办理案件的人民检察院。其第十四条规定，人民检察院在办理涉企犯罪案件过程中，应当将第三方监督评估组织合规考察书面报告、涉案企业合规计划、定期书面报告等合规材料，作为依法作出批准或者不批准逮捕、起诉或者不起诉以及是否变更强制措施等决定，提出量刑建议或者检察建议、检察意见的重要参考。

可见，涉案企业合规计划的评估考核的要点包括：

1. 评估考核的时间：涉案企业合规考察期届满后；

2. 考核评估的组织：第三方监督评估组织；

3. 评估考核流程：

（1）第三方监督评估组织应当对涉案企业的合规计划完成情况进行全面检查、评估和考核；

（2）第三方监督评估组织制作合规考察书面报告；

（3）第三方监督评估组织将合规考察书面报告报送负责选任第三方监督评估组织的第三方监督评估机制管委会和负责办理案件的人民检察院；

（4）负责办理案件的人民检察院对第三方监督评估组织的合规考察书面报告、涉案企业合规计划、定期书面报告等合规材料进行合规审查；

（5）负责办理案件的人民检察院经审查如果认为合规计划执行完成的，

将第三方监督评估组织合规考察书面报告、涉案企业合规计划、定期书面报告等合规材料等作为依法作出批准或者不批准逮捕、起诉或者不起诉以及是否变更强制措施等决定，提出量刑建议或者检察建议、检察意见的重要参考。

五、评述和建议

（一）关于称谓

九部委局《第三方监督评估机制指导意见》将涉案企业合规整改项目称为“合规计划”。该指导意见第十一条规定，第三方监督评估组织应当要求涉案企业提交专项或者多项合规计划，并明确合规计划的承诺完成时限。

各省市人民检察院也大多使用“合规计划”这一称谓。但也有使用“合规整改方案”的情况。例如，岱山县人民检察院发布的《涉企案件刑事合规办理规程（试行）》第四条、第五条规定，涉案企业应在出具合规承诺书后十五日内出具合规整改方案，且应重点围绕合规风险引述展开并及时修正。

涉案企业合规整改项目的英文称为“compliance program”。例如，美国司法部刑事处的《公司合规管理评价指引》的英文原名实为“Evaluation of Corporate Compliance Programs”。

查询英汉大词典等，与合规整改项目相关，“program”可以翻译为“计划”“方案”或“程序”。按照汉语词典，“计划”和“方案”当属近义词。

“计划”是指工作或行动以前预先拟定的具体内容和步骤。“方案”是指进行工作的具体计划或对某一问题制定的规划。

但在企业管理实务中，“计划”更多地使用于一段时间的工作计划，而“方案”更多地使用于某个项目的具体实施。因此，我们更倾向于使用“合规整改方案”。

（二）关于合规计划之目的

按照九部委局《第三方监督评估机制指导意见》第十一条规定，涉案企业制定和实施合规计划，目的是防止再次发生相同或者类似的违法犯罪。

我们认为，上述规定一方面明确标定了合规整改所须遵守的“规”的范围，即刑事法律法规；另一方面明确标定了合规整改的业务领域，即发生涉嫌违法犯罪行为的业务领域。这是涉案企业合规计划的直接目的，或者说狭义上的目的。就与企业涉案的具体领域按照相关的刑事法律法规进行合规整改，针对性强、见效快，易于在规定限期内完成合规整改。

但是，合规管理的目的是预防和管控企业合规风险，即企业及其员工的不合规行为给企业带来法律责任、经济损失和声誉损失的可能性。我们认为，在涉案企业制定合规计划、进行合规整改的实务中，涉案企业进行合规整改的目的，即包括直接狭义之目的（即防止再次发生相同或者类似的违法犯罪），还应包括广义之目的（即预防和管控所有合规风险，包括刑事法律风险、行政法律风险、民事法律风险，违反企业章程、内部规章制度的风险，以及违反道德规范的风险）。

（三）关于合规整改的业务领域

企业发生涉嫌违法犯罪行为的业务领域，可能局限于个别有限的层面，如企业商标领域违法犯罪仅直接涉及商标管理层面，企业偷漏税违法犯罪仅涉及税务管理领域。但是，从企业管理角度，企业商标领域是企业知识产权的组成部分之一，企业商标管理也只是企业知识产权管理的内容之一；企业偷漏税违法犯罪从更广的领域来讲，属于企业财务税收管理领域。

我们建议，涉案企业制定合规计划以及进行合规整改，其涵盖的业务领域应扩大到案件涉及的整个业务领域。例如，涉及偷漏税犯罪，扩大到加强整改财务税收领域的合规管理；涉及走私罪的，应加强整个市场交易领域的合规管理；涉及商标或专利领域犯罪的，可以参照上海市浦东新区人民检察院和中国信息通信研究院知识产权与创新发展中心联合发布的《企业知识产权合规标准指引（试行）》，在整个知识产权管理领域进行合规整改并建立合规管理体系。

（四）关于合规整改的部门法领域

企业涉嫌违法犯罪行为直接违反的法律法规可能局限于刑事法律法规。但是，从更广的法律范围来看，它可能同时违反了该业务领域内与之相关的行政法律法规和民事法律法规。

合规管理的目标是预防和管控不合规行为导致的合规风险，即导致企业承担法律责任、经济损失和声誉损失的可能性。而企业法律责任除了刑事法律责任外，还包括行政法律责任和民事法律责任，其法律渊源包括刑事法律法规、行政法律法规和民事法律法规。

我们建议，涉案企业制定合规计划以及进行合规整改，其涵盖的法律领域应扩大到与案件有关业务领域所须遵守的所有外法、内规及道德规范。例如，涉及偷漏税犯罪，扩大到适用于财务税收领域所有外法、内规和道德规范；涉及走私罪的，应扩大到适用于整个市场交易领域的所有外法、内规和道德规范；涉及商标领域犯罪的，可以参照上海市浦东新区人民检察院和中国信息通信研究院知识产权与创新发展中心联合发布的《企业知识产权合规标准指引（试行）》扩大到适用于知识产权管理的所有外法，以及涉案企业的内规和道德规范。

（五）应在合规整改中建立合规管理体系

1. 我国有关规范性文件的规定

【国家九部委局《第三方监督评估机制的指导意见》】

该指导意见并未要求涉案企业的合规计划涵盖、也未要求涉案企业在合规整改中建立合规管理体系，而只提及了合规管理体系的几个构成要素，即合规审查、合规管理制度、合规组织体系、合规风险防范报告机制等。

【国家九部委局《涉案企业合规建设、评估和审查办法（试行）》】

该办法明确要求涉案企业建立有效合规管理体系。其第一条规定："涉案企业合规建设，是指涉案企业针对与涉嫌犯罪有密切联系的合规风险，制定专项合规整改计划，完善企业治理结构，健全内部规章制度，形成有效合规管理体系的活动。"根据该办法第二章（涉案企业合规建设），涉案企业合规管理体系框架由十大要素构成，即：合规目标；合规组织体系，包括合规建设领导小组、合规管理机构或者管理人员；合规管理制度体系，即合规管理规范；人力物力保障（包括人员、培训、宣传、场所、设备和经费等）；合规风险识别、控制和监测机制；违规行为举报、调查、处理机制；合规绩效评价；定期报告机制；持续改进；合规文化。

2. 参考性规范性文件

【岱山县人民检察院《涉企案件刑事合规办理规程（试行）》】

该规程未提出要求涉案企业的合规整改方案涵盖、也未要求涉案企业在合规整改中建立企业合规管理体系，而只提及了合规管理体系的几个构成要素，即合规管理组织（建立合规部门、具体确定人员）、合规监管、违规问责、合规考核、合规培训等。

【上海市浦东新区人民检察院和中国信息通信研究院知识产权与创新发展中心《企业知识产权合规标准指引（试行）》】

该指引第五条直接提出，企业知识产权合规体系应当涵盖组织体系、制度体系、运行体系和风险识别处置体系等。亦即，该指引就是指导涉案企业建立重点领域合规管理体系的指南。

3. 国际标准：ISO 37301：2021《合规管理体系 要求及使用指南》

按照国际标准 ISO 37301：2021《合规管理体系 要求及使用指南》第 A.4.3 条规定，确定合规管理体系的范围是组织设定合规管理体系所适用的物理和组织边界的过程。在这个过程中，组织可以自由和灵活地选择在整个组织、组织中的某个特殊单位或者特定功能领域内实施合规管理体系。基于组织所面临的合规风险的性质和程度，合规管理体系的范围应当合理并与之相称。

因此，按照国际标准 ISO 37301：2021《合规管理体系 要求及使用指南》，企业可以根据其性质、规模等，建立全面合规管理体系或者重点领域合规管理体系。

4. 典型案例参考

最高人民检察院于 2021 年 6 月 3 日、2021 年 12 月 8 日分别发布了两批企业合规改革典型案例，其中有些案例对涉案企业建立管理体系做了简要介绍。

案例一：深圳 X 公司走私普通货物案

【最高人民检察院于 2021 年 12 月 8 日发布的第二批企业合规典型案例五】

X 公司制定的合规计划主要针对与走私犯罪有密切联系的企业内部治理结构、规章制度、人员管理等方面存在的问题，制定可行的合规管理规范，构建有效的合规组织体系，完善相关业务管理流程，健全合规风险防范报告机制，弥补企业制度建设和监督管理漏洞，防止再次发生类似违法犯罪。

第三方工作组经考察认为，X 集团的合规整改取得了明显效果，制定了可行的合规管理规范，在合规组织体系、制度体系、运行机制、合规文化建设等方面搭建起了基本有效的合规管理体系，弥补了企业违法违规行为的管理漏洞，从而能够有效防范企业再次发生相同或者类似的违法犯罪。

案例二：随州市Z公司康某某等人重大责任事故案（涉企危害生产安全犯罪）

【最高人民检察院于2021年12月8日发布的第二批企业合规典型案例四】

第三方监督评估组织指导涉案企业结合事故调查报告和整改要求，按照合规管理体系的标准格式制定、完善合规计划。

最高人民检察院于2021年6月3日、2021年12月8日分别发布了两批企业合规典型案例，其他典型案例中只提及了合规管理体系的几个构成要素，如组织体系、合规管理制度、风险评估、合规培训等。

5. 我们的建议

基于我国有关涉案企业合规整改的现有规范性文件、最高人民检察院于2021年6月3日、2021年12月8日分别发布的两批企业合规典型案例，参照国际标准ISO 37301：2021《合规管理体系 要求及使用指南》，我们认为：

（1）涉案企业应当在合规整改中建立合规管理体系；

（2）涉案企业应根据其所有制性质、企业规模、业务产品条线等，确定其应当建立全面合规管理体系还是重点领域合规管理体系。

如前文第三章第四节所述，我国中央企业、地方国有企业、商业银行、保险公司、证券公司和证券投资基金管理公司，按照我国有关部委的合规管理指引，已经、正在或者将要建立全面合规管理体系。如果这些公司涉嫌违法犯罪并进入合规整改程序，已经建立全面合规管理体系的企业，应当对涉案业务领域进行合规管理评估，发掘合规缺陷，进行合规整改。正在建立全面合规管理体系的企业应当在建设全面合规管理体系的同时，立即将涉案业务领域明确为合规管理重点领域，优先该业务领域合规管理体系的建设。尚未建立全面合规管理体系的企业，应当立即启动涉案业务领域的合规管理体系建设。

我国民营企业如果涉嫌违法犯罪并进入合规整改程序，应在合规整改中，按照国际标准 ISO 37301：2021《合规管理体系 要求及使用指南》建立合规管理体系。大型民营企业应在合规整改中，优先建立涉案业务领域的合规管理体系，并以此为契机和在此基础上，推动本企业全面合规管理体系建设。中小型民营企业，应建立涉案业务领域的合规管理体系；有条件的，也可以以此为契机和在此基础上，推动本企业全面合规管理体系建设。

我国外商投资企业可以按照国际标准 ISO 37301：2021《合规管理体系 要求及使用指南》建立合规管理体系。大型外商投资企业应在合规整改中，优先建立涉案业务领域的合规管理体系，并以此为契机和在此基础上，推动本企业全面合规管理体系建设。中小型外商投资企业，应建立涉案业务领域的合规管理体系；有条件的，也可以以此为契机和在此基础上，推动本企业全面合规管理体系建设。

（六）关于合规计划的要素构成——“六何模式”

传统的合规计划构成要素包括目标、措施和期限。

1932 年由美国政治学家拉斯维尔最早提出的“5W”传播模式，经过人们的不断运用和总结，逐步形成了现代项目管理的“5W+IH”模式，也有人称之为“六何”模式，包括 WHY（何原因）、WHAT（何内容）、WHERE（何地点）、WHEN（何时间）、WHO（何人员）、HOW（何进行）等六个方面。

企业合规整改，也可围绕“六何模式”来编制合规计划。

序号	要素	具体内容
1	Why（何原因）	合规计划的目的
		合规整改的直接原因：涉嫌犯罪行为
		对涉案企业进行内外部环境合规评审调研，发掘合规缺陷
2	What（何内容）	合规整改内容
3	Where（何地点）	涉案企业合规整改地点（集团、子公司、分公司等）
4	When（何时间）	合规整改期限及关键时间节点（Milestones）
5	Who（何人员）	合规整改小组（外聘服务机构人员，涉案企业内部主管领导、部门和人员）
6	How（何进行）	合规整改的重点、措施、步骤等

（七）推动涉案企业合规整改——借鉴项目管理模式和方法

从管理学角度来看，涉案企业合规整改就是一个典型的项目，也可称之为“涉案企业合规整改项目”，可以遵循企业项目管理方法来开展。

项目管理是运用各种项目管理方法和工具，为实现项目目标所开展的计划、组织、领导、控制、评价和验收等方面的活动。项目管理包括以下流程，并可以运用到企业合规整改项目当中。

1. 项目管理前期调研

对涉案企业涉案业务领域以及与之相关的公司治理机制、组织体系、制度流程以及法务、合规、内控、风险管理现状进行合规调研，发掘合规缺陷，编制合规调研报告，为制定合规计划提供基本信息基础。

2. 制定计划

制定合规计划。详见本节一以及四之（六）的介绍。

3. 建立项目组织

建立合规整改项目的领导小组、工作小组、服务机构等组织，明确职责分工。

详见本章第一节关于涉案企业合规整改组织的介绍。

4. 项目实施和控制

涉案企业按照合规计划认真履行合规计划（九部委局《第三方监督评估机制的指导意见》第十八条第二款）。

涉案企业进行自我检查监督。

第三方监督评估组织对项目过程进行良好的监督控制（包括项目进度、项目质量、项目内容完成情况等），管控项目调整，纠正项目偏差（九部委局《第三方监督评估机制的指导意见》第十二条、第十七条：在考察期内，第三方监督评估组织可以定期或不定期地对涉案企业合规计划履行情况进行检查、评估，可以要求涉案企业定期书面报告合规计划的执行情况，同时抄送负责办理案件的人民检察院。涉案企业应当予以配合）。

5. 项目完成和评价验收

合规计划完成后，项目工作小组应当提交项目报告和项目验收申请，接受项目评价验收。

九部委局《第三方监督评估机制的指导意见》没有对涉案整改项目的评价验收作出明文规定。但其第十三条、第十四条、第十五条、第十六条的规定涵盖了类似评价验收程序：

（1）第三方监督评估组织检查、评估、考核

第三方监督评估组织在合规考察期届满后，对涉案企业的合规计划完成情况进行全面检查、评估和考核，并制作合规考察书面报告，报送负责选任第三方监督评估组织的第三方监督评估机制管委会和负责办理案件的人民检察院。

上海市浦东新区人民检察院和中国信息通信研究院知识产权与创新发展中心联合发布的《企业知识产权合规标准指引（试行）》对第三方监督评估

体系做了详细规定，包括设计评估、执行评估和质效评估，可以借鉴。

（2）检察机关审查核实

人民检察院对第三方监督评估组织合规考察书面报告进行审查，向第三方监督评估机制管委会提出意见建议，必要时开展调查核实工作。人民检察院应当将第三方监督评估组织合规考察书面报告、涉案企业合规计划、定期书面报告等合规材料，作为依法作出批准或者不批准逮捕、起诉或者不起诉以及是否变更强制措施等决定，提出量刑建议或者检察建议、检察意见的重要参考。

（3）听证

人民检察院对于拟作不批准逮捕、不起诉、变更强制措施等决定的涉企犯罪案件，可以根据《人民检察院审查案件听证工作规定》召开听证会，并邀请第三方监督评估组织组成人员到会发表意见。

在最高人民检察院于 2021 年 6 月 3 日、2021 年 12 月 8 日分别发布的两批企业合规典型案例中，大都经过了听证程序。

从项目管理角度来看，合规整改项目的验收可以参看本书第三章（企业合规管理项目验收）。我们也建议有关检察机关就合规整改项目的评估验收制定更加系统性的程序和标准。

第七章　企业合规管理体系认证

第一节　管理体系认证概述

认证，是一种独立第三方或政府监管机构的信用保证形式。

按照国际标准化组织（ISO）和国际电工委员会（IEC）的定义，认证是指由国家认可的认证机构证明一个组织的产品、服务或管理体系符合相关标准、技术规范或其他要求的合格评定活动。

我国在认证领域的主要法规《中华人民共和国认证认可条例》(2020 年修订版）中也给出了认证的定义：认证是指“由认证机构证明产品、服务、管理体系符合相关技术规范、相关技术规范的强制性要求或者标准的合格评定活动”。

认证按强制程度可分为自愿性认证和强制性认证两种，按认证对象分主要有管理体系认证、产品认证和服务认证三种。

一、管理体系认证

管理体系认证通常是由第三方认证机构对组织的某个或多个管理体系进行的合格评定并出具认证证书的活动，最早是从质量管理体系认证开始起步的。

1987 年，国际标准化组织（ISO）发布了世界上第一套管理体系国际标准，即以 ISO 9001：1987 为代表的质量管理体系系列标准。ISO 9001 等质量管理体系标准获得大多数国家的认可和等同采用，随之引发了世界范围内的质量管理体系认证热潮，并延续至今。

之后，随着《ISO 14001：1997 环境管理体系规范及使用指南》《OHSAS18001：1999 职业健康安全管理体系规范》《ISO 27001：2005 信息安全管理体系 规范及使用指南》《ISO 50001：2011 能源管理体系 要求及使用指南》《ISO 37001：2015 反贿赂管理体系 要求及使用指南》等各个领域管理体系国际标准的陆续发布，越来越多的企业愿意通过各类管理体系标准的导入和贯标活动来规范企业管理并提升管理水平和管理绩效，相关领域的管理体系认证活动开展也方兴未艾。

目前，管理体系认证活动已发展成为当今社会各类经济活动中不可或缺的一环，其对促进企业及各类组织管理水平与经济贸易活动的发展发挥了重要作用。

二、中国的管理体系认证认可制度及认证机构

（一）概述

依据《中华人民共和国认证认可条例》的“总则”规定，中国实行统一的认证认可监督管理制度，对认证认可工作实行在国务院认证认可监督管理部门统一管理、监督和综合协调下，各有关方面共同实施的工作机制。国务院认证认可监督管理部门确定的认可机构，独立开展认可活动。

这里所称的国务院认证认可监督管理部门，即国家认证认可监督管理委员会（英文简称 CNCA），隶属于国务院直属的国家市场监督管理总局。所称

的认可机构，即中国合格评定国家认可委员会（英文简称 CNAS），由国家认证认可监督管理委员会批准成立并确定的认可机构，统一实施对认证机构、实验室和检验机构等相关机构的认可工作。

《中华人民共和国认证认可条例》也给出了认可的定义：认可是指“由认可机构对认证机构、检查机构、实验室以及从事评审、审核等认证活动人员的能力和执业资格，予以承认的合格评定活动”。

（二）管理体系认证认可要求

同认证一样，认可本质上也是一种合格评定活动，它代表着一个国家的监管机构对认证机构及其人员能力的一种认可。

目前，我国的合格评定认可机构（CNAS）对管理体系认证机构的认可工作，主要依据《中华人民共和国认证认可条例》《认证机构认可规则（CNAS-RC01：2020）》《合格评定 管理体系审核认证机构要求（ISO/IEC17021-1：2015）》（2019 年第一次修订）等文件要求进行。

根据认可目的以及认可决定的不同，认可机构对管理体系认证机构的认可活动主要包括以下类型：

1. 初次认可；

2. 监督评审；

3. 复评。

通过认可机构认可的认证机构，会获得相应的认可证书和认可标志。认可证书通常会注明认可业务范围（获得认可的认证业务范围）。根据不同的认证目的，对认证业务范围的分类可能有多种分类方法。一般根据行业或活动的不同特征（如初级生产、制造、服务业等）、产品或服务实现的不同过程（如机械、电子、食品、金融、医疗等）和活动的不同属性（如质量、安全、环境等）、产品标准等进行认证业务范围的分类。

需要注意的是，认可机构对认证机构的认可仅表明，认可机构承认获准认可的认证机构在认可范围内具有从事认证服务的能力，但并不表明认可机构批准了认证机构所颁发的认证证书。

除了中国的认可机构 CNAS 之外，世界知名的其他国家认可机构还有美国的 ANAB（美国国家认可委员会）、英国的 UKAS（英国皇家认可委员会）、德国的 DAKKS（联邦德国国家认可委员会）、日本的 JAB（日本国家认可委员会）等。

认证机构可以申请不同国家多个认可机构的认可，获得多个认可机构认可的认证机构，可以根据认证申请组织的需要，在所颁发的认证证书上同时使用多个认可标志，以彰显其认证证书的权威性。

（三）管理体系认证机构

认证机构是指依法取得资质，对产品、服务和管理体系是否符合标准、相关技术规范要求，独立进行合格评定的具有法人资格的证明机构。认证机构从事认证活动，须向国家认证认可监督管理委员会提出申请并获得批准，不得超出批准范围从事认证活动。

认证机构可以结合业务发展需要及自身能力，申请包括产品、服务和管理体系在内的一项或多项认证业务。取得认证机构资质，需要符合下列条件：

1. 取得法人资格；
2. 有固定的办公场所和必要的设施；
3. 有符合认证认可要求的管理制度；
4. 注册资本不得少于人民币 300 万元；
5. 有 10 名以上相应领域的专职认证人员。

目前，我国经国家认证认可监督管理委员会批准的、包括各类管理体系的认证机构总数有数百家。其中主要的认证机构包括中国质量认证中心、方圆标志认证中心、上海质量体系审核中心、中国船级社质量认证公司、北京中质协质量保证中心、广东质量体系认证中心、广州赛宝认证中心服务有限公司、杭州万泰认证有限公司，等等。另外，还有一些国外认证机构也在中国设立分支机构并获准从事管理体系认证业务，如BSI（英国标准协会）、SGS（瑞士通用公证行）、BV（法国必维国际检验集团）、TÜV（德国技术监督协会，包括德国莱茵集团和南德意志集团）、LRQA（英国劳氏质量认证有限公司），等等。

三、管理体系认证的价值

管理体系标准基本上都属于推荐性标准，并且具有普适性，各类组织均可自愿采用，管理体系认证也基本上属于自愿性认证。不同的组织申请管理体系认证并取得认证证书的主要目的不尽相同，有的是为了提升管理水平并促进管理体系的持续改进，有的是通过第三方认证证书来获得市场和客户认可，有的是为了满足对外合作及招投标的准入要求等，不一而足。

当然，不同领域管理体系标准的应用对组织带来的核心价值也肯定有所不同。总体来说，组织依据某个管理体系标准要求，策划、建立并有效运行相应的管理体系，通过第三方认证并保持认证证书的活动，在客观上可以确保所建立的管理体系得到有效保持和持续改进。此外，在不同的应用场景下，组织还可以在不同程度上获得以下四个主要的综合价值：

（一）获得第三方信用保证，提升品牌形象

这也是认证活动的基本价值。在某种程度上，组织成功通过第三方认证取得认证证书，就是获得第三方认证机构的信用背书。证书既是对组织管理

规范性和专业性的证明，也是对组织管理能力的一种认可。

证书可以帮助组织获得潜在投资者、监管机构、市场和客户、合作伙伴、融资渠道、保险公司等利益相关方更多的信赖，从而有利于组织在经济活动和市场竞争中取得一定的相对优势。

另外，在管理体系标准发布初期，就率先通过第三方认证的企业，也会因积极拥抱国际先进管理理念并进行规范管理，有助于打造积极进取的品牌形象，或成为行业典范。

（二）借助第三方监督评价，促进管理水平的持续提升

ISO 管理体系国际标准的立项、起草和发布，是一个非常复杂又严谨的过程。基本上，管理体系国际标准都是相关领域最佳管理实践和先进管理理论的结晶。对大多数组织而言，标准具备较高的应用价值。

组织依据管理体系国际标准建立相应的管理体系并有效运行，可以在现有基础上进一步优化管理理念、规范管理过程、提升管理能力。同时，通过第三方认证并保持证书，可以借助第三方的持续监督和评价，促进管理体系的持续完善与提升，实现较好的管理绩效。

（三）越过准入门槛，获得更多的市场机会

管理体系认证虽然是一种自愿性认证，但在很多经济活动和商业实践中，管理体系认证证书又是一种必备的通行证，这在客观上又让管理体系认证显得有些“强制性”色彩。比较典型的就是招投标活动，很多组织都会在招标采购文件中，把能提供一个或多个管理体系证书作为准入门槛之一。

在许多国内国际贸易活动中，客户在选择供应商时，也会对供应商的管理体系认证提出明确要求，甚至要求供应商的供应商也需要进行管理体系的认证。这样，通过整个供应链的逐级驱动，在整个行业形成管理体系的“强

制性”认证现象。比较典型的是汽车行业对 IATF16949 质量管理体系的认证要求。

（四）减少二方审核，降低管理体系的评价成本

很多公司在选择、确定供应商或合作伙伴时，会对供应商、合作伙伴的质量、环境、职业健康安全、社会责任等管理体系进行审核和评价，以验证供应商、合作伙伴在相关领域的管理理念和管理能力是否满足要求。这通常被称为二方审核，即需方对供方的审核。

为有效识别并降低供应链可靠性和商业合作的风险，二方审核当然无可厚非，但也的确存在一定的弊端。一方面，一个供方通常要为多个需方供货，供方要频繁地接待不同需方的二方审核，这不仅对供方正常的工作秩序造成了一定影响，也在人力、时间、费用等方面给供方带来了不小的负担。另一方面，需方为实施二方审核也需要付出相当的成本，同时还要考虑实施二方审核的人员经验、能力和职业道德问题，若审核人员本身不能胜任，即使花费不菲也达不到预期目的。

第三方认证活动可以在一定程度上消除这个弊端。经过国家认可的第三方认证机构无论是在专业能力还是公信力方面，都有一定的保证。其所出具的第三方认证证书，可以代替或简化大量的二方审核活动，从而降低整个社会在管理体系评价方面的成本。

四、合规管理体系认证

（一）合规管理体系认证标准

2021 年 4 月 13 日，国际标准化组织（ISO）正式发布了合规管理领域首个可用于第三方认证的合规管理体系标准，即 ISO 37301：2021《合规管

理体系 要求及使用指南》（Compliance management systems—Requirements with guidance for use）。该标准的出台，为合规管理体系认证提供了必要条件。

国际标准 ISO 37301：2021《合规管理体系 要求及使用指南》提供了合规管理的基本原则、框架和系统方法论，是世界各个国家和地区在合规管理领域最佳实践和先进理论的集大成者。标准甫一出台，各个国家和地区认证机构便立即开启了合规管理体系标准的研究与认证活动。截至目前，在国际上，有迪拜市政厅、韩国 LG 能源公司、奥地利 AME 公司等组织已获得合规管理体系认证证书，国内也已有美的集团、中国移动国际有限公司、百度智能云等成功获得第三方认证证书。同时有更多的领先企业也已走在合规管理体系的对标建设的道路上，积极准备申请第三方认证。

在当今全球各个国家和地区都在加强合规监管的大背景下，对各类企业而言，“拥抱监管、合规运营”已是大势所趋。基于国际标准 ISO 37301：2021《合规管理体系 要求及使用指南》的合规管理体系建设及其认证活动，势必会在全球范围内的合规热潮中，将企业的合规治理与管理推向一个更高的层次。

（二）合规管理体系认证证书的作用

我们国家最高人民检察院、司法部、财政部、生态环境部、国务院国有资产监督管理委员会、国家税务总局、国家市场监督管理总局、全国工商联、中国国际贸易促进委员会等部委在 2021 年 6 月 3 日出台了《关于建立涉案企业合规第三方监督评估机制的指导意见（试行）》（以下简称《意见》）。

《意见》规定：涉案企业应提交合规计划，且其合规计划应“主要围绕与企业涉嫌犯罪有密切联系的企业内部治理结构、规章制度、人员管理等方面存在的问题，制定可行的合规管理规范，构建有效的合规组织体系，健全合规风险防范报告机制，弥补企业制度建设和监督管理漏洞，防止再次发生相同或者类似的违法犯罪”。同时，“第三方组织应当对涉案企业合规计划的可行性、有效性与全面性进行审查，提出修改完善的意见建议，并根据案件具体情况和涉案企业承诺履行的期限，确定合规考察期限”。

这里提及的、对涉案企业合规计划内容的要求，以及对合规计划可行性、有效性与全面性的评价，也正是国际标准 ISO 37301：2021《合规管理体系 要求及使用指南》的基本要求。同时，基于风险防范思维、持续改进思维、系统性思维等都是管理体系标准的基本管理理念。相信该标准的先进管理理念和科学方法论，无论在帮助涉案企业完善合规管理体系建设方面，还是在帮助第三方组织对涉案企业合规管理体系的适宜性和有效性进行评价方面，都会充分发挥积极作用并展现其价值。

虽然世界各个国家和地区尚未就合规管理体系的第三方认证证书在行政监管和司法量刑中如何发挥积极作用做出明确规定，但随着合规管理体系标准的普遍应用，以及合规管理体系认证活动的深入开展，体系证书的积极作用应该是可以预见的。事实上，在国际标准 ISO 37301：2021《合规管理体系 要求及使用指南》的引言中已明确提到：“监管和司法机构也可以将本标准作为一个基准，并从中受益。”

（三）《合规管理体系 要求及使用指南》在中国

2014 年 12 月 15 日，国际标准化组织（ISO）发布了首个关于合规管理体系的国际标准 ISO 19600：2014《合规管理体系指南》。之后不久，中国标准化研究院发起了对该标准的等同采用及转化工作，连同中国石油天然气集团公司、中兴通讯股份有限公司一起，共同起草并于 2017 年 12 月 29 日发布了中国国家标准 GB/T 35770—2017《合规管理体系指南》。

2016 年 9 月，第 39 届国际标准化组织大会在中国北京召开，会议决定成立由英国标准协会（BSI）提议的 TC309 组织治理技术委员会，负责起草或修订与组织治理有关的管理标准，其中一个重要组成部分即合规管理体系标准。

之后在 2018 年 11 月，ISO/TC309 组织治理技术委员会在澳大利亚悉尼召开会议，确定将 ISO 19600 标准升级为合规管理体系的要求标准，并基于最新的合规管理实践，着手起草 ISO 37301 标准，以替代 ISO 19600 标准。中国标准化研究院作为 ISO/TC309 的国内技术对口副组长单位，连同北京大成律师事务所、中建科技集团、中国工商出版社、深圳市标准技术研究院等单位一起，组织相关专家共同参与了国际标准 ISO 37301：2021《合规管理体系 要求及使用指南》的制定，为该标准贡献了中国理论和最佳实践。

随着国际标准 ISO 37301：2021《合规管理体系 要求及使用指南》的发布，中国国家标准 GB/T 35770 的升级换版工作也正在进行中，以等同采用 ISO 37301 标准的最新要求。目前，在中国从事管理体系认证业务的部分第三方认证机构，已获准依据该标准开展合规管理体系的认证工作，主要包括 BSI（英国标准协会）、SGS（瑞士通用公证行）、CQC（中国质量认证中心）等。

第二节　ISO 37301：2021《合规管理体系 要求及使用指南》介绍及解读

1987 年，国际标准化组织（ISO）首开先河，发布了世界上第一个管理体系国际标准（ISO 9000 系列质量管理标准），在世界范围内取得了巨大成功，国际标准化组织也因此名声大噪。各类组织纷纷学习、导入并应用 ISO 9001 质量管理体系标准，引发了经久不衰的 ISO 9000 全球热潮。

随后，国际标准化组织陆续发布了环境管理、职业健康安全管理、能源管理、食品安全管理、信息安全管理、风险管理、业务连续性管理、资产管理、设施管理、反贿赂管理、隐私信息管理等诸多领域的管理体系标准，同样受到各类组织的欢迎和广泛认同。

2021 年，为了强化企业合规管理体系的系统性和完整性，帮助企业更好地应对全球化竞争中面临的合规风险，国际标准化组织发布了 ISO 37301：2021《合规管理体系 要求及使用指南》这一标准。

一、标准的发展历程

中文“合规”一词，是由英文“compliance”翻译而来，按商务印书馆出版的第九版《牛津高阶英汉双解词典》，“compliance”一词意指“服从、顺从、遵从”。在第六版《现代汉语词典》中，未见“合规”一词收录。

今天，在企业治理与管理的实践中所说的合规，通常主要指企业的经营活动符合相关法律法规、行业准则、内部规章制度以及商业道德和社会公德的要求。合规管理的实践和相关理论经历了如下几个发展阶段。

（一）合规管理的初始化阶段

依法经营是企业与生俱来的义务与责任，但企业的根本目的之一是追逐利润，当合规与企业利益产生重要冲突时，外界的监管力度无疑是决定企业进行合规取舍的主要因素之一。

一般认为，对企业合规的严格监管最早始于美国银行业。1929 年至 1933 年的美国经济大萧条，为当时的美国社会带来了极大的危机和灾难。在这场史无前例的经济大萧条中，金融业是受创最为严重的行业，为了防止这一空前的经济危机重演，美国金融监管机构加强了对银行的监管，银行是否严格执行相关法律法规和规章制度是监管的重要内容。

1977 年，美国发生著名的“水门事件”，使公众对政府高官和大企业主管这些传统上受人尊敬的上层阶层的诚信产生严重质疑，要求加强对政府官员和大企业行为的监督。同年，美国《反海外腐败法案》出台。该法案设定了反腐败条款与会计条款，旨在严惩进行海外贿赂的美国公司，同时对外国公司在美国的贿赂行为，或外国公司在美国海外分支机构的贿赂行为同样具有法律约束力。此后，美国对海外贿赂行为和垄断行为的监管与惩罚日趋严格，美国公司普遍开始重视合规化经营，合规也成了美国企业普遍的治理重点。

（二）合规管理的规范化阶段

1991 年，美国联邦量刑委员会出台了《组织量刑指南》，该指南对有效合规管理的要点作出指引，列出了有效合规管理的最低标准：一是建立合规政策和标准，合理预防犯罪行为的发生；二是指定高层人员监督企业的合规政策和标准执行；三是禁止向那些可能有犯罪倾向的个人授予重大自主决定权；四是通过培训等方式向员工普及企业合规的政策和标准；五是建立有效的监督措施，如利用检测、审计系统发现犯罪行为，建立违规举报制度并确保员工可以举报可能的违规行为；六是建立惩戒机制，严格执行合规标准；七是在犯罪行为发生后，采取必要措施应对犯罪行为，预防类似行为的再次发生。

《组织量刑指南》首次以官方身份，对企业的合规管理提出规范化要求，确定了合规管理的基本框架，为美国企业的合规管理体系建设提供了依据和指引，同时也为其他政府组织、各类国际组织等监管机构出台合规管理相关的规范性文件，提供了有益的参考。

在之后的几十年间，包括美国纽约银行、安然、世通、德国西门子、英国 BP 等知名公司在内的大型企业和跨国巨头，相继爆出各种类型的犯罪和欺诈事件，引发公众强烈不满以及监管机构对企业合规更加严厉的监管。巴塞尔银行监管委员会、经济合作与发展组织、美国司法部、中国国务院国资委等各类国际组织和国家监管机构纷纷出台了有关合规的规范和指引性文件，就合规管理的原则、主题、框架、基本要素等方面，提出明确要求或参考指南。

以下按时间顺序，列举了有关企业合规管理的国际组织文件、国际标准以及我国有关国家标准、指引和办法（以下统称“合规管理规范性文件”）：

1.2005 年 4 月，巴塞尔银行监管委员会发布了《合规与银行内部合规部门》，对银行业的合规管理提出了 10 项指导原则：（1）董事会负责监督合规风险管理；（2）高级管理层负责合规管理的有效性；（3）高级管理层负责制定并传达合规政策，向董事会报告合规风险管理；（4）组建常设和有效的合规部门；（5）合规部门的独立性；（6）合规部门应配备有效履责的资源；（7）合规部门负责协助高管管理合规风险；（8）合规部门的工作接受审计部门的检查；（9）应符合当地的法律和监管要求；（10）合规部门的工作可以外包，但应受合规负责人的监督。

2.2006 年 10 月，中国原银监会颁布了《商业银行合规风险管理指引》，在其中较早地使用了合规的概念，为商业银行合规风险管理提供了指引，合规管理在我国金融企业率先开展起来。

3.2007 年 7 月，中国证监会发布了《证券公司合规管理试行规定》。

4.2007 年 9 月，中国原保监会发布了《保险公司合规管理办法》（2016 年修订）。

5.2010 年 2 月，经济合作与发展组织（OECD）发布了《内控、道德与合规最佳实践指南》。

6.2010 年 9 月，世界银行集团发布了《诚信合规指南》，提出诚信合规管理的 11 项原则：（1）禁止不当行为；（2）职责；（3）合规计划启动与风险评估及检查；（4）内部政策；（5）针对业务伙伴的政策；（6）内部控制；（7）培训与交流；（8）激励机制；（9）报告制度；（10）不当行为的补救措施；（11）集体行动。详细内容，请参考本书第一章。

7.2014 年 11 月，亚太经合组织（APEC）发布了《高效率公司合规项目基本要素》。

8.2017 年 2 月，美国司法部发布了《公司合规管理评价指引》(2019 年修订)，提出 13 项评价主题：（1）风险评估；（2）政策与程序；（3）培训和沟通；（4）举报和调查机制；（5）第三方管理；（6）并购尽职调查；（7）高中层管理人员的承诺；（8）独立性和资源；（9）激励和惩罚措施；（10）持续改进；（11）定期测试和审查；（12）对不当行为的调查；（13）分析和补救不当行为。

9.2017 年 10 月，中国证监会发布了《证券公司和证券投资基金管理公司合规管理办法》。

10.2018 年 11 月，中国国务院国有资产监督管理委员会发布了《中央企业合规管理指引（试行）》，提出了中央企业合规管理的 14 项主题：（1）合规管理原则；（2）合规管理职责；（3）合规管理重点领域与环节；（4）合规管理制度；（5）合规风险识别预防机制；（6）合规风险应对；（7）合规审查；（8）违规问责；（9）合规管理体系有效性评估；（10）合规考核评价；（11）合规管理信息化；（12）合规培训；（13）合规文化；（14）合规报告。

11.2018 年 12 月，我国发改委等七部委联合发布了《企业境外经营合规管理指引》，主要规定了 15 个合规管理要素：（1）合规治理结构；（2）合规管理机构；（3）合规管理协调；（4）合规管理制度；（5）合规培训；（6）合规汇报；（7）合规考核；（8）合规咨询；（9）合规举报与调查；（10）合规问责；（11）合规风险；（12）合规审计；（13）合规管理体系评价；（14）持续改进；（15）合规文化建设。

12.2019 年 5 月，美国财政部海外资产控制办公室（OFAC）发布了《合规承诺框架》，提出制裁合规方案（SCP）应至少包含以下五大类合规要素：（1）管理层承诺（含评审、授权、资源、文化、违规认知）；（2）风险评估；（3）内部控制（含书面政策和程序、内部控制、审计、记录、改进、沟通、融合）；（4）测试及审计；（5）培训。

13.2020 年 9 月，中国国务院反垄断委员会发布了《经营者反垄断合规指南》。

14.2022 年 2 月，上海市杨浦区人民检察院联合上海市杨浦区工商业联合会、上海市信息服务业企业协会、上海市数据合规与安全产业发展专家工作组共同制定发布了《企业数据合规指引》。

15.2022 年 9 月 16 日，国务院国有资产监督管理委员会在其官方网站发布《中央企业合规管理办法》，提出了中央企业合规管理的 14 项主题：（1）合规管理组织；（2）合规管理制度；（3）合规风险管理；（4）合规管理计划与合规报告；（5）合规审查；（6）违规整改；（7）违规举报；（8）违规问责；（9）合规管理体系有效性评价；（10）合规绩效考核；（11）合规文化；（12）合规管理信息化；（13）监督问责；（14）合规管理资源。

（三）合规管理的标准化阶段

以上各类机构发布的有关合规管理的各种规范和指引，基本上都是基于监管的需要，结合各自领域的合规管理实践，提出了各自比较关注的合规管理原则、主题或关键要素。由于各类机构监管活动的目的和内容各不相同，对合规管理的理解也不尽一致，因此所规定的合规管理要素也必然各不相同。

这就对企业构成一个挑战。一个企业由于其业务活动、市场的多样性和复杂性，通常会面临多个不同国家、不同领域、不同类型监管机构的共同监管，如何构建一个全面、系统、有效的合规管理体系，能够同时满足不同监管机构的基本监管要求，是各类企业共同的现实需求。

基于这种需求，国际标准化组织于2014年发布了《ISO 19600：2014合规管理体系指南》，世界上首个基于“高阶结构”的通用的合规管理体系标准，为各类企业策划、建立、运行、保持和持续改进一个系统、有效的合规管理体系，提供了权威、统一的方法。2017年，我国国家标准化管理委员会等同采用该标准，发布了国标GB/T35770—2017《合规管理体系指南》。

遗憾的是，《ISO 19600：2014合规管理体系指南》只是一个指南性质的B类标准，并不是一个可供认证的标准，企业即使导入该标准，也无法凭借第三方认证证书的方式向公众和监管机构展示其在合规管理方面的规范性和有效性。随着合规监管日趋严厉，对企业合规管理的评价与验收活动也日益增多。能够由专业而独立的第三方认证机构通过对企业的合规管理体系进行评定并提供信用保证，是包括企业和各类监管机构在内的整个社会的共同需要。

因此，国际标准化组织于2021年4月13日正式发布的国际标准ISO 37301：2021《合规管理体系 要求及使用指南》应运而生。该标准是由ISO/TC309（组织治理技术委员会）组织编制，是对ISO 19600标准的修订，并替代后者，可适用于各种类型的组织。该标准同样是一个基于“高阶结构”的管理体系标准，并且是一个可供认证的标准。

自此，合规管理正式进入标准化时代。

二、标准架构及其特点

为增强不同管理体系标准之间的协调性和兼容性，国际标准化组织对管理体系标准的架构进行了优化和统一，规定自 2012 年起，所有管理体系标准的新编和修订，均需采用通用的“高阶结构”（high level structure）。

“高阶结构”的管理体系标准具有以下五个共同的主要特征：

1. 均基于风险思维；

2. 均基于 PDCA 管理逻辑；

3. 均采用“过程方法”；

4. 结构一致，均具有相同的 10 个主条款；

5. 采用一些共同的术语和定义。

当然，不同领域的管理体系标准可以在“高阶结构”的 10 个主条款基础上，设置一些个性化的分条款，以及各领域适用的其他术语和定义。

以下简要说明上述五个主要特征在国际标准《ISO 19600：2014 合规管理体系指南》中的具体体现。

（一）基于风险思维

组织建立管理体系，根本目的是确定管理方针、目标并实现目标，最终支撑组织战略意图的实现，以获得长期成功。而任何目标的实现均具有一定的不确定性，这种影响目标实现的不确定性即风险。

为了确保实现管理体系的预期结果和目标，需要对组织所面临的内外部情境、相关方需求进行动态分析，以识别潜在的风险（包括负面影响的威胁和正面影响的机遇），并建立高层次（如战略性）的理解，将所获得的信息用于指导管理体系的策划与改进。

这是所有管理体系都需要考虑的“高层次”风险，也可以说是组织管理体系自身的风险。对这类风险的充分识别、正确理解和有效应对，是确保组织管理体系自身适宜性、充分性和有效性的重要基础。这也是“高阶结构”管理体系标准基于风险思维的一个体现。

除了管理体系自身的风险，合规管理体系还需要重点识别并应对与合规义务相关的合规风险。有效管控合规风险，是合规管理体系存在的根本目的。这是标准基于风险思维的另一个体现。

此外，标准的风险思维还体现在对变更管理的重视，因为变更带来的不确定性会导致组织的风险发生变化。标准的 6.3 条款（变更策划）和 8.1 条款（运行策划和控制）均提出了对变更风险的控制要求。

（二）基于 PDCA 管理逻辑

PDCA（Plan-Do-Check-Act）循环，又称戴明环，是由美国质量管理大师戴明博士完善、推广、普及的一个经典的质量管理工具。由于简单易用，广受欢迎。管理体系标准的“高阶结构”，总体上也采用了 PDCA 的管理逻辑。

下图是国际标准 ISO 37301：2021《合规管理体系 要求及使用指南》的基本架构示意图，展现了合规管理体系的基本结构及相关要素。正如上文所述，底层的组织情境是合规管理体系构建的重要输入，是确保体系成功的战略性基础。顶层的六个方面目标和六个方面原则，是合规管理体系构建的重要指导思想。

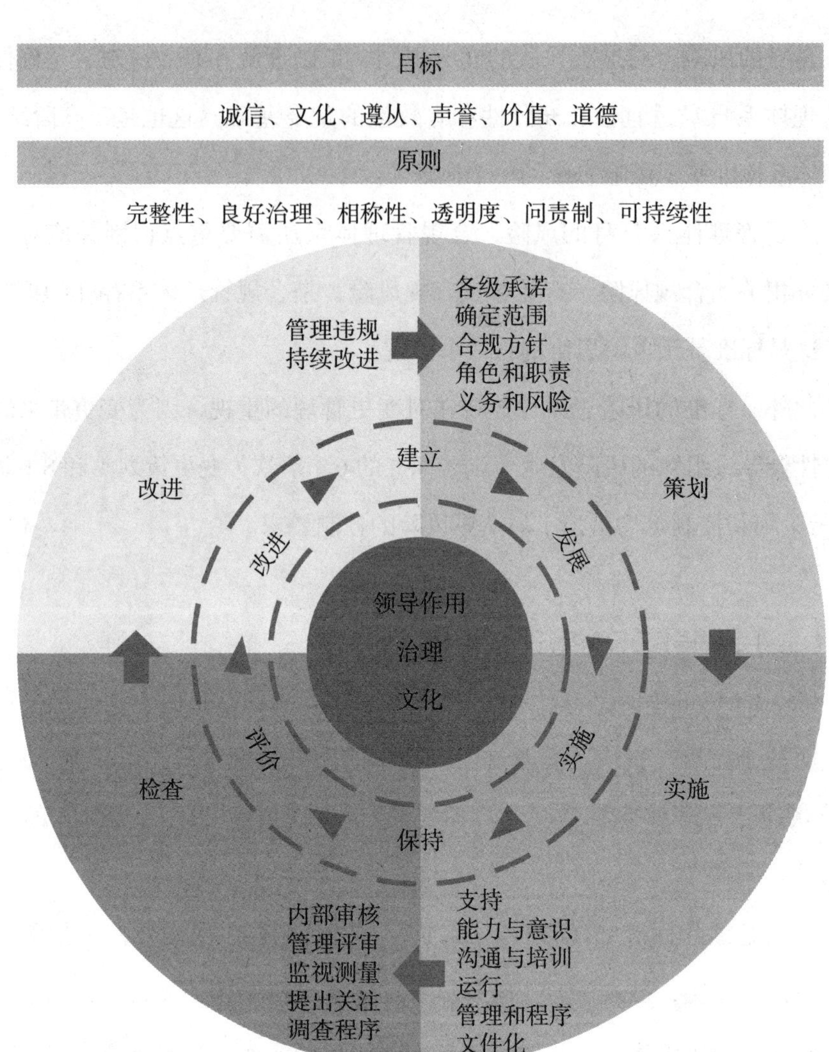

图　ISO 37301 标准的基本架构

关于合规管理原则，其实不同的合规管理规范性文件有不同的说法，国际标准 ISO 37301：2021《合规管理体系 要求及使用指南》给出的六个原则是完整性、良好治理、相称性、透明度、问责制、可持续性。

完整性主要是强调合规义务识别的系统性，以及在建立合规管理体系时需要考虑体系要素的完整性。良好治理意在强调治理机构在合规管理中的重要性，包括最高管理层的承诺和积极参与。相称性主要是强调效率与成本的平衡，所建立的合规管理体系应与组织规模、管理成熟度以及活动的复杂程度相适应，合规风险的管控措施及投入资源要与合规风险的等级相适应。透明度意在强调合规管理的公开、公正、公平。问责制强调对不合规行为的追责，包括惩戒不法行为人以及对相关管理人员的问责。可持续性主要是强调对合规义务的持续遵从，应通过将合规意识嵌入组织文化以及相关人员的行为和态度中，确保合规具备可持续性。

居于中间位置的同心环，其中心是领导作用、治理和文化三个核心要素，也是合规管理体系能够取得成功的关键所在。作为 ISO/TC309 组织治理技术委员会所出台的标准，国际标准 ISO 37301：2021《合规管理体系 要求及使用指南》的鲜明特色之一是将组织治理作为管理体系的一个核心要素。这凸显了合规管理对组织可持续发展的重要意义，也与组织治理层所背负的合规责任相一致。

合规文化是组织价值观的重要组成部分，是关于共同行为准则的积极、明显、一致和持续的承诺。有效的合规管理需要治理机构和最高管理层的积极承诺，并确保制定与组织战略方向一致的合规方针和合规目标，提供合规管理体系所需的各类资源。同时，通过实施促进合规行为的措施，将合规文化融入组织工作人员的行为中。这些都凸显了治理机构和最高管理层不可替代的领导作用。

中心环外面是基于 PDCA 管理逻辑的合规管理体系的主要过程 / 要素，包括体系的策划（建立与开发）、实施（实施与保持）、检查（评价）与改进（改进）四个基本环节。分布在这四个环节的各个过程 / 要素，也就是标准第 4 到第 10 章节 / 条款规定的各项管理要求。

（三）“过程方法”的应用

所谓过程，即利用输入实现预期结果的相互关联或相互作用的一组活动。一个过程的输出可成为其他过程的输入，并联结成过程链条或网络。管理体系是由相互关联的过程所组成的，管理体系的某些过程可能是关键的，而另外一些则不是。

将组织的各类活动作为相互关联、功能连贯的过程组成的体系来进行整体理解和管理时，可更加有效和高效地得到一致的、可预知的结果。组织的人员在过程中协调配合，开展他们的日常活动。这些过程相互作用以产生与组织的目标相一致的结果，并跨越职能界限。

虽然不同组织的合规管理体系，通常看起来是由相类似的过程所组成，但每个组织及其合规管理体系实际上都是独特的。“过程方法”在合规管理体系中的应用，主要可体现在以下方面：

1. 确定合规管理体系的目标和实现这些目标所需的过程；

2. 为有效管理过程规定必要的职责、权限；

3. 了解组织的能力，预先确定资源需求及约束条件；

4. 识别、确定过程之间的相互依赖关系，分析个别过程的变更对整个管理体系的影响；

5. 将相关过程及其相互关系和相互作用作为一个整体进行管理，以有效和高效地实现组织的合规目标；

6. 确保获得必要的信息，以运行和改进过程，并监视、分析和评价整个管理体系的绩效；

7. 管理可能影响过程输出和管理体系整体结果的风险。应用“过程方法”的主要益处可能有以下几个方面：

1. 提高关注关键过程的结果和改进机会的能力；

2. 通过由协调一致的过程所构成的管理体系，得到一致的、可预知的结果；

3. 通过过程的有效管理、资源的高效利用以及跨职能壁垒的减少，尽可能提升组织的合规管理绩效；

4. 使组织能够向相关方提供关于其一致性、有效性和效率方面的信任。

（四）标准的 10 大条款

“高阶结构”的管理体系标准采用以下 10 个通用的一级条款：

1. 范围（scope）；
2. 规范性引用文件（normative references）；
3. 术语和定义（terms and definitions）；
4. 组织情境（context of the organization）；
5. 领导作用（leadership）；
6. 策划（planning）；
7. 支持（support）；
8. 运行（operation）；
9. 绩效评价（performance evaluation）；
10. 改进（improvement）。

在标准第 4 到第 10 的一级条款中，都设有若干个二级条款，其中多数二级条款名也是“高阶结构”通用的，有些则是本标准特有的，如 4.5 合规义务、4.6 评估合规风险、8.3 提出关注事项、8.4 调查程序等。标准的所有一级条款和二级条款及其结构详见下图。

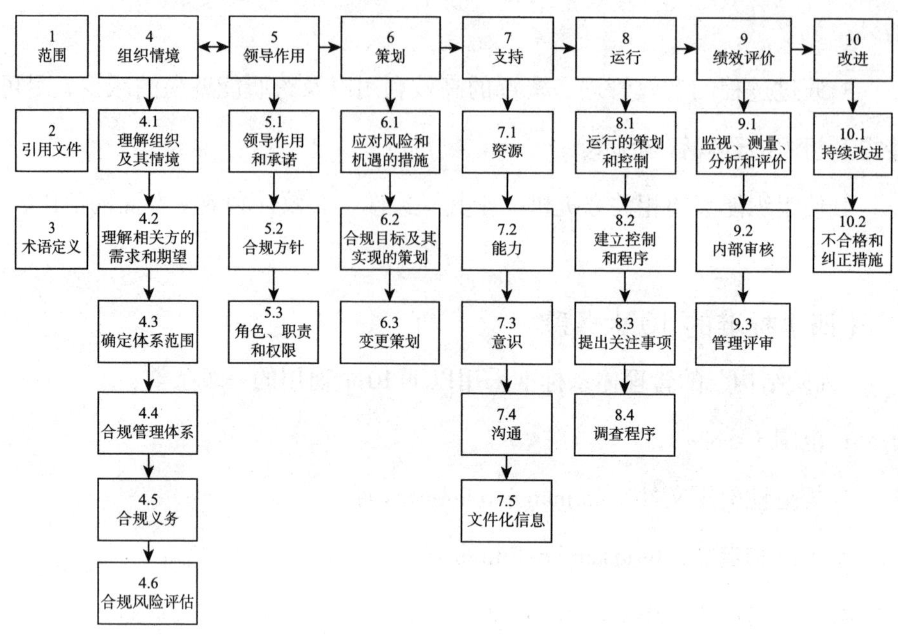

图　ISO 37301 标准条款结构图

通过这个结构图也可以看出“高阶结构”的 PDCA 管理逻辑，第 4 至第 6 三个章节大体上属于 P（策划）环节，第 7 至第 8 两个章节大体上属于 D（实施）环节，第 9 章节大体上属于 C（检查）环节，第 10 章节大体上属于 A（改进）环节。这种逻辑和结构是管理体系标准通用的，这也有助于组织将合规管理体系与其他相关体系进行整合，如反贿赂、质量、环境、信息安全等。

（五）标准的术语和定义

术语和定义对正确理解和应用标准有着重要意义，在“高阶结构”管理体系标准中，通用术语主要有：

组织（organization）、过程（process）、相关方（interested party）/ 利益相关方（Stakeholder）、绩效（performance）、外包（outsource）、要求

（requirement）、监视（monitoring）、管理体系（management system）、测量（measurement）、最高管理者（top management）、审核（audit）、有效性（effectiveness）、合格（conformity）、方针（policy）、不合格（nonconformity）、目标（objective）、纠正（correction）、风险（risk）、纠正措施（correctiveaction）、文件化信息（documented information）、持续改进（continualimprovement）、能力（competence）等。

另外，国际标准ISO 37301：2021《合规管理体系 要求及使用指南》标准还设有10个特有的术语和定义，包括：合规（compliance）、不合规（noncompliance）、合规义务（compliance obligations）、合规风险（compliancerisk）、治理机构（governing body）、合规职能（compliance function）、人员（personnel）、第三方（third party）、行为（conduct）、合规文化（compliance culture）。

三、标准基本要求解读

标准的主要要求分10个条款展开，亦即标准的第1到第10条款。下面从标准的理解与应用视角，分别对各条款的核心内容进行介绍和解读。

（一）范围 scope

本条款明确了标准的适用范围和使用范围，适用范围可包括所有类型的组织，使用范围包括合规管理体系的建立、开发、实施、保持、评估和改进，也就是合规管理体系从无到有、从有到好螺旋上升的完整过程。

这里的保持，并非指保持不变，恰恰相反，体系需要随着组织内外部情境的变化，保持持续的动态适应性。

（二）规范性引用文件 normative references

并无其他文件在本标准中被引用。

标准在最后列举了参考文献——相关的管理标准，包括风险、反贿赂、举报、信息安全、质量、环境、社会责任、体系审核等方面。不过，这些标准并不构成本标准的规范性要求。

（三）术语和定义 terms and definitions

标准共给出了31个术语定义，其中10个是本标准特有的。下面这些特有的术语和定义对正确理解和应用本标准，有着重要意义。

1. 合规 Compliance

履行组织的全部合规义务。

解读：这个定义界定了组织合规管理的宗旨和方向，不是部分，不是可以选择，而是应该包括组织的全部合规义务。至少从合规管理的意愿来讲，组织应该追求的是全面合规。当然，从体系认证的实践来看，组织可以考虑将认证范围界定在相对重要或管理成熟度相对较高的合规领域。

2. 合规义务 compliance obligations

组织必须遵守的要求，以及组织自愿选择遵守的要求。

解读：必须遵守的要求通常指外来的强制性要求，主要包括法律、法规、规章、监管要求、法院判决书等。自愿选择遵守的要求，意指非外来的强制性要求，可以包括自主签订的协议、自主性承诺或声明、内部规章制度等。

这里比较有争议的一个问题是，社会道德规范是属于组织必须遵守的要求，还是属于组织可以选择遵守的要求？我们的意见是倾向于前者。我国《宪法》第五十三条明确规定："中华人民共和国公民必须遵守宪法和法律，保守国家秘密，爱护公共财产，遵守劳动纪律，遵守公共秩序，尊重社会公德。”我国《公司法》第五条也明确规定：“公司从事经营活动，必须遵守法律、行政法规，遵守社会公德、商业道德，诚实守信，接受政府和社会公众的监督，承担社会责任。”

3. 合规风险 compliance risk

不遵守组织合规义务造成的不合规可能性和后果。

解读：耐人寻味的是，这个定义与本标准给出的另一个通用术语“风险”的定义（不确定性对目标的影响）思路不同。不过，风险的定义向来是这两个思路并行，一个基于风险度量的两个基本要素（可能性和后果），一个基于不确定性。进一步梳理可以发现，标准在单独提到“风险”一词时，意指与组织情境（标准条款 4.1）和相关方需求（标准条款 4.2）有关的风险（标准条款 6.1），这个风险是中性的，包括潜在的正面与负面影响。在提到“合规风险”一词时，意指与合规义务有关的风险（标准条款 4.6），这个风险应该是指不合规带来的负面影响。这也与我们前面在“基于风险思维”章节所分析的思路完全一致。

4. 合规职能 compliance function

对合规管理体系运行负有责任和权力的个人或一组人。

解读：标准设置此术语，是强调合规职能的独立性。合规职能与合规管理职责不是一个概念。实践中，合规职能可能包括合规管理的领导机构（比如跨部门的合规委员会）、合规负责人、专门的合规管理部门（比如合规部）等。当然，合规职能并不一定基于一个独立的部门，有些企业会将其并入法务部或内控部等，或者将其分配到多个部门的相关岗位。甚至合规管理的某些职能也是可以外包的。

5. 人员 Personnel

在国家法律或实践中被确认为工作关系的个人，或通过合同关系从事组织活动的个人。

解读：在ISO 19600：2014标准中，在提及个人时，用的是“员工”（employee）一词，在本标准中，代之以“人员”（personnel）。这个术语的变化，无疑扩大了组织对个人合规风险的管理范围。“人员”既包括与组织有劳动关系的正式员工，也包括与组织有劳务关系的个人，还包括劳务派遣工、为组织提供一次性或临时性工作的个人、志愿者等。

6. 第三方 Third party

独立于组织的个人或团体。

注：所有业务伙伴都是第三方，但并非所有第三方都是业务伙伴。

解读：这个定义与我们通常理解的第三方不同。基于这个定义来说，第三方包括了第二方。这应该是标准特意为之，为有效管控组织的合规风险，必须将顾客、供应商等与组织关系密切的业务相关方纳入考虑。关于这一点的理解，可以在ISO 37001：2016标准的术语“业务伙伴”的定义中得到佐证。以下关于“业务伙伴”的定义及注解来自该标准原文：

3.26 业务伙伴 business associate

与组织已有或计划建立某种业务关系的外方。

注1：业务伙伴包括但不限于客户、顾客、合资企业投资者、合资企业合作伙伴、联合企业合作伙伴、外包方、承包商、分承包商、顾问、供应商、代理商、经销商、代表、中介机构和投资者。这个定义是特意泛化，应根据组织的贿赂风险来理解并应用于能够在某种程度上使组织面临贿赂风险的业务伙伴。

注2：不同类型的业务伙伴构成不同类型和不同程度的贿赂风险，组织可在不同程度上影响不同类型的业务伙伴。可以通过组织的贿赂风险评估和贿赂风险管理程序对不同类型的业务伙伴加以区别对待。

注3：本文件中提及的“业务”可广义地理解为那些与组织存在目的有关的各类活动。

（四）组织情境 context of the organization

组织情境条款下面又分为4.1理解组织及其情境、4.2理解相关方的需求和期望、4.3确定合规管理体系的范围、4.4合规管理体系、4.5合规义务、4.6合规风险评估这6个二级条款。二级条款之间的逻辑关系基本上如下图所示。

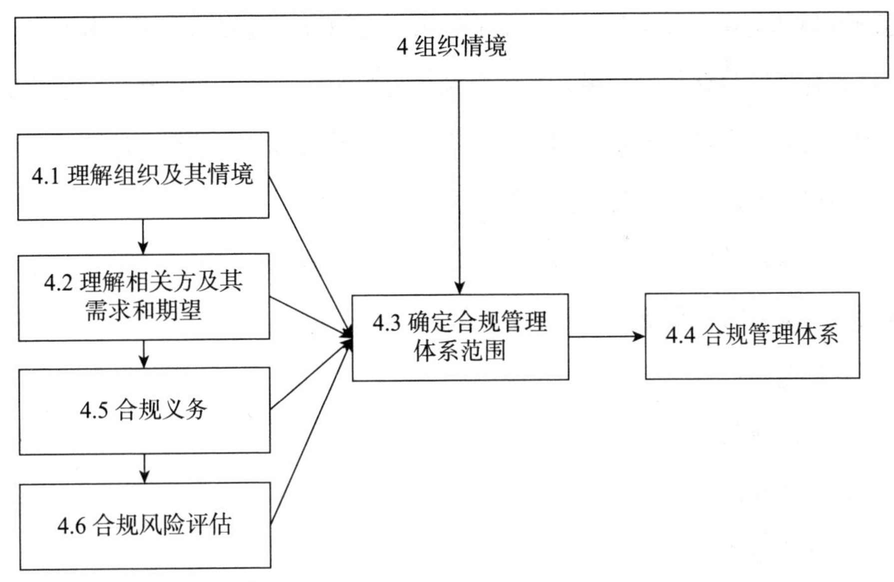

图　组织情境条款关系图

组织情境包括外部情境与内部情境（与组织战略分析时需要考虑的内外部环境类似），因其可能对组织实现其管理体系预期结果产生重要影响（可能是负面的影响，也可能是正面的影响），所以在对管理体系进行策划时需要加以考虑，并在战略层面进行理解，以有效应对潜在的威胁或机会。这既是管理体系标准基于风险思维的一种体现，也是战略管理思维在体系中的应用。

相关方的需求和期望，同样需要在体系的建立与开发时予以考虑，尤其是重要相关方，如政府机构、监管机构、投资方、客户、合作伙伴等。从商业利益的角度来看，随着合规监管的日趋严厉，越来越多的组织在选择商业伙伴时，非常看重伙伴组织的合规文化和合规管理能力，以合理规避或缓解其自身的合规风险。积极的合规文化和良好的合规能力可以给予商业伙伴更多的信心，从而给组织带来更多商业机会。

对组织情境以及相关方需求和期望的识别、分析，可以帮助组织更好地理解和确定其合规义务，尤其是那些需要组织选择遵守的合规义务。组织可结合合规风险评估的结果，来综合判断组织所面临的主要风险，以便确定一个合适的、合理的体系范围。在界定合规体系范围时，通常可以从组织边界、地理边界、业务活动、合规领域等方面来考虑。

关于合规领域的划分，目前尚无统一标准。国务院国资委《中央企业合规管理办法》的十八条提到的重点领域包括：

1. 反垄断；

2. 反商业贿赂；

3. 生态环保；

4. 安全生产

5. 劳动用工；

6. 税务管理；

7. 数据保护；

8. 涉外业务重要领域；

9. 合规风险较高的业务领域。

但显然还有很多典型的合规领域并未罗列其中，如网络安全、外汇管理、国际贸易、法人治理、国资监管、上市公司监管，等等。由于不同组织的性质、业务范围、市场、商业环境等均不相同，相关方及其需求也各异，的确很难说有一个普适性的合规义务分类框架，这需要组织基于其自身情况和需要来进行区分。标准也建议按照组织的职能、活动来区分合规义务，以便确定谁受这些合规义务的制约。

对合规风险进行动态识别、评价和有效管控，是合规管理体系的核心任务，也是贯穿合规管理体系建立、实施、保持与持续改进全过程的主线。合规管理体系的资源、控制活动和相关程序将基于主要合规风险来合理配置。这也是合规管理体系基于风险思维的又一体现。

合规风险是一个比较复杂的话题，在实践中基于不同的视角会有各种不同的分类。比如，有行为不合规和制度不合规，有主观故意不合规和非故意不合规，有个人不合规和组织不合规，有组织自身活动引起的风险和第三方连带风险，还有按照合规风险后果和责任分为刑事、民事、行政，等等。不同的分类逻辑，会带来风险识别路径和分析方法的差异。

其实，不管怎么分，合规风险有两个基本特点不会改变。一是，合规风险因合规义务产生。二是，合规风险的分析、度量是基于不合规的可能性与后果两个基本维度。因此，我们建议按以下逻辑进行合规风险评估：

1. 梳理组织的主要活动；

2. 确定适用的合规义务；

3. 确定与合规义务相对应的主要责任部门 / 岗位及关键控制点；

4. 分析当前的管控现状；

5. 不合规可能性分析 / 赋值；

6. 不合规后果分析 / 赋值；

7. 合规风险水平估算 / 风险值计算；

8. 合规风险分级。

需要注意的是，与其他领域的风险管理不同，合规风险管理是基于价值导向，而不是利益权衡。无论合规风险等级高低，实际的不合规行为都是不可接受的。对合规风险进行分级的目的在于，组织可以将主要精力和资源优先集中在更高风险上，并最终扩展至全部合规风险。

以上信息是组织建立、开发合规管理体系的基本信息，为合规管理体系战略层面的统筹策划提供了必要且重要的输入。具体的策划内容及相关要求在后续的第五条款和第六条款进行展开说明。

（五）领导作用 leadership

领导作用条款下面又分为 5.1 领导作用和承诺、5.2 合规方针、5.3 角色、职责和权限 3 个二级条款，其中，5.1 条款和 5.3 条款下面又有细分。各条款之间的逻辑关系基本上如下图所示。

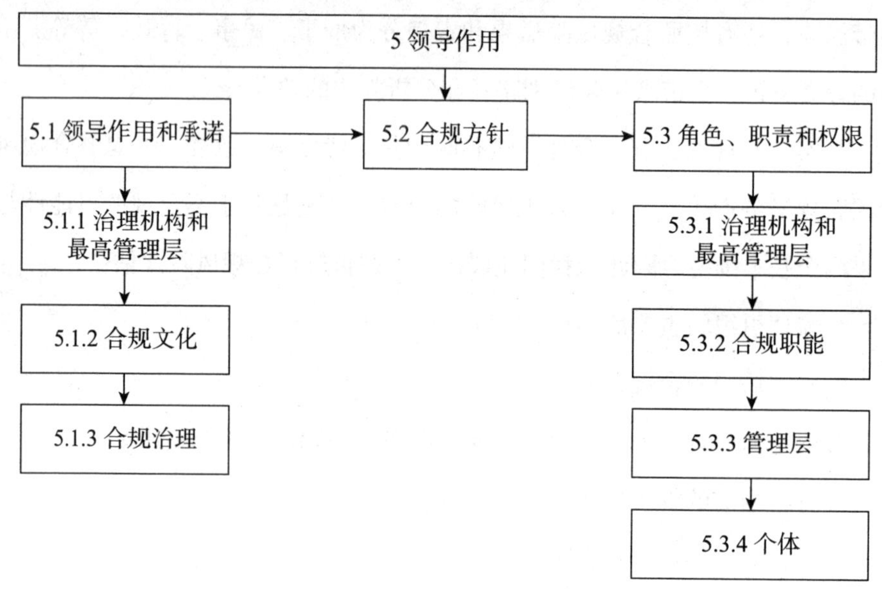

图　领导作用条款关系图

在现有的所有管理体系标准中，都非常强调领导作用的重要性，而国际标准 ISO 37301：2021《合规管理体系 要求及使用指南》可能是对领导作用条款着墨最多的一个了，这反映了领导作用对于合规管理体系的特别重要性。

在某种程度上，组织建设合规管理体系是一种战略层面的选择，领导作用对于合规管理体系的建立、开发、运行、保持、评价与持续改进都非常关键。有效的合规需要治理机构和最高管理层坚定、一致、明确的承诺，并通过积极可靠的行动，将合规承诺传达给组织所有员工和利益相关方。

通过上面的条款关系图可以看出，治理机构和最高管理层至少需要在以下方面发挥积极的领导作用：

1. 确定组织的核心价值观并发展与之相应的合规文化；

2. 确定组织的经营理念和风险偏好；

3. 建立合规方针和合规目标并积极推动其实现；

4. 以身作则，积极践行合规文化；

5. 为合规管理体系运行配置所需的各类资源；

6. 构建良好的治理架构，并赋予合规职能独立性和必要权限；

7. 鼓励并支持其他相关角色在其职责范围内发挥领导作用；

8. 指导建立组织层面的合规管理基本制度。

合规文化的发展重在营造一种氛围，传达一种态度和价值观，并最终形成关于组织共同行为准则一致的、明确的、持续的承诺。相对而言，合规方针则更加“纲要”，主要是阐述合规管理的基本政策。按标准要求及指南建议，合规方针通常需要概要说明合规管理体系的应用背景、主要合规义务、不合规的主要后果、对合规及持续改进的承诺、合规管理的总体目标、合规职能及其与相关职能的关系、相关方关系管理原则等。实践中，大多数组织习惯于通过一本《合规行为准则》或《商业行为规则》等类似性质的文件，将合规文化与合规方针放在一起进行综合表述。

对经营理念和风险偏好的界定并不是标准的明确要求，但其实可视为一个隐含的需求。从某种意义上说，组织的经营理念和风险偏好是制定一个适宜的合规方针 / 政策的重要输入。正确理解并清晰阐述组织的经营理念和风险偏好，也有助于在合规风险分析时，能够更好地判断风险后果的严重性，从而帮助组织基于风险作出更加合理的决策。

标准分别明确了治理机构和最高管理层、合规职能、管理层和个体四个不同层次、不同角色基本的合规职责和权限，组织可以根据自身情况在此基础上进一步细化。对于没有正式治理机构的组织，由最高管理层履行治理机构的职责和权限。

在合规管理实践中，合规管理的组织架构可能更加复杂，尤其是大型企业。国务院国资委发布的《中央企业合规管理办法》，就界定了更多层次和类型的合规管理角色及其合规管理职责，包括：党委（党组）、董事会、经理层、合规委员会、首席合规官、合规管理部门、业务及职能部门，以及纪检监察机构、审计、巡视巡察、监督追责等部门。

合规管理制度体系是合规管理体系的文件化载体，大致可分为三个层次。第一层次是合规管理的“顶层建筑”，包括价值观、合规文化、经营理念、风险偏好、合规方针 / 政策、合规组织等，通常由治理层和最高管理层负责。第二层次是合规管理的基本规范，是组织通用的合规管理纲领性文件，如合规管理总则 / 总册 / 大纲 / 办法等，以及对其形成支撑的各类合规管理制度，通常由最高管理层与合规管理部门负责。第三层次是不同业务领域的业务规范 / 合规指引及岗位规范 / 合规指引等，通常由业务部门和相关职能部门负责。

（六）策划 planning

策划条款下面又分为 6.1 应对风险和机会的措施、6.2 合规目标及实现计划、6.3 变更的策划 3 个二级条款。各条款之间的逻辑关系基本上如下图所示。

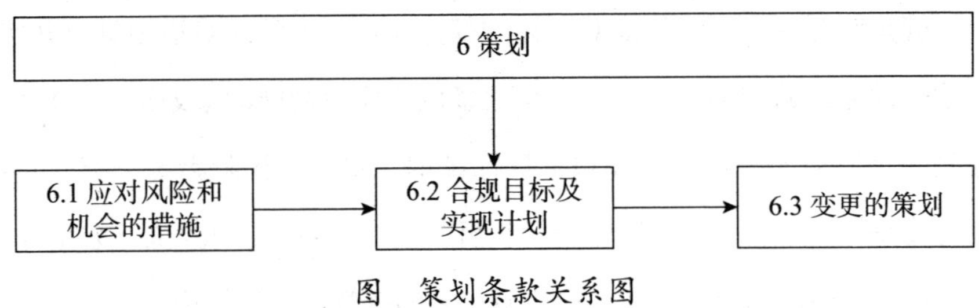

图　策划条款关系图

相较于体系运行层面的策划（详见第 8.1 条款），本条款所指的策划，属于战略层面的策划。某种意义上说，第 6 条款仍然是第 4 条款、第 5 条款的延伸，三个条款一起构成体系 PDCA 四个大环节的 P（策划）环节。这里的策划主要包括以下四种情况：

1. 影响合规管理体系预期结果的风险和机会的应对策划

什么是合规管理体系的预期结果，这是一个比较模糊的概念。不同的组织建立合规管理体系的初衷和目的各有不同，可能是为了满足某个监管要求，或者是为了满足某个重要商业伙伴的期望，也可能就是为了提升组织的治理能力并降低合规风险，等等。但不论预期结果是什么，影响其实现的风险和机会主要来自组织的内外部环境中的相关因素以及相关方的需求和期望，亦即标准 4.1 条款和 4.2 条款要求的输出信息。

这里输出的风险是中性的，包括潜在的威胁和机会，其影响的是合规管理体系自身。对其应对也包括了如何减少威胁的不利影响以及如何从机会中获益。

2. 合规风险的应对策划

合规风险因合规义务而存在。对合规义务的识别结果，以及对合规风险的识别、分析和评价结果，即标准 4.5 条款和 4.6 条款要求的输出信息。这里输出的风险应该是负面的，其影响是不合规事件带来的后果。对其应对主要是考虑如何有效规避或缓解风险。

不管是对哪一类风险的应对，标准都建议将相关的应对措施融合并实施到合规管理体系的相关过程中。换言之，风险应对措施的策划结果，构成体系策划的重要输入，可落实在包括目标设定、职责与权限界定、资源提供、能力与意识培训、业务控制等一系列过程中，并通过控制测试、数据分析、内部审核、管理评审等过程对风险应对措施的有效性进行评价。

3. 合规目标及其实现计划的策划

标准要求合规目标应该是可以衡量的，包括定量或定性目标。有些定性目标也是可以衡量的，比如“提高全员合规意识”，可以通过问卷调查的形式收集相关信息并进行分析、比较。目标可以是主动性的，如每年合规培训所覆盖的人数、合规管理投入的资金量等；也可以是反应性的，如不合规事件的数量、所造成的经济损失等。合规目标应在合规方针的框架内展开，并支持合规方针的实现。合规目标应分解到相关职能和层次，以驱动不同职能和层次共同实现组织的总体合规目标。

标准要求对如何实现目标进行策划并形成相应的管理计划，明确具体工作事项、职责、所需资源、时间表以及对目标的监测评价等内容。国务院国资委《中央企业合规管理办法》、发改委等七部委《企业境外经营合规管理指引》等有关合规管理规范性文件，也提出制定年度合规管理计划的要求，这与本条款的要求是类似的。

4. 变更的策划

这里的变更是指对管理体系的主要变更。当确定要对合规管理体系进行变更时，需要先进行策划再按策划的要求实施有序变更，这同样也是基于风险的考虑，因为变更会带来更多不确定性。

合规管理体系的主要变更包括体系范围、合规文化、方针目标、治理架构、合规职能等方面。在实施变更前，应充分考虑因变更引起的潜在风险以及如何有效应对这些潜在风险。

（七）支持 support

支持条款下面又分为 7.1 资源、7.2 能力、7.3 意识、7.4 沟通、7.5 文件化信息 5 个二级条款。其中 7.2 条款和 7.5 条款下面又有细分。各条款之间的逻辑关系基本如下图所示。

本条款明确了管理体系运行所需的 5 个支撑性要素。与其他管理体系的主要区别在于，本标准增加了“7.2.2 雇佣程序”“7.2.3 培训”这两个三级条款，反映了标准对“人员”（personnel）引发的合规风险的重视。

并且，在这两个条款中，“人员”不仅仅包括组织的正式员工，还至少应该包括组织使用的临时性工作人员、劳务派遣工以及志愿者等。因此，此处的“雇佣”一词不考虑与雇用、聘用的区别。

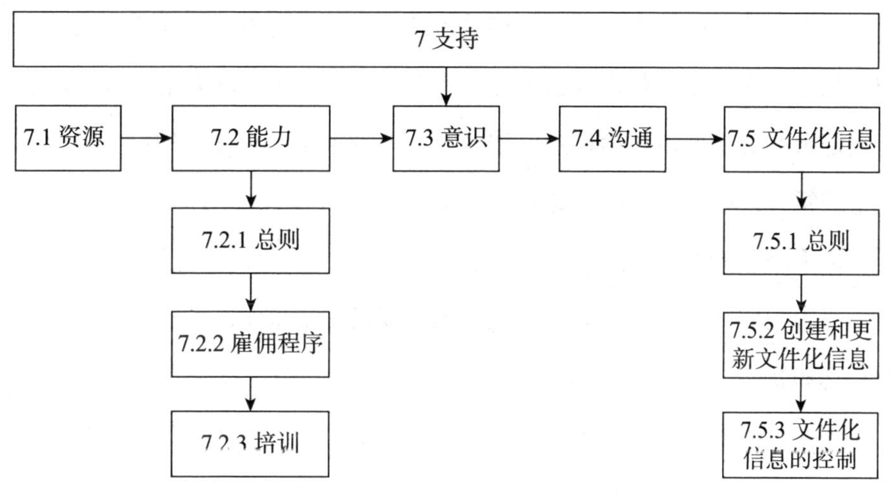

图　支持条款关系图

与上一版相比，这一版标准的一个主要变化是，标准要求结合岗位及人员潜在的合规风险，在所有人员的雇佣、调岗和晋升之前对其进行适当的尽职调查。这比其他的合规管理规范性文件的要求似乎更加严格。

员工雇佣合规尽职调查的主要目的是确认其身份、经历、社会关系和现实表现（如是否有犯罪记录、是否有严重失信行为、与之前用人单位的劳动争议及解决情况等）等方面是否满足要求。尽职调查方法主要可包括：

1. 员工通过填写“基本情况表”来进行自我陈述和披露；

2. 对员工进行面试；

3. 通过第三者推荐信介绍；

4. 对员工进行背景调查。

以上方法可结合岗位重要性进行合理选择。其中背景调查相对比较复杂，对专业性要求也较高，可主要针对拥有较大权限或对合规风险影响比较大的岗位。有需要时，可考虑聘请专业的人力资源咨询机构提供支持和协助。

考虑岗位合规风险的不同，与合规义务有关的人员均应在上岗前接受适当的培训，并应按照策划的周期接受再培训。针对可能给组织带来合规风险的第三方代理，也需要采取措施提高其合规意识并进行必要的培训。所有的培训记录都需要保留作为培训已按要求实施的证据。在某些情况下，比如安全生产领域，对员工进行必要的培训并保留培训记录，也是法定要求。

标准所指文件化信息，主要包括两种情况。一种是过程运行结果的信息，通常我们也称之为记录，是规定的活动已按要求实施的证据。另一种是过程运行的依据信息，通常我们也称之为文件，包括体系运行的方针、目标、程序、制度、业务指导书等。之所以标准将其统称为文件化信息，皆因有些文件化信息很难说是文件还是记录，或者说具有双重属性。比如，合规计划、审核方案、合同等。

标准并未试图统一各类组织的文件化信息，因为这通常取决于组织的规模大小、产品和服务类别、活动的复杂程度以及人员的能力等因素。虽然组织有很大的灵活性，但仍然有些文件化信息是标准明确要求必须保持或保留的，主要包括：

1. 对合规管理体系范围的描述；

2. 合规义务清单；

3. 合规风险评估结果及合规风险应对措施；

4. 合规方针；

5. 合规目标；

6. 人员能力的证据；

7. 培训记录；

8. 适当的沟通证据；

9. 适用的外来文件；

10. 合规调查结果；

11. 监视和测量结果；

12. 审核记录及审核结果；

13. 管理评审结果；

14. 不合规事件的性质及相应的纠正措施；

15. 不合格的性质及相应的纠正措施；

16. 纠正措施的结果。

当然，在合规管理实践中，为确保合规管理的规范性和有效性，多数组织会根据相关要求和管理的需要，以及合规风险控制的需要，建立更多的文件化信息，包括书面制度、标准、程序、指引、合同，以及记录表单等。具体可参考下面“运行”条款的相关要求。

（八）运行 operation

运行条款下面又分为 8.1 运行策划和控制、8.2 建立控制和程序、8.3 提出关注事项、8.4 调查程序 4 个二级条款。各条款之间的逻辑关系基本上如下图所示。

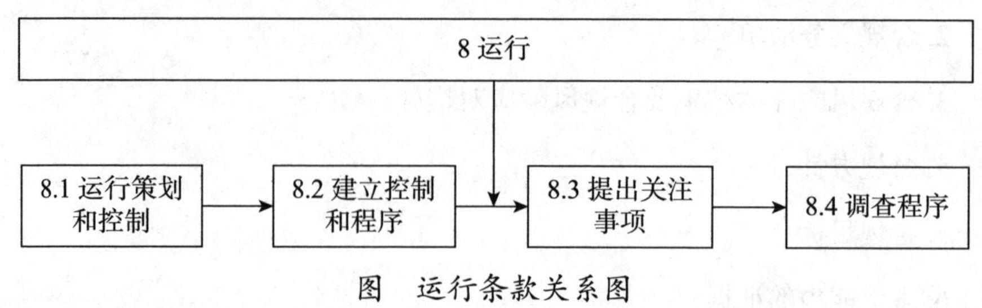

图　运行条款关系图

第 7 条款“支持”和本条款“运行”，通常被理解为管理体系 PDCA 循环中的 D（实施）环节。如果说在体系的策划环节（即 PDCA 循环中的 P，包括第 4 条款至 6 条款）构建了合规管理体系的框架和基础（包括体系范围、合规文化、方针目标、治理架构、合规职能、合规义务及合规风险等），那么，在体系的实施环节，需要考虑的是如何进一步细化并落实体系策划的要求，有效管控合规风险，以实现期望的合规管理绩效。

8.1 运行策划和控制，是指对“满足要求所需”过程的策划及其控制。这里的“要求”主要包括两个方面：一是标准对合规管理体系的 PDCA 要求（即体系的策划、实施、监测与改进各环节要求），体现为标准第 4 条款至 10 条款的规定；二是组织的合规义务对组织的要求。

针对前者（即标准提出的要求），不同组织所需建立的相关过程（process）是类似的，包括但不限于以下方面：

1. 内外部情境分析及相关风险应对策划相关过程；

2. 相关方需求分析及相关风险应对策划相关过程；

3. 合规义务识别相关过程；

4. 合规风险评估及其应对策划相关过程；

5. 合规目标及其实现计划策划相关过程；

6. 合规文化建设相关过程；

7. 雇用与培训相关过程；

8. 内外部沟通相关过程；

9. 文件化信息管理相关过程；

10. 外部提供过程、产品或服务的控制相关过程；

11. 合规举报相关过程；

12. 合规调查相关过程；

13. 合规监测相关过程（如检查、测试、数据分析等）；

14. 合规报告相关过程；

15. 内部审核相关过程；

16. 管理评审相关过程；

17. 不合格及其改进相关过程；

18. 合规问责与考核相关过程。

针对后者（即来自组织合规义务的要求），由于不同组织的业务活动及其合规义务不同，所需建立的相关过程（process）也不尽相同。这里的过程是指与具体的合规风险管控有关的过程，标准 8.2 条款所要求的“控制”活动通常整合于其中，并通过建立控制“程序”而予以规范。如采购控制程序、产品质量控制程序，或者信息安全合规指引、产品销售合规指引，等等。

对于以上过程，标准并未强制要求都需要建立书面的管控制度 / 程序，只是要求提供“必要程度”的文件化信息。这体现了标准的灵活性。所谓的“必要程度”，需要结合合规风险的评估结果，以及合规管理体系的有效性进行综合考虑。相对而言，文件化的程序或固化的电子系统，更有利于防止对合规方针的偏离以及违反合规义务，也更有利于培养合规文化。

除了组织自身运营活动的控制，还需要考虑对提供产品、服务以及外包过程的第三方实施必要的控制，以确保组织的合规标准和承诺不会因第三方的相关活动而降低。实践中，常用的方式包括对第三方进行尽职调查、与第三方签订服务水平协议（SLA）、对第三方进行培训、检查或审核等。可行时，可优先选择已通过合规管理体系认证的第三方。

标准 8.3 条款的“提出关注事项”（raising concerns），用词比较温和，意在鼓励举报，但与举报又略有不同。举报的对象主要是“人”或者说“人”的行为，而“提出关注事项”，则既包括了对“人”的实际存在或疑似的不当行为的举报，也包括了对“事”的关注，比如制度上的缺陷或管理上的漏洞等，哪怕是与此相关的一种担忧。

通常由合规管理部门来设置合规举报渠道（热线电话、电子邮件、举报信箱等），并收集和处理举报信息。不过在国企中，对党员干部、党员员工的违纪行为，以及管理人员的职务犯罪和职务违法行为，其违规举报受理、违规调查和问责，可能需要由纪检监察部门统一归口管理。

需要注意的是，举报来源不限于内部员工，应考虑将举报渠道对相关的第三方进行公开，以鼓励第三方举报与组织有关的任何不合规行为或现象。考虑保密的需要和处理权限的不同，对于举报信息可以按风险级别进行分类整理，并根据既定的分享渠道和范围，仅仅分享给“需要知道的人”。同样，对于违规调查结果，也需要界定其报告级别。

关于合规举报和违规调查，国际标准化组织已于 2021 年 7 月发布了 ISO 37002：2021《举报（whistleblowing）管理体系指南》标准，可作为举报管理的参考。

（九）绩效评价 performance evaluation

绩效评价条款下面又分为 9.1 监视、测量、分析和评价，9.2 内部审核，8.3 管理评审 3 个二级条款。其中 9.1 条款、9.2 条款、9.3 条款下面都有细分。各条款之间的逻辑关系基本上如下图所示。

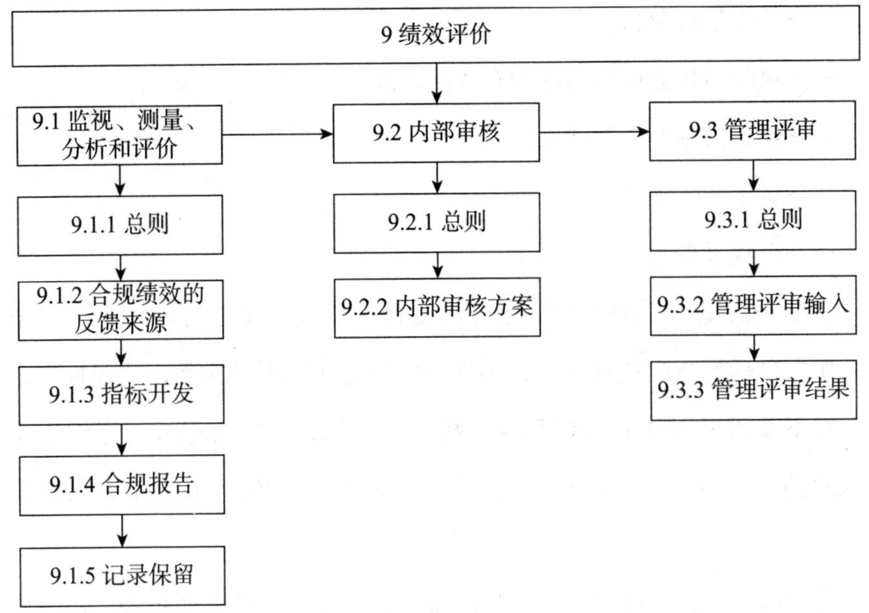

图 绩效评价条款关系图

本条款是管理体系 PDCA 循环中的 C（检查）环节。当然，“检查”只是一个笼统的说法，在不同的语境中，与之相关的活动通常可能包括监视、测量、监督、检查、监察、审核、审计、分析、总结、评价、评审等，这些活动都有一个共同的目的：发现体系“策划”与“实施”环节存在的或潜在的问题与不足，为后续的持续改进提供输入信息。

合规管理体系的“C”环节过程，主要包括以下三个方面：

1. 对体系过程及绩效的各类日常性监测活动，包括但不限于：

——合规文化状态评测；

——培训效果评价；

——合规控制测试；

——合规审查；

——合规监督 / 检查；

——合规目标、指标监测；

——合规趋势分析；

——风险与机会应对措施的有效性评价；

——纠正措施有效性评审；

——员工合规评价；

——合规报告等。

指标是衡量目标的参数，也可以是目标的进一步展开和细化。举个例子，如果目标是减少违规损失，则指标可以是违规事件次数、违规损失金额等。并不要求针对所有目标都开发相应的指标，但宜考虑针对组织主要合规风险的基本特征，开发相应的绩效指标，以帮助组织有效地评估其合规绩效。

这里的合规报告既包括即时性的报告，也包括周期性的报告。即时性报告是指针对重大或故意不合规行为等异常情况在规定时间内的上报行为，通常由合规职能负责向治理机构和最高管理层报告。

当有法定要求时，组织需要按要求将违规情况及时报告监管机构。但需要注意的是，即使没有法定强制要求，组织也宜考虑主动将违规情况上报监管机构，甚至与监管机构进行不合规事件的合作调查。这会增强监管机构对组织合规管理承诺的信心，并有助于监管机构或司法机构在组织面临起诉或处罚的时候，做出对组织有利的判断和决定。

周期性报告是指按照规定的周期，对周期内的合规态势以及合规管理工作所进行的系统性、例行汇报。周期性报告的内容一般包括以下方面：

——合规义务的变化及其影响；

——合规风险评估与应对情况；

——合规培训的组织与效果评价情况；

——合规绩效的监测结果及其趋势；

——不合规及其纠正情况；

——审核结果及改进计划；

——已识别的合规漏洞或缺陷，建议采取的改进措施；

——合规管理工作的整体评价等。

需要注意的是，周期性的合规报告，重在对组织的合规态势进行总结、分析并识别改进机会，而不是对已完成多少重点工作的简单盘点。

2. 内部审核

管理体系审核是对管理体系的符合性和有效性所进行的一种综合检查与评价过程，其典型特征是系统性、独立性并形成文件。很多人把合规管理体系的内部审核，等同于合规管理实践中常说的内部合规审计，这其实并不准确。

合规审计属于企业内部控制范畴，是企业内部审计的核心内容之一。从风险管控的角度来看，合规审计通常被理解为合规风险管理的第三道防线，是审计部门实施的对合规管理工作适当性与有效性的独立审查与评价活动。其本质是第三道防线对第二道防线和第一道防线的一种监督，而审核并不能理解为一个职能对另一个职能的监督。

另一个主要的区别在于，标准的内部审核条款要求对组织的合规管理体系是否符合国际标准 ISO 37301：2021《合规管理体系 要求及使用指南》进行系统而全面的评价，而这并不是内部审计时所必须考虑的。只有国际标准 ISO 37301：2021《合规管理体系 要求及使用指南》被完整地纳入内部合规审计的准则，才可以认为内部合规审计基本上与内部审核相当。就内部审核的实施而言，当然可以由组织的内部审计部门来实施，也可以由经过适当培训的内部审核员团队（一般是兼职的）实施，或者委托第三方专业机构代表组织来实施。

国际标准 ISO 19011：2018《管理体系审核指南》提供了管理体系审核的通行方法论，可供参考。

3. 管理评审

管理评审是由组织治理机构和最高管理层对合规管理体系的适宜性、充分性和有效性的综合评价过程，其主要输入之一就是体系审核的结果。无论是从内部审核与管理评审实施主体的层级来看，还是从内部审核与管理评审的先后次序来看，都说明管理评审的层次比内部审核的层次更高。

各类监管机构所发布的一些“合规管理办法 / 指引”等规范性文件，也提出了对合规管理进行评估 / 评价的要求，但在评价主体、评价对象、评价内容以及评价输出等方面，与国际标准 ISO 37301：2021《合规管理体系 要求及使用指南》第 9.3 条对“管理评审”的要求均不尽相同。相较而言，国际标准 ISO 37301：2021《合规管理体系 要求及使用指南》第 9.3 条对管理评审过程的要求是最全面、具体的，尤其是管理评审的输入信息，标准作出了详细规定。

以上这些说明，在合规管理实践中常说的“合规审计”“合规管理评估 / 评价”等概念，与国际标准 ISO 37301：2021《合规管理体系 要求及使用指南》所要求的“内部审核”“管理评审”过程有明显不同。组织在导入国际标准 ISO 37301：2021《合规管理体系 要求及使用指南》时，应注意现行做法与标准要求之间的差异。最好是先进行系统地差距分析，然后基于差距分析结果对现有的一些做法进行完善，以确保满足标准要求。

（十）改进 improvement

改进条款下面又分为 10.1 持续改进、10.2 不合格与纠正措施 2 个条款。各条款之间的逻辑关系基本如下图所示。

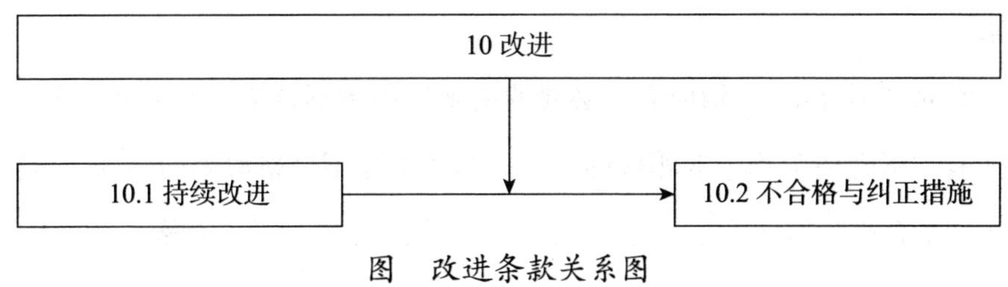

图　改进条款关系图

本条款是管理体系 PDCA 循环中的 A（改进）环节。“改进”环节的主要输入信息来自“检查”环节，亦即标准第 9 条款所规定的各类监视、测量、分析、评价活动以及审核、管理评审过程的输出信息。当然，也包括与合规管理体系有关的内、外部情境以及业务的变化信息。

改进是一个宽泛的概念，任何致力于提高绩效的活动都是改进。持续改进是提高绩效的循环活动，强调改进无止境。持续改进的驱动力可能来自一种“刚性”的改进需要，比如体系审核不符合项、不合规事件、合规目标未达成、数据分析显示的不良合规趋势等。也可能来自对一个机遇的把握，比如为获得更多的商业机会而扩大体系范围。

标准要求持续改进合规管理体系的“适宜性、充分性和有效性”，这也是评价合规管理体系的三个基本维度。“适宜性”包括体系与内外部情境、相关方期望、组织价值观、风险偏好、合规义务等方面的适应情况。“充分性”包括人、财、物、技术等资源的充足性以及合规管理制度、程序的健全性等方面。“有效性”包括合规目标指标的实现程度、风险与机会应对的有效性、报告系统的有效性、自我完善机制的有效性等方面。

标准 10.2 条款的“不合格”，是指“不满足要求”。其至少包括以下三个方面“不满足要求”的情形：

1. 未遵从合规义务的要求，即“不合规”；

2. 不符合组织自身对合规管理体系的要求；

3. 不符合国际标准 ISO 37301：2021《合规管理体系 要求及使用指南》的

要求。

针对“不合格”，均应采取必要的措施以消除不合格。但标准并未要求对所有“不合格”均采取相应的纠正措施（消除不合格原因的措施），这取决于“不合格”的性质，以及是否存在或可能发生类似的不合格。

尤其是针对性质严重的违法事件，采取必要的改进措施非常重要，包括进一步完善相关的合规管理制度和程序、惩戒不法行为者、问责不负责任的管理者、积极支付赔偿金等。这既是组织自我完善机制有效性的重要体现，也会影响监管机构和司法机构对组织合规管理有效性的判断。

四、标准与其他合规管理规范性文件的异同

前面提到，在国际标准 ISO 37301：2021《合规管理体系 要求及使用指南》发布之前，各类国际机构和多个国家的监管机构已经发布了多个合规管理相关的规范性文件，有的规范是对全面合规管理提出要求，有的是针对某个专业合规领域的管理提出要求。但与国际标准 ISO 37301：2021《合规管理体系 要求及使用指南》的普适性不同，这些合规管理规范性文件基本都具有特定的适用范围。

下面从管理要素的完整性、管理体系的系统性、一些概念的差异性等方面，具体分析国际标准 ISO 37301：2021《合规管理体系 要求及使用指南》与其他合规管理规范性文件之间的异同。

（一）标准管理要素的完整性

为方便比较，下面通过列表的方式对几个主要的合规管理规范性文件所要求的合规管理要素进行梳理：

我国国务院有关部委的规范性文件			
序号	发布机构	规范名称	主要的管理要素
1	中国国务院国资委	《中央企业合规管理办法》	14 项主题：合规管理职责、合规管理制度、合规风险管理、合规管理计划与合规报告、合规审查、违规整改、违规举报、违规问责、合规管理体系有效性评价、合规绩效考核、合规文化、合规管理信息、监督问责、合规管理资源
2	中国发改委等七部委	《企业境外经营合规管理指引》	15 个关键要素：合规治理结构、合规管理机构、合规管理协调、合规管理制度、合规培训、合规汇报、合规考核、合规咨询、合规举报与调查、合规问责、合规风险、合规审计、合规管理体系评价、持续改进、合规文化建设

世界银行集团《诚信合规指南》			
1	世界银行集团	《诚信合规指南》	11 项原则：禁止不当行为、合规职责、合规计划启动与风险评估及检查、内部政策、针对业务伙伴的政策、内部控制、培训与交流、激励机制、报告制度、不当行为的补救措施、集体行动

美国有关政府机关的相关文件（供参考）			
1	美国司法部	《公司合规方案评价指南》	13 项评价主题：风险评估、政策与程序、培训和沟通、举报调查机制、第三方管理、并购尽职调查、高中层管理人员的承诺、独立性和资源、激励和惩罚措施、持续改进、定期测试和审查、对不当行为的调查、分析和补救不当行为
2	美国海外资产控制办公室（OFAC）	《合规承诺框架》	5 大类要素：管理层承诺（评审、授权、资源、文化、违规认知）、风险评估、内部控制（书面政策和程序、内部控制、审计、记录、改进、沟通、融合）、测试及审计、培训

通过上表的信息可以看出，尽管各类合规管理规范性文件所要求的合规管理要素不尽相同，但相互之间有很大的交集。对上表中的管理要素合并同类项，保留不同项，并进行适当归类，可以得出关于合规管理要素的最大合集，详见下表：

序号	大类	小类	要素
1	合规管理策划	合规管理原则	独立性、适用性、全面性、强化责任、协同联动等
2		行为准则	禁止不当行为、合规行为准则 / 规范
3		合规文化	合规文化、管理层承诺、违规认知
4		合规组织与职责	合规治理结构、合规管理机构、合规管理协调、领导作用、个人责任、合规职能、授权
5		合规风险	合规风险识别、合规风险评估、合规风险应对
6		合规计划	合规计划
7		合规制度	内部政策、针对合作伙伴的政策、政策与程序、合规管理办法、合规操作流程、专项合规管理制度、财务制度、决策程序、与业务融合
8	合规管理实施	合规支持	资源、合规管理信息化、培训、沟通 / 交流、合规咨询
9		合规运行与控制	员工尽职调查、业务伙伴 / 并购尽职调查、第三方管理 / 集体行动、内部控制、控制测试、记录保存
10	合规管理检查	合规监督与评价	合规举报、合规调查、合规审查 / 审计、合规报告 / 汇报、合规管理体系评价 / 评估
11		合规考核	合规考核、合规问责、惩罚措施、激励机制
12	合规管理改进	合规改进	持续改进、不当行为的分析与补救

通过上表对各类合规管理规范性文件所要求的全部合规管理要素进行梳理和归类后，我们可以发现，这些要素基本上都包含在国际标准 ISO 37301：2021《合规管理体系 要求及使用指南》所要求的合规管理体系过程 / 要素范围内，只是在用词、表述以及具体要求的细致程度方面存在一定差异。反过来看，国际标准 ISO 37301：2021《合规管理体系 要求及使用指南》所要求的有些过程 / 要素在上述合规管理规范性文件中并未得到明确规定，或即使有所提及，但未作具体要求。如理解组织内外部情境、相关方需求分析、合规义务管理、合规目标策划、变更策划等。

综合来说，国际标准 ISO 37301：2021《合规管理体系 要求及使用指南》的确堪称当今合规管理领域相关规范与要求的集大成者，并且以高阶结构的管理架构对合规管理的各个过程 / 要素按 PDCA 逻辑进行了结构化的整合，充分体现了标准的系统性思维。

（二）标准体系的系统性

相较于其他合规管理规范性文件对所关注的合规管理要素的罗列，国际标准 ISO 37301：2021《合规管理体系 要求及使用指南》采用的是一种基于过程的方法，即“过程方法”。“过程方法”强调对过程之间输入、输出关系的识别和理解，以此来强化对过程之间相互关联和相互作用的管理，实现协调一致的预期结果。

通过对“过程方法”的理解和应用，标准将整个管理体系的各个过程 / 要素形成一个有机的整体，从而强化了合规管理体系的系统性，并有效促进管理体系实现其预期的整体结果。

基于“过程方法”的系统性，在合规管理体系中的具体表现，可以从以下几个层面来理解：

1. 管理体系的整体输入输出

如果将整个管理体系视为一个大过程，则其输入主要是组织内外部情境及相关方的需求，其主要输出管理体系的预期结果（组织建立合规管理体系的一种战略考量）。因此，标准不仅要求评估并管控合规风险，还要求识别并有效应对管理体系自身的“高层次”风险，其目的正是为了确保所建立的合规管理体系与内外部情境相适应并实现预期的战略考量。

这也是国际标准 ISO 37301：2021《合规管理体系 要求及使用指南》与其他合规管理规范性文件的一个主要区别，后者对风险管理的要求主要聚焦在识别并有效管控组织的合规风险，并不包括与组织内外部情境以及相关方需求有关的风险。

2.PDCA 循环之间的相互关联和相互作用

从国际标准 ISO 37301：2021《合规管理体系 要求及使用指南》的要素框架图可以看出，标准通过 PDCA 循环将合规管理体系的主要过程 / 要素形成一个相互关联和相互作用的过程链，即管理体系的四个基本过程：策划、实施、检查和改进，相邻两个过程通过输入和输出关系建立联结。

总体来看，标准的第 4、5、6 条款为策划过程，其输出构成实施过程（标准第 7、8 条款）的输入，实施过程的输出构成检查过程（标准第 9 条款）的输入，检查过程的输出构成改进过程（标准第 10 条款）的输入，改进过程的输出又构成策划过程的输入，如此往复，持续提升管理体系的适宜性、充分性和有效性。

其他合规管理规范性文件对合规管理的“策划、实施、检查和改进”，也或多或少提出了一些相应的要求，但从管理要素的设置及其编排的整体逻辑性来看，国际标准 ISO 37301：2021《合规管理体系 要求及使用指南》更加具有完整性和系统性。

3. 关键过程 / 要素之间的相互关联和相互作用

除了以上两个层面的理解，“过程方法”在标准中的应用随处可见。比如，合规目标的策划（标准 6.2 条款），其重要输入信息是合规方针（国际标准 ISO 37301：2021《合规管理体系 要求及使用指南》第 5.2 条），其输出结果又是合规计划策划（该第 6.2 条）的重要输入信息。

比如合规风险评估过程（国际标准 ISO 37301：2021《合规管理体系 要求及使用指南》第 4.6 条），其重要输入信息是合规义务（该标准第 4.5 条），其输出结果又是风险应对策划（标准 6.1 条款）的重要输入信息。风险应对策划的结果及合规计划，又构成运行策划（标准 8.1 条款）的输入。

再比如管理评审过程（国际标准 ISO 37301：2021《合规管理体系 要求及

使用指南》第9.3条），其输入信息包括了审核结果（该标准第9.2条）、监视和测量结果（该标准第9.1条）、合规调查结果（该标准第8.4条）、内外部情境及相关方需求的变化信息（该标准第4.1条、4.2条），等等，其输出结果又是持续改进活动（该标准第10.1条）的重要输入信息。

这样的例子还有很多，合规管理体系所有的过程/要素，基本上都可以按照“过程方法”的逻辑去理解和管理。这可以帮助组织对合规管理体系建立整体性和系统性的理解，使组织不同层级与职能之间协调一致，更好地管理各过程/要素之间的相互关系和相互作用，从而整体提升合规管理体系的有效性。

（三）概念的差异性

除了标准要素的完整性以及标准结构的系统性之外，国际标准ISO 37301：2021《合规管理体系 要求及使用指南》中提及的一些概念，如合规方针、风险、人员、第三方、提出关注事项、合规报告、内部审核、管理评审等，对其内涵的理解和相关要求，与其他合规管理规范性文件提及的类似概念之间也存在一定的差异。下面列表说明其主要差异。

序号	ISO 37301标准要求		其他类似概念及普遍做法	
1	合规方针	合规管理的意图和方向，须包括满足适用要求以及持续改进的承诺，须为合规目标的制定提供框架	合规政策	比较模糊的概念，综合来看，合规政策是关于合规理念、原则、目标、行为准则/规范等要素的部分组合或总和
2	风险	包括合规风险以及与组织情境和相关方需求有关的风险和机会	风险	主要指合规风险
3	人员	包括与组织有劳动关系的正式员工，以及有劳务关系的劳务派遣工、临时工、志愿者等	员工	主要指正式员工

续表

序号	ISO 37301 标准要求		其他类似概念及普遍做法	
4	第三方	独立于组织的个人或团体，含义广泛，包括客户、顾客、投资者、合作伙伴、外包方、承包商、供应商、代理商、经销商、咨询顾问、中介机构等	第三方	指两个相互联系的主体之外的某个客体。在商业语境中，第三方通常不包括客户与顾客
5	提出关注事项	除了针对人，也可针对事情，如对制度缺陷、管理漏洞等方面的疑虑或担忧	合规举报	主要针对人的实际或疑似不当行为
6	合规报告	侧重于识别并报告合规管理方面存在的系统性改进机会	合规工作报告年度报告	偏重于对合规管理重点工作的盘点与总结
7	内部审核	由专业的内审团队基于ISO 3730：20211标准的全部要求，对合规管理体系进行的全面评价	合规审计	审计部门对合规管理工作进行的独立监督评价，审计依据不一定考虑ISO 37301标准
8	管理评审	由治理机构和最高管理层实施，评审内容有明确而具体的要求	体系评价管理评价	合规管理部门组织实施或委托外部机构实施，评审内容无明确要求

（四）标准与其他合规管理规范性文件的关系

当然，以上分析并无意说明国际标准 ISO 37301：2021《合规管理体系 要求及使用指南》与其他合规管理规范性文件孰优孰劣。事实上，作为一个普适性的合规管理标准，国际标准 ISO 37301：2021《合规管理体系 要求及使用指南》不可能覆盖到各个行业、领域的合规管理最佳实践，即使有所涉及，也规定得不够细致。尽管在标准的“应用指南”部分，对合规管理的具体做法会有一些建议，但仍然是不够的。

因此，建议组织在基于国际标准 ISO 37301：2021《合规管理体系 要求及使用指南》建立合规管理体系的过程中，还需要识别相关合规管理规范性文件（尤其是与监管要求有关的）个性化、具体化的要求，并将其纳入合规管理体系的策划、实施、检查与改进全过程，以确保组织的合规管理体系既符合认证要求，也符合相关监管要求。

第三节　基于 ISO 37301 标准的合规管理

组织要申请第三方对合规管理体系进行认证，首先得依据国际标准 ISO 37301：2021《合规管理体系 要求及使用指南》及相关要求建立、实施、保持一个文件化的合规管理体系，并通过内部审核、管理评审等活动持续改进其有效性。

下面将合规管理体系认证前组织需要完成的准备工作，分为体系建设、体系试运行、体系评价与持续改进三个阶段，分别介绍相关的工作内容及注意事项。

一、体系建设

管理体系建设是管理体系从无到有，或依据管理体系标准对现有管理体系进行对标分析、确定差距、差距改进等一系列提升与完善的过程。基于国际标准 ISO 37301：2021《合规管理体系 要求及使用指南》的合规管理体系建设，可以按照以下几个步骤来分步实施。

需要说明的是，体系建设的工作步骤和工作内容，并无一种普适性的标准做法，组织可结合其自身情况和需要，从本章内容中获得参考价值。

（一）组建团队

合规管理体系的建设涉及组织的各个层次、职能和不同业务领域，是一个系统工程，需要一个强有力、跨部门、协调一致的工作团队或项目组，通常包括领导小组和工作小组。

领导小组成员宜包括组织治理机构和最高管理层的关键角色，如董事长、总经理、分管副总等。工作小组成员宜包括合规部门、法务部门、内控部门、风控部门的相关岗位，以及审计部门、纪检监察部门、财务部门、人力资源部门等相关职能部门和各业务部门的代表。

必要时，可以聘请第三方专业咨询机构参与，以提供咨询和支持。

（二）项目策划

项目组需要对体系建设项目的实施进行策划，形成项目方案书，以确保项目实施的一致性和规范性。方案书宜明确以下方面的内容：

1. 项目背景及其目标；

2. 项目组织架构及职责分工；

3. 项目工作计划，包括阶段划分、工作内容、时间表等；

4. 项目各阶段输出物及其质量标准；

5. 项目关键节点及相关的验收活动安排；

6. 项目资源保障与协调安排；

7. 其他必要信息。

（三）沟通与培训

项目正式启动前，召开项目启动会是非常有必要的。项目启动会的主要目的在于，通过领导讲话来统一思想和行动，凝聚力量以获得广泛支持。同时，通过项目方案的介绍，进一步明确项目目标、任务、职责，以及相应的工作方法及质量要求。

项目正式启动后，应组织对项目组所有成员，以及可能参与到合规管理体系建设的其他人员，进行必要的合规管理基础知识的培训。主要的培训内容宜包括：

1. 政府及监管机构对合规管理的要求；

2. 国际标准 ISO 37301：2021《合规管理体系 要求及使用指南》标准解读；

3. 适用的其他合规管理规范性文件解读；

4. 风险评估方法论；

5. 体系文件编写方法及要求；

6. 其他。

（四）对标分析

对标分析即对照国际标准 ISO 37301：2021《合规管理体系 要求及使用指南》及相关的合规管理规范性文件要求，对组织情境及合规管理的现状进行调研、诊断、分析，以确定后续的项目工作重点。对标分析需要完成以下方面的主要工作：

1. 对组织内外部情境的理解与分析；

2. 相关方的识别及其需求分析；

3. 初步识别组织的主要合规义务及面临的主要合规风险；

4. 合规管理的现状，包括机制、制度、资源、职责、意识等方面；

5. 初步确定体系范围；

6. 确定合规管理的主要提升方向。

体系范围一经界定，则意味着范围内的合规管理需要满足国际标准 ISO 37301：2021《合规管理体系 要求及使用指南》的要求。这既是组织合规管理体系建设的边界，也是第三方认证的边界。当然，基于某种情况的考虑，后者的范围可以小于前者，但其合理性需经第三方认证机构的确认。

（五）风险评估及应对策划

风险评估结果及其应对的策划，是合规管理体系策划的重要输入。这里的风险既包括合规管理体系自身的风险（含机遇），也包括基于合规义务的合规风险。本步骤需要完成的工作及其主要输出包括：

1. 识别、界定合规义务，并形成动态的管控清单；

2. 基于合规义务的关键控制点及其职责；

3. 对照关键控制点，识别组织对其遵从及管控现状；

4. 合规风险识别、分析、评价，确定主要合规风险，并策划其应对方案；

5. 确定与组织情境和相关方需求有关的风险和机遇，并策划其应对方案。

（六）合规管理体系策划

合规管理体系策划是对合规管理体系的顶层设计，其输入信息应包括以下方面的主要内容：

1. 组织价值观及经营理念；

2. 组织发展战略；

3. 与内外部情境及相关方需求有关的风险和机遇，以及其应对方案；

4. 组织必须遵守以及选择遵守的合规义务；

5. 主要合规风险及其应对方案。

合规管理体系策划的输出结果主要包括以下方面的内容：

1. 合规管理体系范围；

2. 合规承诺与合规方针；

3. 合规目标及其实现计划；

4. 合规管理的组织架构、角色及相关职责；

5. 相关资源的安排；

6. 合规管理体系文件架构及文件清单。

（七）合规管理体系文件编制

合规管理体系文件是指与合规管理有关的各类手册、制度、程序、规范、指引等文件的总称，是体系有效运行的重要保障。除了上述合规承诺、方针、目标、职责之外，通常还包括以下方面：

1. 合规管理的纲领性文件，如合规管理总册 / 大纲 / 办法等；

2. 各类支撑性管理制度，如合规义务管理制度、合规风险管理制度、合规宣传与培训制度、合规尽职调查制度、合规审查制度、业务伙伴合规管理制度、合规举报与调查制度、合规检查与测试制度、合规报告制度、合规考核与奖惩制度、合规审核与评审制度、合规改进制度、合规信息化管理制度、合规记录管理制度等；

3. 各类专项 / 业务 / 岗位合规指引；

4. 各类业务 / 岗位操作规范；

5. 适用的外来文件等。

由于组织规模、业务、人员能力以及合规义务与合规风险的差异，不同的组织对体系文件的需求也不相同。组织可根据外部监管要求以及自身管理的需要，建立适当层次、数量、复杂程度的合规管理体系文件。需要注意的是，这些文件并不必单独存在，可以考虑与其他管理体系相关文件进行整合。

（八）合规管理体系文件评审与发布

合规管理体系文件形成后，需要经过适当的评审 / 审查与批准。对体系文件的符合性、充分性与适宜性审查也是合规审查的一部分。合规管理体系文件审查的依据通常可包括以下方面：

1. 国际标准 ISO 37301：2021《合规管理体系 要求及使用指南》；

2. 适用的其他合规管理规范性文件；

3. 组织的合规义务；

4. 合规承诺与合规方针；

5. 与之有关联的其他文件（考虑协调性与一致性）。

经批准的合规管理体系文件正式发布后，应组织对相关人员进行文件宣贯培训，以确保相关人员对体系文件的正确理解与应用。

二、体系试运行

基于国际标准 ISO 37301：2021《合规管理体系 要求及使用指南》建立的合规管理体系文件的正式发布，意味着合规管理体系进入试运行阶段。通常认证机构会要求合规管理体系的试运行时间不得少于三个月，否则无法实施认证审核。

如果说体系建设阶段的主要工作是由项目组负责完成的，体系运行则与体系范围内的组织所有人员都相关。组织各个层次、职能的人员应基于其职责，严格依据合规管理体系文件及相关要求，规范开展各类业务活动以及相关的合规管理工作，并保留必要的运行记录。

在合规管理体系运行过程中，通常需要关注以下方面的运行活动与体系要求的一致性，包括所要求的运行记录的完整性和规范性：

1. 合规文化、方针、目标的宣传；

2. 合规义务信息的动态维护与传达；

3. 合规管理体系文件的发放 / 获取与版本控制；

4. 合规资源的提供及其可用性保障；

5. 合规计划的落实；

6. 对体系相关人员的尽职调查与培训；

7. 内外部沟通活动；

8. 对第三方的监督与控制；

9. 合规举报与调查机制的落实；

10. 各类合规控制措施的执行与测试；

11. 各类监视和测量活动的开展；

12. 不合规原因分析及纠正措施；

13. 惩戒、问责与激励机制的落实；

14. 对变更（如有）的策划和评审。

在体系运行过程中，如果需要实施计划的变更（如开展新业务、发展新客户等），需要对变更进行策划，以控制变更带来的风险。如果发生非预期变更（如环保设备突发故障、产品检测装置失效等），需要对变更后果进行评审，必要时采取措施预防任何不利的影响。

三、体系评价与持续改进

持续改进是治理机构和最高管理层对合规管理体系的承诺之一，也是组织自我完善能力的重要体现。可通过以下方式对合规管理体系进行综合评价并识别持续改进的机会和方向：

1. 基于监测结果的数据分析；

2. 合规报告；

3. 内部审核；

4. 管理评审。

这四种评价方式的主要目的并不在于及时发现并纠正不合规行为，而是通过对合规管理体系的综合评价来识别体系存在的系统性改进机会。数据分析和合规报告通常由合规管理部门来实施，内部审核通常由经过适当培训而对国际标准 ISO 37301：2021《合规管理体系 要求及使用指南》要求有深刻理解的内审员团队来实施，管理评审则由治理机构和最高管理层亲自实施。

一般来说，在认证机构实施第三方审核之前，至少需要完成一次完整的内部审核和管理评审。完整的内部审核，应覆盖国际标准 ISO 37301：2021《合规管理体系 要求及使用指南》的所有要求，以及体系范围内的相关业务、部门和角色。完整的管理评审应确保输入信息的完整性。

第四节　合规管理体系认证程序及方法

组织可以根据自身需要，选择合适的第三方认证机构来进行合规管理体系的认证。一般而言，初次认证程序包括认证申请与受理、认证审核、认证决定与证书三个阶段。

一、认证申请与受理

认证申请与受理，是申请认证组织与认证机构之间双向选择与确认的一个过程。一般而言，认证机构不会受理其业务范围和能力之外的申请，也不会受理不符合认证基本条件的申请。

（一）认证申请

接到组织的认证申请后，认证机构一般会要求认证申请组织提交以下资料并对其进行评审，以确定是否受理申请：

1. 认证申请书，描述认证申请组织的基本情况，包括主要的产品/服务及相关活动、相关地点与人数、主要的供应商和客户信息、主要的外包活动等。

2. 认证申请组织法律地位的证明文件。若合规管理体系覆盖多场所活动，还需要附每个场所的法律地位证明文件。

3. 合规管理体系覆盖的活动所涉及法律法规要求的行政许可证明、资质证书、强制性认证证书等。

4. 主要的合规领域和合规义务。

5. 合规管理体系的主要文件化信息，如合规管理手册等。

对于存在以下情形之一的组织，认证机构通常不会受理其认证申请：

1. 不具备必要的行政许可证明、资质证书、强制性认证证书的；

2. 被执法监管部门责令停业整顿期间的；

3. 被全国企业信用信息公示系统或者政府其他信用公示系统列入严重违法失信名单的；

4. 其他适用的情形。

（二）认证合同

在认证机构受理认证申请后、实施认证审核前，应与申请组织订立具有法律效力的书面认证合同，合同通常包含但不限于以下方面的内容：

1. 拟认证的合规管理体系范围；

2. 认证服务的费用、付费方式及违约条款；

3. 在认证审核实施过程及认证证书有效期内，认证机构和申请组织各自应当承担的责任、权利和义务；

4. 申请组织对获得认证后持续有效运行合规管理体系的承诺；

5. 申请组织对遵守认证认可相关法律法规，协助认证监管部门的监督检查，对有关事项的询问和调查如实提供相关材料和信息的承诺；

6. 申请组织对获得认证后正确使用认证证书、认证标志和有关信息，不利用合规管理体系认证证书误导公众的承诺；

7. 申请组织获得认证后，针对合规管理体系的重要变化情况或发生重大不合规事件时，需及时向认证机构通报相关信息。

二、认证审核

认证审核也称为第三方审核，是由认证机构委派审核组对申请组织的合规管理体系进行客观、独立评价的过程。通常可包括审核策划、审核实施、审核报告、跟踪验证等四个环节。

2018 年 7 月，国际标准化组织发布了第三版 ISO 19011：2018《管理体系审核指南》。2021 年 8 月 20 日，国家标准化委员会发布 GBT/T 19011—2021《管理体系审核指南》替代 GBT/T 19011—2013《管理体系审核指南》。具体内容详见本书第四章第三节。

（一）审核策划

审核策划通常由审核组长牵头实施，依据认证机构确定的认证规则或国家认证认可监督管理委员会发布的认证规则（适用时），以及申请组织所提供的各类信息，对审核活动进行策划并形成书面审核计划。审核计划一般包括以下方面的内容：

1. 审核目的；

2. 审核范围；

3. 审核准则；

4. 审核日期及场所；

5. 审核所需时间（审核员人数 × 天数）；

6. 审核组成员、角色和分工；

7. 审核日程及具体审核内容的安排；

8. 需要申请组织配合的事项；

9. 公正性声明等。

审核计划一般应提交申请组织确认后执行。

（二）审核实施

合规管理体系的初次认证审核分为两个阶段实施。第一阶段审核的主要目的是评价申请组织理解和实施国际标准 ISO 37301：2021《合规管理体系 要求及使用指南》的基本情况，是否具备进入第二阶段审核的条件。第一阶段审核通常包括以下方面的主要内容：

1. 确认申请组织的实际情况与其提交的合规管理体系文件化信息描述的一致性，特别是产品和服务、主要活动、组织架构与职责权限等方面；

2. 确认申请组织所申请的合规管理体系认证范围的合理性，这包括了对组织内外部情境及相关方需求的理解；

3. 确认申请组织合规管理体系覆盖范围内的有效人数、场所；

4. 确认主要合规义务及其基本遵从情况，以及面临的主要合规风险；

5. 审核申请组织理解和实施国际标准 ISO 37301：2021《合规管理体系 要

求及使用指南》要求的基本情况，确认合规管理体系是否已运行并且超过三个月，是否实施了内部审核与管理评审；

6. 结合合规管理体系覆盖活动的特点，识别对合规目标的实现具有重要影响的关键控制点，并结合其他因素，科学确定重要审核点；

7. 与申请组织讨论确定第二阶段审核安排。

对合规管理体系文件化信息不符合现场实际、相关体系运行尚未达到三个月或者无法证明达到三个月的，以及其他不具备二阶段审核条件的（如发现有重大不合规情况），通常不能进入第二阶段审核。

第二阶段的重点是审核申请组织的合规管理体系符合国际标准 ISO 37301：2021《合规管理体系 要求及使用指南》标准要求和有效运行情况，至少覆盖以下内容：

1. 在第一阶段审核中识别的重要审核点的相关过程控制的有效性；

2. 为实现合规方针而在相关职能、层次和过程上建立的合规目标是否具体适用、可测量并得到沟通、监视；

3. 对合规管理体系覆盖的活动和相关过程的管理及控制情况；

4. 申请组织的实际工作记录是否真实，对于审核发现的真实性存疑的证据会被记录，并在作出审核结论及认证决定时予以考虑；

5. 申请组织的内部审核和管理评审是否有效。

（三）审核报告

通常由审核组组长对审核活动形成书面审核报告，准确、简明和清晰地描述审核活动的主要内容，一般包括以下内容：

1. 申请组织的名称和地址；

2. 申请组织活动范围和场所；

3. 审核的类型、准则和目的；

4. 审核组组长、审核组成员及其个人注册信息；

5. 审核活动的实施日期和地点，包括固定现场和临时现场；

6. 对偏离审核计划情况的说明，包括对审核风险及影响审核结论的不确定性的客观陈述；

7. 结合国际标准 ISO 37301：2021《合规管理体系 要求及使用指南》要求和申请组织的主要活动，对主要审核内容及结果进行描述，或引用审核证据、审核发现和审核结论；

8. 对合规目标及相关过程、合规绩效的实现情况进行评价；

9. 识别出的不符合项；

10. 审核组对是否通过认证的意见建议。

认证机构通常在作出认证决定后三十个工作日内将审核报告提交申请组织，并保留签收或提交的证据。

（四）跟踪验证

对审核中发现的不符合项，认证机构会要求申请组织分析原因，并提出书面的纠正和纠正措施。对于严重不符合的，还会要求申请组织在最多不超过六个月期限内采取纠正和纠正措施。

认证机构会对申请组织所采取的纠正和纠正措施及其结果的有效性进行验证。如果未能在第二阶段结束后六个月内验证对严重不符合实施的纠正和纠正措施，则认证机构可能作出不予通过认证的决定，或者要求重新实施第二阶段的审核。

可能被判为严重不符合的，包括但不限于以下情形：

1. 合规管理体系标准要素的管理存在严重缺陷。例如，没有建立、实施和保持“提出关注事项”的控制程序。

2. 未实施合规管理体系关键过程。例如，没有实施内部审核或管理评审。

3. 合规管理体系有效性存在系统缺陷。例如，未能识别合规义务并实施控制，造成不合规后果。

4. 对实现合规目标具有重要影响的同一个关键点存在多个轻微不符合。

5. 没有建立合规方针或可测量的合规目标。

6. 其他严重不符合项。例如，认证期间出现重大不合规。

关于管理体系认证审核的流程、方法和具体要求，国际标准 ISO 19011：2018《管理体系审核指南》可供参考。

三、认证决定与证书

（一）认证决定

认证决定是认证机构对申请组织的合规管理体系进行最终评定并确定是否通过认证的过程。认证决定由认证机构的认证决定人员（不包含审核组成员）独立作出。在作出认证决定前通常会确认如下内容：

1. 审核组提供的审核报告及其他信息，是否能够满足作出认证决定所需要的全部信息；

2. 对于严重不符合项，认证机构是否已评审、接受并验证了纠正和纠正措施的有效性；

3. 认证机构对其他一般不符合项是否已评审，并接受了申请组织计划采取的纠正和纠正措施。

在以上基础上，认证机构有充分的客观证据证明申请组织满足下列要求的，则评定该申请组织符合认证要求，向其颁发认证证书：

1. 申请组织的合规管理体系符合标准要求且运行有效；

2. 认证范围覆盖的合规义务得到基本遵从；

3. 申请组织按照认证合同规定履行了相关义务。

如果评定该申请组织不符合认证要求，认证机构通常会以书面形式告知申请组织，并说明其未通过认证的原因。

（二）认证证书

认证证书由认证机构负责制作和颁发，多数情况下，其材质和形式可以根据申请组织的需要进行定制。证书通常包含以下主要信息：

1. 获证组织名称、地址、统一社会信用代码（或组织机构代码）；

2. 合规管理体系的认证范围；

3. 合规管理体系符合国际标准 ISO 37301：2021《合规管理体系 要求及使用指南》的表述；

4. 证书编号；

5. 证书有效期的起止年、月、日；

6. 认证机构名称及其标志信息；

7. 签发者的签名；

8. 相关的认可标识及认可注册号（适用时）；

9. 证书的查询方式。

合规管理体系认证的证书范围，通常会明确合规管理体系所覆盖的组织范围、业务范围、业务活动所在国家，以及具体的合规领域等信息。

比如美的集团股份有限公司，其认证范围描述为：美的集团智能家居、工业技术、楼宇科技在中国境内业务运营的反垄断与数据保护合规管理。

（信息来源：全国认证认可信息公共服务平台 http：//cx.cnca.cn/CertECloud）再比如，韩国 LG 能源公司，其认证范围描述为：The research and development，production and sales of rechargeable battery for electric vehicle，energy storage system，and small battery system. The scope specifically includes operation in compliance with Korean laws and regulation in the following areas; fair trading, environmental, health and safety, and information security and privacy.（信息来源：BSI 官网 https：//www.bsigroup.com）需要说明的是，尽管获得 ISO 37301 认证证书表明组织已经建立了一个符合认证要求的文件化合规管理体系，并已在特定范围内得到有效运行。但这并不意味着组织一定不会发生违背相关法律法规、行业规范和组织自身规章制度的情况。

然而，申请 ISO 37301 认证的组织，仍然可以借助第三方专业机构的客观评价和定期监督，实现对合规管理体系的保持与持续改进，促进合规文化在组织及其业务伙伴中不断得到发展，使不合规行为更加显而易见并在其发生时及时得到处置，从而大大降低组织的合规风险。

第五节　合规管理体系证书保持

合规管理体系认证证书的有效期一般为三年，获得认证机构颁发的合规管理体系证书的组织（以下简称获证组织），需要在证书有效期内接受该认证机构的定期监督审核，以确保获证组织持续运行合规管理体系并符合认证要求。

一、监督审核

初次认证后的第一次监督审核，通常应在认证证书签发日起十二个月内进行。此后，监督审核应至少每个日历年（应进行再认证的年份除外）进行一次，且两次监督审核的时间间隔不得超过十五个月。

在认证范围没有变化的情况下，监督审核所需的审核时间（审核员人数 × 天数）通常为初次认证的三分之一。

监督审核时通常应审核以下内容：

1. 上次审核以来影响体系的重要变更情况，如体系覆盖的活动范围、合规义务、运行体系的资源等方面；

2. 已识别的关键控制点是否按合规管理体系的要求在正常和有效运行；

3. 对上次审核中确定的不符合项采取的纠正和纠正措施是否继续有效；

4. 合规义务是否得到持续的基本遵从；

5. 是否及时处理举报和投诉；

6. 内部审核和管理评审是否规范和有效；

7. 合规绩效是否满足合规目标要求，如果没有达到，是否识别了原因并实施了改进措施；

8. 获证组织对认证标志的使用或对认证资格的引用是否符合《认证认可条例》及其他相关规定；

9. 其他需要关注的问题。

对监督审核中发现的不符合项，获证组织也需要分析原因、完成纠正和纠正措施，并在规定时限内向认证机构提供改进有效性的证据。

认证机构根据监督审核报告及其他相关信息，作出继续保持或暂停、撤销认证证书的决定。

二、再认证

认证证书期满前，若获证组织申请继续持有认证证书，认证机构可通过实施再认证审核来决定是否延续认证证书。

认证机构将结合历次监督审核情况，制定并实施再认证审核计划。在合规管理体系及获证组织的内外部情境无重大变更时，再认证审核可省略第一阶段审核，但审核时间一般不少于初次认证审核的三分之二。

对再认证审核中发现的严重不符合项，获证组织应在规定时限内实施纠正与纠正措施，并需要在原认证证书到期前获得认证机构对纠正与纠正措施的验证。

获证组织如果继续满足认证要求并履行认证合同义务，认证机构将向其换发认证证书。新证书的有效期仍是三年。

三、证书暂停或撤销

（一）证书暂停

获证组织有以下情形之一的，认证机构将会在调查核实后的五个工作日内暂停其认证证书：

1. 合规管理体系持续或严重不满足认证要求的；

2. 不承担、履行认证合同约定的责任和义务的；

3. 被有关执法监管部门责令停业整顿的；

4. 持有的与合规管理体系范围有关的行政许可证明、资质证书、强制性认证证书等过期失效的；

5. 故意或持续地不满足合规管理体系适用的法律法规要求的；

6. 拒绝配合执法监管部门的监督检查，或者提供虚假材料或信息的；

7. 不能按照规定的时间间隔接受监督的；

8. 未按相关规定正确引用和宣传获得的认证信息，造成严重影响或后果的；

9. 主动请求暂停的；

10. 其他应当暂停认证证书的情形。

认证证书的暂停期通常不超过六个月。

（二）证书撤销

获证组织有以下情形之一的，认证机构将会在获得相关信息并调查核实后五个工作日内撤销其认证证书：

1. 被注销或撤销法律地位证明文件的；

2. 被执法监管部门认定存在严重违法失信行为的；

3. 暂停认证证书的期限已满，但导致暂停的问题未得到解决或有效纠正的；

4. 其他应当撤销认证证书的情形。

认证证书被撤销后，认证机构将收回被撤销的认证证书。若无法收回，认证机构会及时在相关媒体和网站上公布或声明撤销决定。

特别声明：

截至本书成稿之日，国家认证认可监督管理委员会尚未针对合规管理体系认证发布专门的认证规则。因此，本章第四节（合规管理体系认证程序及方法）与第五节（合规管理体系证书保持）内容，主要参考了现行最新的《管理体系认证规则（征求意见稿）》《质量管理体系认证规则》（均由认监委发布），以及部分认证机构的合规管理体系认证实践。

在认监委正式发布《管理体系认证规则》或发布专门的合规管理体系认证规则之后，须以认监委的相关规定为准。

参考文献

一、国务院有关部委的规范性文件（按发布时间）

1. 国务院国资委《中央企业全面风险管理指引》（2006 年 6 月 6 日）

2. 财政部、证监会、审计署、原银监会、原保监会《企业内部控制基本规范》（2008 年 5 月 22 日）

3. 财政部、证监会、审计署、原银监会、原保监会《企业内部控制评价指引》《企业内部控制审计指引》（2010 年 4 月 15 日）

4. 国务院国资委《关于全面推进法治央企建设的意见》（2015 年 12 月 8 日）

5. 科技部、发展改革委、财政部《国家科技重大专项（民口）验收管理办法》（2018 年 2 月 1 日）

6. 发改委等七部委《企业境外经营合规管理指引》（2018 年 12 月 26）

7. 国务院国资委《关于加强中央企业内部控制体系建设与监督工作的实施意见》（2019 年 10 月 19 日）

8.《中华人民共和国认证认可条例》（2020 年 11 月 29 日第二次修订）

9. 最高人民检察院、司法部、财政部、生态环境部、国务院国有资产监督管理委员会、国家税务总局、国家市场监督管理总局、中华全国工商业联合会、中国国际贸易促进委员会《关于建立涉案企业合规第三方监督评估机

制的指导意见（试行）》（2021 年 6 月 3 日）

10. 最高人民检察院《第一批企业合规典型案例》（2021 年 6 月 3 日）

11. 国务院国资委《关于进一步深化法治央企建设的意见》（2021 年 10 月 17 日）

12. 最高人民检察院《第二批企业合规典型案例》（2021 年 12 月 8 日）

13. 国务院国资委《关于开展中央企业“合规管理强化年”工作的通知》（2022 年 1 月 15 日）

14. 最高人民检察院、司法部、财政部、生态环境部、国务院国有资产监督管理委员会、国家税务总局、国家市场监督管理总局、中华全国工商业联合会、中国国际贸易促进委员会《涉案企业合规建设、评估和审查办法（试行）》（2022 年 4 月 19 日）

15. 国务院国资委《中央企业合规管理办法》（2022 年 8 月 23 日）

二、有关地方政府部门的可供参考文件

1. 岱山县人民检察院《涉企案件刑事合规办理规程（试行）》（2020 年 9 月 27 日）

2. 上海市浦东新区人民检察院和中国信息通信研究院知识产权与创新发展中心《企业知识产权合规标准指引（试行）》（2021 年 12 月）

三、国际标准和国家标准

1.ISO 37001：2015《反贿赂管理体系 要求及使用指南》

2.ISO 9000：2015《质量管理体系 基础和术语》

3. 国家认证认可监督管理委员会《质量管理体系认证规则》（2016 版）

4.ISO 19011：2018《管理体系审核指南》

5.ISO/IEC17021-1《合格评定管理体系审核认证机构要求》

6. 中国合格评定国家认可委员会《认证机构认可规则（CNAS-RC01：2020）》

7.ISO 37301：2021《合规管理体系 要求及使用指南》

8. 国家认证认可监督管理委员会《管理体系认证规则（征求意见稿）》

四、有关协会文件

1. 中国内部审计协会《第 1101 号—内部审计基本准则》（2019 版）

2. 中国内部审计协会第 2107 号《内部审计具体准则—后续审计》（2019 版）

3. 中国内部审计协会第 2201 号《内部审计具体准则—内部控制审计》（2019 版）

4. 中国证券业协会《证券公司合规管理有效性评估指引》（2021 年修订）

5. 英国标准协会（BSI）《报告评审与认证决定流程》（2020 版）

6. 英国标准协会（BSI）《合规管理体系认证产品手册》（2021 版）

7. 英国标准协会（BSI）《审核策划与实施过程》（2021 版）

8. 中国中小企业协会《中小企业合规管理体系有效性评价》

后 记

本书主要成稿于今年3月至6月上海新冠肺炎疫情期间，之后根据我国国务院有关部委新颁布的规范性文件做了修改补充。本书得以顺利出版，得到了作者家属与同事的鼓励和支持，也得到了人民法院出版社的编辑和领导的指导和关怀，在此特别感谢！

郭青红律师毕业于武汉大学，取得法律硕士、法学学士、文学学士（英文），现为上海市汇业律师事务所高级合伙人、企业合规专业委员会主任，兼任华东政法大学校外研究生导师和华东师范大学合规研究中心研究员。曾任东风汽车公司法律顾问、德国汉高大中华区总法律顾问、法国家乐福中国区总法律顾问、美国李尔公司大东亚区总法律顾问并兼管合规管理。还著有《企业合规管理体系实务指南》等专著。

马海鹏老师是资深管理顾问，拥有国家注册质量管理体系审核员、环境管理体系审核员、职业健康安全管理体系审核员、BCI（业务连续性国际协会）高级会员、卓越绩效全国质量奖评审员等资格。现就职于英标认证技术培训（北京）有限公司，担任BSI中国区高级项目经理、高级讲师、定制化审核产品经理、合规管理体系培训产品经理等职。

经过认真学习研究最新的合规管理办法（国务院国资委《中央企业合规管理办法》），参考最新的国际标准（国际标准化组织ISO37301:2021《合规管理体系 要求及使用指南》）和团体标准（中国中小企业协会团队标准《中小企业合规管理体系有效性评价》)，结合我们协助多家企业建立合规管理体系的实践经验以及英国标准协会（BSI）在合规管理体系认证方面的实际案例，我们合著了本书并奉献给企业合规体系建设领域的同仁。

本书第一章至第六章由汇业律师事务所的郭青红律师撰写。第七章由英标认证技术培训（北京）有限公司马海鹏老师撰写。

上海市汇业律师事务所　郭青红

英标认证技术培训（北京）有限公司　马海鹏

2022 年 10 月 28 日